박문각

기출로 합격까지

김덕수 기출문제

민법·민사특별법 1차

박문각 공인중개사

브랜드만족
1위
박문각

2025

근거자료
별면표기

이 책의 차례

Chapter
03

계약법

Chapter
04

민사특별법

---

01   법률행위의 목적

key point

> 상대방 없는 단독행위 ⇨ 유언, 유증, 재단법인설립행위, 소유권의 포기

01   상대방 있는 단독행위에 해당하지 <u>않는</u> 것은?   제32회

① 공유지분의 포기

② 무권대리행위의 추인

③ 상계의 의사표시

④ 취득시효 이익의 포기

⑤ **재단법인의 설립행위**

02   상대방 없는 단독행위에 해당하는 것은?   제33회

① 착오로 인한 계약의 취소

② 무권대리로 체결된 계약에 대한 본인의 추인

③ 미성년자의 법률행위에 대한 법정대리인의 동의

④ 손자에 대한 부동산의 **유증**

⑤ 이행불능으로 인한 계약의 해제

key point

1. 토지거래허가구역 내 토지거래허가 ⇨ 효력요건 O
2. 농지취득자격증명 ⇨ 효력요건 X

03 법률행위의 효력이 발생하기 위한 요건이 <u>아닌</u> 것은? (다툼이 있으면 판례에 의함) 제24회
① 대리행위에서 **대리권의 존재**
② **정지조건부** 법률행위에서 **조건의 성취**
③ 농지거래계약에서 **농지취득자격증명**
④ 법률행위 내용의 **적법성**
⑤ **토지거래허가구역** 내의 토지거래계약에 관한 관할관청의 **허가**

key point 단속규정

1. 무허가
2. 중간생략등기, 전매약정
3. 개업공인중개사가 중개의뢰인과 직접 거래

04 효력규정이 <u>아닌</u> 것을 모두 고른 것은? (다툼이 있으면 판례에 따름) 제32회

> ㄱ. 「부동산등기 특별조치법」상 **중간생략등기**를 금지하는 규정
> ㄴ. 「공인중개사법」상 **개업공인중개사가** 중개의뢰인과 **직접 거래를 하는 행위를** 금지하는 규정
> ㄷ. 「공인중개사법」상 개업공인중개사가 법령에 규정된 **중개보수** 등을 **초과하여** 금품을 **받는 행위**를 금지하는 규정

① ㄱ   ② ㄴ   ③ ㄷ
④ ㄱ, ㄴ   ⑤ ㄴ, ㄷ

05 다음 중 무효가 <u>아닌</u> 것은? (다툼이 있으면 판례에 따름) 제28회
① 상대방과 **통정**하여 **허위**로 체결한 매매계약
② 주택법의 전매행위제한을 위반하여 한 **전매약정**
③ 관할관청의 **허가 없이** 한 학교법인의 기본재산 처분
④ **도박채무를 변제**하기 위하여 그 채권자와 체결한 토지양도계약
⑤ 공무원의 **직무에 관하여 청탁**하고 그 대가로 돈을 지급할 것을 내용으로 한 약정

key point 무효인 법률행위의 관계

> **1. 당사자간**
> ① 이행 전 ⇨ 이행할 필요 X
> ② 이행 후 ⇨ 부당이득반환을 청구 O
> ⇨ **사회질서위반자** ⇨ **반환청구 X(불법원인급여)**
> **2. 제3자와의 관계**
> ① 절대적 무효(원칙) ⇨ 모든 제3자에게 무효를 주장 O
> ② 비진의표시, 통정허위표시 ⇨ 선의의 제3자에게 무효를 주장 X
> ③ 명의신탁 ⇨ 선의 악의 불문하고 제3자에게 무효를 주장 X

06 강행규정에 관한 설명으로 옳은 것은? (다툼이 있으면 판례에 따름)　　노무사 2015
① 법률행위가 강행규정에 위반하여 무효인 경우에는 **언제나 불법원인급여에 해당한다.**
② 임차인의 **비용상환청구권**에 관한 규정은 **강행규정**이다.
③ 강행규정위반의 무효는 원칙적으로 **선의의 제3자에게도 주장할 수 있다.**
④ 강행규정을 위반하여 무효인 법률행위는 **추인**하면 유효로 될 수 **있다.**
⑤ **강행규정에 위반한 자가** 스스로 그 약정의 **무효를 주장하는 것은** 특별한 사정이 없는 한, **신의칙에 반하는 행위로 허용될 수 없다.**

key point

> 1. 부첩관계를 맺으면서 한 약정 ⇨ 무효 ⇨ 부첩관계의 종료를 **해제조건**으로 한 증여
> 2. 부첩관계를 단절하면서 한 약정 ⇨ 유효

07 반사회적 법률행위로서 무효가 <u>아닌</u> 것은?　　제24회
① 어떤 일이 있어도 **이혼하지 않기로 하는 약정**
② 불륜관계의 종료를 **해제조건**으로 하여 내연녀에게 한 증여
③ 수증자가 부동산 매도인의 배임행위에 **적극 가담**하여 체결한 증여계약
④ 관계 당사자 전원의 합의로 이루어진 **중간생략등기**
⑤ 공무원의 **직무에 관하여 특별한 청탁**을 하고 그 보수로 고액의 금전을 지급할 것을 내용으로 한 약정

08 반사회적 법률행위가 **아닌** 것은? (다툼이 있으면 판례에 의함) 제20회

① **무허가**건물의 임대행위

② **부첩관계**에 대한 처의 사전승인

③ 부첩관계의 종료를 **해제조건**으로 하여 첩에게 한 증여

④ 공무원의 **직무에 관하여 특별한 청탁**을 하고 그 대가로 부동산을 양도하기로 한 약정

⑤ **변호사 아닌 자가** 승소를 조건으로 하여 그 대가로 소송당사자로부터 소송물 일부를 양도받기로 하는 약정

---

key point 사회질서위반이 아닌 경우

1. 강박
2. 조세포탈목적, 투기목적
3. 강제집행면탈목적

---

09 반사회질서의 법률행위로서 무효라고 볼 수 **없는** 것을 모두 고른 것은? (다툼이 있으면 판례에 의함) 제22회

ㄱ. 범죄행위로 조성된 '비자금'을 소극적으로 **은닉**하기 위하여 **임치**하는 행위

ㄴ. 피상속인이 제3자에게 토지를 매각한 사실을 알고 있는 자가 그 사정을 모르는 상속인을 **적극적으로 기망하여** 그 토지를 자신이 매수한 행위

ㄷ. **강제집행을 면할 목적으로** 허위의 근저당권을 설정하는 행위

ㄹ. **양도소득세를 회피할 목적으로** 실제 거래대금보다 낮은 금액으로 계약서를 작성하여 매매계약을 체결한 행위

① ㄱ, ㄴ   ② ㄱ, ㄹ   ③ ㄴ, ㄷ

④ ㄱ, ㄷ, ㄹ   ⑤ ㄴ, ㄷ, ㄹ

10 반사회질서의 법률행위에 해당하여 무효로 되는 것을 모두 고른 것은? (다툼이 있으면 판례에 따름)   제27회

> ㄱ. 성립 과정에서 **강박**이라는 불법적 방법이 사용된 데 불과한 법률행위
> ㄴ. **강제집행을 면할 목적으로** 허위의 근저당권을 설정하는 행위
> ㄷ. **양도소득세를 회피할 목적으로** 실제로 거래한 매매대금보다 낮은 금액으로 매매계약을 체결한 행위
> ㄹ. 이미 매도된 부동산임을 알면서도 매도인의 배임행위에 **적극 가담**하여 이루어진 저당권설정행위

① ㄷ   ② ㄹ   ③ ㄱ, ㄴ   ④ ㄱ, ㄷ   ⑤ ㄴ, ㄹ

11 반사회적 법률행위로서 무효가 <u>아닌</u> 것은?   제25회

① **과도하게 중한** 위약벌 약정
② **도박자금**에 제공할 목적으로 금전을 대여하는 행위
③ 소송에서의 **증언**을 조건으로 통상 용인되는 수준을 **넘는 대가**를 받기로 한 약정
④ 공무원의 **직무행위에 관하여 부정한 청탁**의 대가로 금전을 지급하기로 한 약정
⑤ 부동산에 대한 **강제집행을 면할 목적**으로 그 부동산에 허위의 근저당권을 설정하는 행위

12 법률행위의 효력에 관한 설명으로 <u>틀린</u> 것은? (다툼이 있으면 판례에 따름)   제31회

① 무효행위 **전환**에 관한 규정은 **불공정한 법률행위**에 적용될 수 **있다.**
② **경매**에는 불공정한 법률행위에 관한 규정이 **적용되지 않는다.**
③ **강제집행을 면할 목적**으로 허위의 근저당권을 설정하는 행위는 **반사회질서의 법률행위로 무효이다.**
④ 상대방에게 **표시**되거나 **알려진** 법률행위의 **동기가 반사회적인 경우**, 그 법률행위는 **무효**이다.
⑤ 소송에서 **증언**할 것을 조건으로 통상 용인되는 수준을 **넘는 대가**를 지급하기로 하는 약정은 **무효**이다.

key point

1. 형사사건 ⇨ 성공보수약정 ⇨ 무효
2. 민사사건 ⇨ 성공보수약정 ⇨ 유효

13 반사회질서의 법률행위로서 무효인 것을 모두 고른 것은? (다툼이 있으면 판례에 따름)

제26회

> ㄱ. **무허가** 건물의 임대행위
> ㄴ. 처음부터 **보험사고를 가장하여** 보험금을 취할 목적으로 체결한 보험계약
> ㄷ. 변호사가 **민사소송**의 승소 대가로 **성공보수**를 받기로 한 약정
> ㄹ. 수사기관에서 참고인으로서 자신이 잘 알지 못하는 내용에 대한 **허위진술을 하고** 대가를 제공받기로 하는 약정

① ㄱ, ㄴ　　　　　　② ㄴ　　　　　　③ ㄴ, ㄹ
④ ㄷ　　　　　　　⑤ ㄷ, ㄹ

14 다음 중 무효인 법률행위는? (다툼이 있으면 판례에 따름)

제33회

① **개업공인중개사가** 임대인으로서 **직접 중개의뢰인과** 체결한 주택임대차**계약**
② 공인중개사 자격이 없는 자가 **우연히 1회성으로** 행한 중개행위에 대한 적정한 수준의 수수료 약정
③ **민사사건**에서 변호사와 의뢰인 사이에 체결된 적정한 수준의 성공보수약정
④ 매도인이 실수로 상가지역을 그보다 가격이 비싼 상업지역이라 칭하였고, 부동산 거래의 경험이 없는 매수인이 이를 믿고서 실제 가격보다 2배 높은 대금을 지급한 매매계약
⑤ 보험계약자가 오로지 **보험사고를 가장하여** 보험금을 취득할 목적으로 선의의 보험자와 체결한 생명보험계약

15 반사회질서의 법률행위에 해당하지 <u>않는</u> 것을 모두 고른 것은? 제34회

> ㄱ. 2023년 체결된 **형사사건**에 관한 성공보수약정
> ㄴ. 반사회적 행위에 의해 조성된 **비자금**을 소극적으로 **은닉**하기 위해 체결한 **임치약정**
> ㄷ. 산모가 **우연한 사고로 인한** 태아의 상해에 대비하기 위해 자신을 보험수익자로, 태아를 피보험자로 하여 체결한 상해보험계약

① ㄱ ② ㄷ ③ ㄱ, ㄴ
④ ㄴ, ㄷ ⑤ ㄱ, ㄴ, ㄷ

16 반사회질서의 법률행위에 해당하는 것은? (다툼이 있으면 판례에 따름) 제35회
① 법령에서 정한 한도를 **초과하는** 부동산 **중개수수료 약정**
② **강제집행을 면할 목적**으로 허위의 근저당권을 설정하는 행위
③ 다수의 보험계약을 통해 **보험금을 부정취득**할 목적으로 체결한 보험계약
④ 반사회적 행위에 의하여 조성된 **비자금**을 소극적으로 **은닉**하기 위한 **임치계약**
⑤ **양도소득세를 회피할 목적**으로 실제 거래가액보다 낮은 금액을 대금으로 기재한 매매계약

17 반사회질서의 법률행위에 해당하는 것은? (다툼이 있으면 판례에 따름) 주택사 2021
① **양도세 회피를 목적**으로 한 부동산에 관한 명의신탁약정
② **강제집행을 면할 목적**으로 부동산에 허위의 근저당권설정등기를 경료하는 행위
③ 전통사찰의 주지직을 거액의 금품을 대가로 양도·양수하기로 하는 약정이 있음을 알고도 이를 묵인한 상태에서 이루어진 종교법인의 양수인에 대한 **주지임명행위**
④ **변호사 아닌 자**가 승소 조건의 대가로 소송당사자로부터 소송목적물 일부를 양도받기로 한 약정
⑤ **도박채무의 변제를 위하여** 채무자가 그 소유의 부동산 처분에 관하여 도박채권자에게 **대리권을 수여한 행위**

18 법률행위의 목적에 관한 설명으로 옳은 것은?

① **농지취득자격증명**은 농지매매의 **효력발생요건**이다.

② 탈세를 목적으로 하는 **중간생략등기**는 언제나 **무효이다.**

③ **계약성립 후** 채무이행이 **불가능**하게 되더라도, 계약이 **무효**로 되는 것은 **아니다.**

④ 법률행위의 **표시된 동기가 사회질서에 반하는 경우** 그 법률행위는 **반사회적 법률행위라고 할 수 없다.**

⑤ 단순히 **강제집행을 면하기 위해** 부동산에 허위의 근저당권설정등기를 경료하더라도, 이는 **반사회적 법률행위에 해당한다.**

19 법률행위에 관한 설명으로 옳은 것은?

① **타인소유**의 부동산은 **매매의 목적물이 될 수 없다.**

② 정지조건부 법률행위에서 **조건의 성취**는 법률행위의 **효력발생요건**이다.

③ **사회질서의 위반**을 이유로 하는 법률행위의 무효는 **선의의 제3자에게 대항할 수 없다.**

④ **불공정한 법률행위**는 추인하면 **유효**로 된다.

⑤ **계약이 체결된 후** 매매목적 **건물이 전소**된 경우, 그 매매계약은 **무효이다.**

---

key point 부동산이중매매

1. 악의 ⇨ 유효

2. **적극 가담** ⇨ **사회질서위반** ⇨ **무효**

① 대위 말소

② 제3자도 무효

③ 손해배상청구

---

20 甲이 자신의 부동산을 乙에게 매도하였는데, 그 사실을 잘 아는 丙이 甲의 배임행위에 적극 가담하여 그 부동산을 매수하여 소유권이전등기를 받은 경우에 관한 설명으로 틀린 것은?

① 甲·丙 사이의 매매계약은 **무효**이다.

② 乙은 丙에게 소유권**이전등기**를 청구할 수 **없다.**

③ 乙은 甲을 **대위**하여 丙에게 소유권이전등기의 **말소**를 청구할 수 **있다.**

④ **丙으로부터** 그 부동산을 **전득한 丁이** 선의이면 **소유권을 취득한다.**

⑤ 乙은 甲·丙 사이의 매매계약에 대하여 **채권자취소권**을 행사할 수 **없다.**

21 甲은 자신의 X부동산을 乙에게 매도하고 계약금과 중도금을 지급받았다. 그 후 丙이 甲의 배임행위에 적극 가담하여 甲과 X부동산에 대한 매매계약을 체결하고 자신의 명의로 소유권이전등기를 마쳤다. 다음 설명으로 **틀린** 것은? (다툼이 있으면 판례에 따름)　제28회

① 乙은 丙에게 소유권이전등기를 **직접** 청구할 수 **없다**.

② 乙은 丙에 대하여 **불법행위**를 이유로 **손해배상을 청구할 수 있다**.

③ 甲은 **계약금 배액을 상환**하고 乙과 체결한 매매계약을 **해제할 수 없다**.

④ 丙명의의 등기는 甲이 **추인**하더라도 **유효가 될 수 없다**.

⑤ 만약 선의의 丁이 X부동산을 丙으로부터 매수하여 이전등기를 받은 경우, 丁은 甲과 丙의 매매계약의 **유효를 주장할 수 있다**.

22 부동산이중매매에 관한 설명으로 **틀린** 것은? (다툼이 있으면 판례에 따름)　제32회

① **반사회적 법률행위에 해당**하는 제2매매계약에 기초하여 제2매수인으로부터 그 부동산을 매수하여 등기한 선의의 **제3자는** 제2매매계약의 **유효를 주장할 수 있다**.

② 제2매수인이 이중매매사실을 **알았다는 사정만으로** 제2매매계약을 **반사회적 법률행위에 해당**한다고 볼 수 **없다**.

③ 특별한 사정이 없는 한, **먼저 등기한 매수인**이 목적 부동산의 **소유권을 취득**한다.

④ **반사회적 법률행위에 해당**하는 이중매매의 경우, 제1매수인은 제2매수인에 대하여 **직접** 소유권이전등기말소를 **청구할 수 없다**.

⑤ 부동산이중매매의 법리는 **이중으로 부동산임대차계약**이 체결되는 경우에도 **적용될 수 있다**.

23 甲은 자신의 X토지를 乙에게 매도하고 중도금을 수령한 후, 다시 丙에게 매도하고 소유권이전등기까지 경료해 주었다. 다음 설명 중 **틀린** 것은? (다툼이 있으면 판례에 따름)　제26회

① 특별한 사정이 없는 한 丙은 X토지의 **소유권을 취득**한다.

② 특별한 사정이 없는 한 乙은 **최고 없이도** 甲과의 계약을 **해제할 수 있다**.

③ 丙이 甲의 乙에 대한 배임행위에 **적극 가담**한 경우, 乙은 丙을 상대로 **직접** 등기의 **말소를 청구할 수 없다**.

④ **甲과 丙의 계약**이 **사회질서 위반으로 무효**인 경우, 丙으로부터 X토지를 전득한 丁은 선의이더라도 그 **소유권을 취득하지 못한다**.

⑤ 만약 丙의 대리인 戊가 丙을 대리하여 X토지를 매수하면서 甲의 배임행위에 **적극 가담**하였다면, 그러한 사정을 모르는 丙은 그 **소유권을 취득한다**.

24 반사회질서의 법률행위에 관한 설명으로 틀린 것은? (다툼이 있으면 판례에 따름) 제30회

① 반사회질서의 법률행위에 해당하는지 여부는 해당 **법률행위가 이루어진 때를 기준으로 판단**해야 한다.

② 반사회질서의 법률행위의 **무효는** 이를 주장할 이익이 있는 자는 **누구든지 주장할 수 있다.**

③ 법률행위가 사회질서에 반한다는 판단은 부단히 변천하는 가치관념을 반영한다.

④ 다수의 보험계약을 통하여 **보험금을 부정취득할 목적으로 체결한 보험계약**은 반사회질서의 법률행위이다.

⑤ 대리인이 매도인의 배임행위에 **적극 가담**하여 이루어진 부동산의 이중매매는 본인인 매수인이 그러한 사정을 몰랐다면 **반사회질서의 법률행위가 되지 않는다.**

---

key point 불공정한 법률행위(폭리행위)

1. 현저한 불균형 ⇨ 행위 당시를 기준으로 객관적으로 판단 ⇨ **무상행위(증여, 기부행위) 적용 X**

2. **피해자** ⇨ 궁박, 경솔, 무경험
   ① 궁박 ⇨ 경제적, 정신적, 심리적 궁박
   ② **무경험** ⇨ 특정영역이 아닌 **거래일반**에 대한 경험부족
   ③ 대리 ⇨ **궁박은 본인**

3. **폭리자** ⇨ **폭리의사** ⇨ 알면서 **이용** ⇨ **경매 적용 X**

4. 무효주장자 측에서 모든 요건을 주장 입증 ⇨ **추정 X**

5. **피해자**는 반환청구 O, **폭리자**는 반환청구 X

6. **추인** ⇨ 불공정 ⇨ **무효**

7. **전환** ⇨ 공정 ⇨ **유효**

---

25 불공정한 법률행위에 관한 설명 중 옳은 것은? 제18회

① 대리행위의 경우, 경솔과 **궁박은 대리인**을 기준으로 판단하지만 무경험은 본인을 기준으로 판단한다.

② 대가적 출연이 없는 **무상행위**도 불공정한 법률행위가 될 수 **있다.**

③ 급부와 반대급부 사이에 현저한 불균형이 존재하면 궁박·경솔·무경험은 **추정된다.**

④ **경매**에 의한 재산권 이전의 경우에도 불공정한 법률행위가 성립할 수 **있다.**

⑤ 토지매매가 **불공정한 법률행위로 무효**이면, 그 토지를 **전득한 제3자**는 선의이더라도 소유권을 **취득하지 못한다.**

26 불공정한 법률행위에 대한 설명으로 **틀린** 것은?   제24회

① **무경험**이란 **거래 일반**의 경험부족을 말하는 것이 **아니라** 해당 **특정영역**에서의 경험부족을 **말한다.**

② 불공정한 법률행위가 되기 위해서는 피해자에게 **궁박, 경솔과 무경험 가운데 어느 하나가 필요하다.**

③ 법률행위가 현저하게 공정을 잃었다고 하여 곧 그것이 궁박, 경솔 또는 무경험으로 이루어진 것으로 **추정되지 않는다.**

④ 불공정한 법률행위로 불이익을 입는 당사자가 불공정성을 소송 등으로 주장할 수 없도록 하는 **부제소합의는** 특별한 사정이 없으면 **무효이다.**

⑤ 불공정한 법률행위는 약자적 지위에 있는 자의 궁박, 경솔 또는 무경험을 이용한 폭리행위를 규제하려는 데에 그 목적이 있다.

27 불공정한 법률행위에 관한 설명으로 **틀린** 것은?   제25회

① **궁박**은 **심리적** 원인에 의한 것을 **포함한다.**

② 불공정한 법률행위에 관한 규정은 **부담 없는 증여**의 경우에도 **적용된다.**

③ 불공정한 법률행위에도 무효행위 **전환**의 법리가 적용될 수 **있다.**

④ 대리인에 의한 법률행위에서 **무경험은 대리인**을 기준으로 **판단한다.**

⑤ **경매절차**에서 매각대금이 시가보다 현저히 저렴하더라도 불공정한 법률행위를 이유로 그 무효를 주장할 수 **없다.**

28 불공정한 법률행위(민법 제104조)에 관한 설명으로 **틀린** 것은? (다툼이 있으면 판례에 따름)
                                                                                제28회

① **경매**에는 적용되지 않는다.

② **무상계약**에는 적용되지 않는다.

③ 불공정한 법률행위에 무효행위 **전환**의 법리가 적용될 수 **있다.**

④ 법률행위가 대리인에 의하여 행해진 경우, **궁박상태는 대리인을 기준**으로 판단하여야 한다.

⑤ 매매계약이 불공정한 법률행위에 해당하는지는 **계약체결 당시를 기준**으로 판단하여야 한다.

29 불공정한 법률행위에 관한 설명으로 옳은 것은? (다툼이 있으면 판례에 따름)   제34회

① 불공정한 법률행위에도 무효행위의 **전환**에 관한 법리가 적용될 수 **있다.**

② **경락대금**과 목적물의 시가에 현저한 차이가 있는 경우에도 불공정한 법률행위가 성립할 수 있다.

③ 급부와 반대급부 사이에 현저한 불균형이 있는 경우, 원칙적으로 **그 불균형 부분에 한하여 무효가 된다.**

④ 대리인에 의한 법률행위에서 **궁박과 무경험은 대리인을 기준**으로 판단한다.

⑤ 계약의 피해당사자가 급박한 곤궁 상태에 있었다면 그 상대방에게 **폭리행위의 악의가 없었더라도** 불공정한 법률행위는 **성립한다.**

30 불공정한 법률행위에 관한 설명으로 **틀린** 것은? (다툼이 있으면 판례에 따름)   제29회

① **궁박은 정신적 · 심리적** 원인에 기인할 수도 **있다.**

② **무경험**은 **거래일반**에 대한 경험의 부족을 **의미한다.**

③ 대리인에 의해 법률행위가 이루어진 경우, **궁박**상태는 **본인**을 기준으로 판단하여야 한다.

④ 급부와 반대급부 사이에 현저한 불균형이 존재하는지는 특별한 사정이 없는 한 **법률행위 당시를 기준으로 판단**하여야 한다.

⑤ 급부와 반대급부 사이의 현저한 불균형은 피해자의 궁박 · 경솔 · 무경험의 정도를 고려하여 **당사자의 주관적 가치에 따라 판단**한다.

02 | 법률행위의 해석

key point

1. X토지 ⇨ 매매계약 ⇨ 유효
2. Y토지 ⇨ 등기 ⇨ 무효
3. **착오 ⇨ 취소 X**

01 매도인은 자기 소유의 X토지에 대하여 매수인과 매매계약을 체결하였으나 X토지의 지번 등에 착오를 일으켜 Y토지에 관하여 매수인 명의로 이전등기를 해 주었다. 다음 설명 중 틀린 것은? 제15회 추가

① **X토지**에 관하여 **매매계약이 성립**한다.
② **Y토지**에 관하여 경료된 **이전등기는 무효**이다.
③ **Y토지**가 매수인으로부터 **제3자에게 적법하게 양도**되어도 제3자는 유효하게 소 유권을 **취득할 수 없다.**
④ 매도인은 **착오**를 이유로 ×토지에 대한 계약을 **취소할 수 있다.**
⑤ 매수인은 **X토지**에 관하어 **등기의 이전을 청구할 수 있다.**

02 甲은 乙소유의 X토지를 임차하여 사용하던 중 이를 매수하기로 乙과 합의하였으나, 계약서 에는 Y토지로 잘못 기재하였다. 다음 설명 중 옳은 것은? (다툼이 있으면 판례에 따름) 제27회

① 매매계약은 **X토지**에 대하여 **유효하게 성립한다.**
② 매매계약은 Y토지에 대하여 유효하게 성립한다.
③ X토지에 대하여 매매계약이 성립하지만, 당사자는 착오를 이유로 취소할 수 있다.
④ Y토지에 대하여 매매계약이 성립하지만, 당사자는 착오를 이유로 취소할 수 있다.
⑤ X와 Y 어느 토지에 대해서도 매매계약이 성립하지 않는다.

---

key point

1. 자연적 해석 ⇨ **내심**적 효과의사
2. 규범적 해석 ⇨ **표시**행위 ⇨ **표시**상의 효과의사

---

03 "부동산 매매계약에서 당사자 쌍방이 모두 X토지를 그 목적물로 삼았으나 X토지의 지번에 착오를 일으켜 계약체결시에 계약서상으로는 그 목적물을 Y토지로 표시한 경우라도, X토지를 매매 목적물로 한다는 당사자 쌍방의 의사합치가 있은 이상 그 매매계약은 X토지에 관하여 성립한 것으로 보아야 한다."고 하는 법률행위의 해석방법은?　행정사 2023

① 문언해석　　　　　　　　② 통일적 해석
③ 자연적 해석　　　　　　　④ 규범적 해석
⑤ 보충적 해석

04 甲이 자기 소유의 고화(古畵) 한 점을 乙에게 960만원에 매도할 의사로 청약하였는데 청약서에는 690만원으로 기재되어 매매계약이 체결되었다. 甲의 진의를 알 수 있는 다른 해석 자료가 없어서 690만원에 매매계약이 성립한 것으로 보는 법률행위의 해석방법은? (단, 甲의 착오로 인한 취소가능성은 논외로 함)　제22회

① 예문해석　　　　　　　　② 유추해석
③ 자연적 해석　　　　　　　④ 규범적 해석
⑤ 보충적 해석

03 비정상적 의사표시

key point 비진의표시

1. 원칙 ⇨ **유효** ⇨ 상대방은 **선의무과실로 추정**

2. **상**대방이 **알**았거나 알 **수** 있었을 경우**(과실)** ⇨ **무효** ⇨ 선의의 제3자에게 대항 X

3. **진의** ⇨ 진정으로 마음속에서 원하는 사항 X

4. **강박** ⇨ 비진의표시(내심의 효과의사가 결여된 것) X

5. **공법상 행위** ⇨ 적용 X ⇨ 공무원의 사직서 제출 ⇨ 유효

6. **대리권남용** ⇨ 비진의표시 유추적용 O

7. **명의대여**하여 **대출약정**을 한 경우
   ① 원칙 : 유효 ⇨ **비진의표시 X, 통정허위표시 X**
   ② 양해 ⇨ 통정 ⇨ 무효

---

01 비진의표시에 관한 설명으로 틀린 것은? (다툼이 있으면 판례에 의함) 행정사 2020

① **공무원의 사직의 의사표시와 같은 공법행위**에는 비진의표시에 관한 규정이 **적용되지 않는다.**

② 대리인이 **대리권을 남용**한 경우, **비진의표시**에 관한 규정이 **유추적용될 수 있다.**

③ 비진의표시에서 '**진의**'는 **특정한 내용**의 의사표시를 하고자 하는 표의자의 생각을 의미하는 것은 **아니다.**

④ 재산을 **강제**로 뺏긴다는 인식을 하고 있는 자가 고지된 해악이 두려워 어쩔 수 없이 증여의 의사표시를 한 경우 이는 **비진의표시라 할 수 없다.**

⑤ 甲이 법률상 또는 사실상의 장애로 자기**명의로 대출**받을 수 없는 乙을 위하여 대출금채무자로서의 명의를 빌려준 경우, 甲의 의사표시는 **비진의표시라고 할 수 없다.**

---

02 비진의표시에 관한 설명 중 틀린 것은? 제16회

① 비진의표시는 진의와 표시의 불일치를 **표의자가 알고서** 한다는 점에서 **착오와 구별된다.**

② 부동산매매에서 비진의표시는 **상대방이 선의이며 과실 없는 경우**에 한하여 **유효**이다.

③ 비진의표시의 무효는 **선의의 제3자에게 대항하지 못한다.**

④ 대리인이 오직 자기 이익을 꾀할 목적으로 **대리권을 남용한 경우**, 비진의표시에 관한 규정이 **유추적용될 수 있다.**

⑤ **강박**에 따라 제3자에게 증여한 경우, 표의자는 마음속에서 진정으로 원하지 않았으나 당시의 상황에서는 최선이라고 판단하여 의사표시를 하였다면 **비진의표시가 된다.**

03 비진의표시에 관한 설명으로 **틀린** 것은? 제19회

① 비진의표시는 표시된 내용대로 **효력이 발생**함이 **원칙**이다.
② 비진의표시에 관한 규정은 대리인이 **대리권을 남용한 경우 유추적용될 수 없다.**
③ **자의로 사직서를 제출**하여 한 중간퇴직의 의사표시는 **비진의표시가 아니다.**
④ 비진의표시는 **상대방이** 이를 비진의표시 당시에 **안 경우** 통정허위표시와 마찬가지로 **무효**이다.
⑤ **은행대출한도**를 넘은 甲을 위해 乙이 은행대출약정서에 주채무자로 서명날인한 경우, 은행이 이런 사정을 알았더라도 **乙은 원칙적으로 대출금반환채무를 진다.**

04 비진의표시에 관한 설명으로 **틀린** 것은? 제25회

① 대출절차상 편의를 위하여 **명의를 빌려준 자**가 채무부담의 의사를 가졌더라도 그 의사표시는 **비진의표시이다.**
② 비진의표시에 관한 규정은 원칙적으로 **상대방 있는 단독행위**에 적용된다.
③ 매매계약에서 비진의표시는 **상대방이 선의이며 과실이 없는 경우에 한하여 유효**하다.
④ **사직의사 없는** 사기업의 근로자가 사용자의 지시로 어쩔 수 없이 일괄사직서를 제출하는 형태의 의사표시는 **비진의표시이다.**
⑤ **상대방이 표의자의 진의 아님을 알았다는 것은 무효를 주장하는 자가 증명**하여야 한다.

05 진의 아닌 의사표시에 관한 설명으로 **틀린** 것은? (다툼이 있으면 판례에 따름) 제27회

① **진의**란 **특정한 내용**의 의사표시를 하고자 하는 표의자의 생각을 **말하는 것이지** 표의자가 **진정으로** 마음속에서 바라는 사항을 뜻하는 것은 **아니다.**
② **상대방이** 표의자의 진의 아님을 **알았을 경우**, 표의자는 진의 아닌 의사표시를 **취소할 수 있다.**
③ **대리행위**에 있어서 진의 아닌 의사표시인지 여부는 **대리인을 표준**으로 결정한다.
④ 진의 아닌 의사표시의 효력이 없는 경우, 법률행위의 당사자는 진의 아닌 의사표시를 기초로 새로운 이해관계를 맺은 **선의의 제3자에게 대항하지 못한다.**
⑤ 진의 아닌 의사표시는 **상대방과 통정이 없다는 점에서 통정허위표시와 구별된다.**

Chapter 01 민법총칙 **19**

key point 통정허위표시

1. **증여를 하면서 매매로 가장한 경우** ⇨ **증여(은닉행위)는 유효**, 가장매매는 무효

2. **가장매매**

   ① 당사자 ⇨ 무효 ⇨ 사회질서위반 X

   ② **선의의 제3자에게 대항(주장) X**

   ③ 제3자는 선의이면 족하고, 무과실은 불요

   ④ 제3자는 선의로 추정 O

3. **파산관재인** ⇨ 파산채권자 전원이 악의가 아니라면 ⇨ **선의의 제3자**

06 甲은 乙에게 자신의 토지를 증여하기로 합의하였다. 그러나 세금문제를 염려하여 甲과 乙은 마치 매도하는 것처럼 계약서를 꾸며서 이전등기를 하였다. 그 뒤 乙은 丙에게 그 토지를 매도하고 이전등기를 하였다. 다음 설명 중 **틀린** 것은? 제16회, 제18회 유사

① 甲과 乙 사이의 **증여계약**은 **유효**이지만, **매매계약**은 **무효**이다.

② **乙명의의 등기는 효력이 있다.**

③ 甲은 악의의 丙을 상대로 그 명의의 **등기말소를 청구할 수 없다.**

④ 甲은 乙을 대위하여 악의의 丙을 상대로 **등기말소를 청구할 수 있다.**

⑤ 乙은 丙을 상대로 그 명의의 **등기말소를 청구할 수 없다.**

07 甲은 자신의 X토지를 乙에게 증여하고, 세금을 아끼기 위해 이를 매매로 가장하여 乙명의로 소유권이전등기를 마쳤다. 그 후 乙은 X토지를 丙에게 매도하고 소유권이전등기를 마쳤다. 다음 설명 중 옳은 것을 모두 고른 것은? (다툼이 있으면 판례에 따름) 제29회

   ㄱ. 甲과 乙 사이의 **매매계약은 무효**이다.

   ㄴ. 甲과 乙 사이의 **증여계약은 유효**이다.

   ㄷ. 甲은 **丙에게** X토지의 소유권이전등기**말소를 청구할 수 없다.**

   ㄹ. 丙이 甲과 乙 사이에 증여계약이 체결된 사실을 알지 못한데 과실이 있더라도 **丙은 소유권을 취득한다.**

① ㄱ ② ㄱ, ㄷ ③ ㄴ, ㄹ

④ ㄴ, ㄷ, ㄹ ⑤ ㄱ, ㄴ, ㄷ, ㄹ

08 甲은 자신의 부동산에 관하여 乙과 통정한 허위의 매매계약에 따라 소유권이전등기를 乙에게 해주었다. 그 후 乙은 이러한 사정을 모르는 丙과 위 부동산에 대한 매매계약을 체결하고 그에게 소유권이전등기를 해주었다. 다음 설명 중 **틀린** 것은? 제27회

① 甲과 乙은 **매매계약**에 따른 채무를 **이행할 필요가 없다.**
② 甲은 **丙을 상대로** 이전등기의 **말소를 청구할 수 없다.**
③ **丙이** 부동산의 **소유권을 취득**한다.
④ **甲이** 자신의 소유권을 주장하려면 **丙의 악의를 증명**해야 한다.
⑤ **丙이 선의**이더라도 **과실**이 있으면 **소유권을 취득하지 못한다.**

09 甲은 강제집행을 피하기 위해 자신의 X부동산을 乙에게 가장매도하여 소유권이전등기를 해 주었는데, 乙이 이를 丙에게 매도하고 소유권이전등기를 해 주었다. 다음 설명 중 **틀린** 것은? (다툼이 있으면 판례에 따름) 제35회

① 甲과 乙사이의 계약은 **무효**이다.
② 甲과 乙사이의 계약은 **채권자취소권**의 대상이 될 수 **있다.**
③ **丙이 선의**인 경우, 선의에 대한 **과실의 유무를 묻지 않고** 丙이 소유권을 **취득한다.**
④ **丙이 악의**라는 사실에 관한 **증명책임**은 허위표시의 **무효를 주장하는 자**에게 있다.
⑤ 만약 악의의 丙이 **선의의** 丁에게 X부동산을 매도하고 소유권이전등기를 해 주더라도 丁은 소유권을 **취득하지 못한다.**

10 甲은 강제집행을 면할 목적으로 자기 소유의 X토지에 관하여 乙과 짜고 허위의 매매계약을 체결한 후 乙명의로 소유권이전등기를 마쳐 주었다. 그 후 乙은 丙에게 금전을 차용하면서 X토지 위에 저당권을 설정하였다. 이에 관한 설명으로 **틀린** 것은? (다툼이 있으면 판례에 따름) 노무사 2019

① 甲과 乙 사이의 **매매계약은 무효**이다.
② **丙은** 특별한 사정이 없는 한 **선의로 추정된다.**
③ **丙이** 보호받기 위해서는 허위표시에 대하여 선의이면 족하고 **무과실일 필요는 없다.**
④ **丙이 악의**인 경우, 甲은 **丙의 저당권등기의 말소청구를** 할 수 있다.
⑤ **丙이 선의**인 경우, **甲은** 乙에게 X토지의 **진정명의회복**을 위한 소유권이전등기를 **청구할 수 없다.**

11 통정허위표시에 관한 설명으로 **틀린** 것은? (다툼이 있으면 판례에 따름)   제30회

① 통정허위표시가 성립하기 위해서는 진의와 표시의 불일치에 관하여 **상대방과 합의가 있어야 한다.**

② 통정허위표시로서 무효인 법률행위라도 **채권자취소권의 대상이 될 수 있다.**

③ 당사자가 통정하여 **증여를 매매로 가장한 경우,** 증여와 매매 **모두 무효이다.**

④ 통정허위표시의 무효로 대항할 수 없는 제3자의 범위는 통정허위표시를 기초로 **새로운 법률상 이해관계를 맺었는지 여부에 따라** 실질적으로 파악해야 한다.

⑤ 통정허위표시의 무효로 대항할 수 없는 제3자에 해당하는지의 여부를 판단할 때, **파산관재인은** 파산채권자 모두가 악의로 되지 않는 한 **선의로 다루어진다.**

12 의사와 표시가 불일치하는 경우에 관한 설명으로 옳은 것은? (다툼이 있으면 판례에 따름)
제32회

① 통정허위표시의 무효로 대항할 수 없는 제3자에 해당하는지를 판단할 때, **파산관재인은** 파산채권자 일부가 선의라면 **선의로 다루어진다.**

② **비진의 의사표시는** 상대방이 표의자의 진의 아님을 알 수 있었을 경우 **취소할 수 있다.**

③ **비진의 의사표시는** 상대방과 **통정이 없었다는 점에서 착오와 구분된다.**

④ 통정허위표시의 무효에 대항하려는 **제3자는** 자신이 **선의라는 것을 증명**하여야 한다.

⑤ 매수인의 채무불이행을 이유로 매도인이 계약을 적법하게 **해제했다면,** 착오를 이유로 한 매수인의 **취소권은 소멸한다.**

13 통정허위표시(민법 제108조)에 관한 설명으로 옳은 것은?   제33회

① 통정허위표시는 표의자가 의식적으로 진의와 다른 표시를 한다는 것을 **상대방이 알았다면 성립한다.**

② 가장행위가 무효이면 당연히 **은닉행위도 무효이다.**

③ 대리인이 본인 몰래 대리권의 범위 안에서 상대방과 통정허위표시를 한 경우, **본인은 선의의 제3자로서** 그 유효를 주장할 수 있다.

④ 민법 제108조 제2항에 따라 보호받는 **선의의 제3자에 대해서는 그 누구도** 통정허위표시의 **무효로써 대항할 수 없다.**

⑤ **가장소비대차에 따른 대여금채권의 선의의 양수인은** 민법 제108조 제2항에 따라 **보호받는 제3자가 아니다.**

key point

1. 제3자 ⇨ 새로운 이해관계인

2. 제3자에 해당하지 않는 자
   ① 대리인이 가장매매를 한 경우에 있어서 **본인**
   ② **제3자를 위한 계약에 있어서 수익자**
   ③ **채권**의 가장양도에 있어서 **채무자**
   ④ 차주와 통정하여 가장소비대차계약을 체결한 금융기관으로부터 **그 계약을 인수한 자**

14 허위표시의 무효로 대항할 수 없는 선의의 제3자에 해당하지 <u>않는</u> 자는? (다툼이 있으면 판례에 의함)　　　　제23회

① 가장전세권자의 전세권부채권을 **가압류**한 자
② 허위로 체결된 **제3자를 위한 계약**의 수익자
③ 가장양수인으로부터 **저당권**을 설정받은 자
④ 가장양수인으로부터 소유권이전등기청구권 보전을 위한 **가등기**를 경료받은 자
⑤ 가장행위에 기한 근저당권부채권을 **가압류**한 자

15 통정허위표시의 무효는 선의의 '제3자'에게 대항하지 못한다는 규정의 '제3자'에 해당하는 자를 모두 고른 것은?　　　　제26회

> ㄱ. **통정**허위표시에 의한 **채권**을 **가압류**한 자
> ㄴ. **통정**허위표시에 의해 설정된 **전세권**에 대해 **저당권**을 설정받은 자
> ㄷ. 대리인의 **통정**허위표시에서 **본인**
> ㄹ. **통정**허위표시에 의해 체결된 **제3자를 위한 계약**에서 제3자

① ㄱ, ㄴ　　　　　② ㄱ, ㄷ　　　　　③ ㄴ, ㄷ
④ ㄴ, ㄹ　　　　　⑤ ㄷ, ㄹ

16 통정허위표시를 기초로 새로운 법률상 이해관계를 맺은 제3자에 해당하지 <u>않는</u> 자는? (다툼이 있으면 판례에 따름)　　　　제31회

① 가장채권을 **가압류한** 자
② 가장전세권에 **저당권을 취득한** 자
③ **채권**의 **가장양도**에서 변제 전 **채무자**
④ 파산선고를 받은 가장채권자의 **파산관재인**
⑤ 가장채무를 보증하고 **그 보증채무를 이행한 보증인**

17 통정허위표시를 기초로 새로운 법률상 이해관계를 맺은 제3자에 해당하는 자를 모두 고른 것은? (다툼이 있으면 판례에 따름) 제34회

> ㄱ. 파산선고를 받은 가장채권자의 **파산관재인**
> ㄴ. 가장채무를 보증하고 **그 보증채무를 이행하여 구상권을 취득한 보증인**
> ㄷ. 차주와 통정하여 가장소비대차계약을 체결한 금융기관으로부터 **그 계약을 인수한 자**

① ㄱ   ② ㄷ   ③ ㄱ, ㄴ

④ ㄴ, ㄷ   ⑤ ㄱ, ㄴ, ㄷ

---

key point 착오

1. **동기의 착오** ⇨ ① 표시 ② 유발 또는 제공 ③ 합의 불요

2. **중요부분의 착오** ⇨ 취소 O ⇨ 착오자(법률행위의 **효력을 부인**하려는 자)가 입증
   ① 경제적 불이익 X ⇨ 가압류 원인무효 ⇨ 중요부분의 착오 X
   ② 시가에 관한 착오, 수량부족, 지적부족 ⇨ 중요부분의 착오 X
   ③ 토지의 현황·경계에 관한 착오 ⇨ 중요부분의 착오 O
   ④ 법률에 관한 착오 ⇨ 중요부분의 착오 O ⇨ 취소 O

3. 중대한 과실 O ⇨ 취소 X
   ① **상대방, 효력을 주장하려는 자** ⇨ 입증
   ② 경과실 ⇨ 취소 O

4. **중대한 과실 O ⇨ 상대방이 알고 이용 ⇨ 취소 O**

5. 착오와 사기 ⇨ 경합 ⇨ 선택 O

6. **착오와 담보책임 ⇨ 경합 ⇨ 취소 O**

7. **해제 후 취소 O**

8. **착오 ⇨ 취소 ⇨ 손해 ⇨ 불법행위 X ⇨ 손해배상 X**

9. **착오 ⇨ 임의규정 ⇨ 특약으로 적용 배제 O**

18 착오에 관한 설명으로 옳은 것은? (다툼이 있으면 판례에 따름)

① 매도인이 계약을 적법하게 **해제한 후에도** 매수인은 계약해제에 따른 불이익을 면하기 위하여 중요부분의 착오를 이유로 **취소권을 행사**하여 계약 전체를 무효로 **할 수 있다.**

② 표의자가 **착오**를 이유로 의사표시를 **취소**한 경우, 취소된 의사표시로 인해 **손해**를 입은 상대방은 불법행위를 이유로 **손해배상을 청구할 수 있다.**

③ 착오에 의한 의사표시로 표의자가 **경제적 불이익을 입지 않더라도** 착오를 이유로 그 의사표시를 **취소할 수 있다.**

④ 착오가 표의자의 **중대한 과실**로 인한 경우에는 **상대방이** 표의자의 착오를 **알고 이용**하더라도 표의자는 의사표시를 **취소할 수 없다.**

⑤ 표의자의 **중대한 과실 유무**는 착오에 의한 의사표시의 **효력을 부인하는** 자가 증명하여야 한다.

19 착오에 의한 법률행위에 관한 설명으로 틀린 것은?

① 매수한 토지가 계약체결 당시부터 법령상의 제한으로 인해 **매수인이 의도한 목적대로 이용할 수 없게 된 경우**, 매수인의 착오는 **동기의 착오**가 될 수 있다.

② 주채무자 소유의 부동산에 가압류 등기가 없다고 믿고 보증하였더라도, **그 가압류가 원인무효로 밝혀졌다면** 착오를 이유로 **취소할 수 없다.**

③ 상대방에 의해 **유발된 동기의 착오**는 동기가 **표시되지 않았더라도** 중요부분의 **착오가 될 수 있다.**

④ **공인중개사를 통하지 않고** 토지거래를 하는 경우, **토지대장 등을 확인하지 않은 매수인**은 매매목적물의 동일성에 착오가 있더라도 착오를 이유로 매매계약을 **취소할 수 없다.**

⑤ 매수인의 중도금 미지급을 이유로 매도인이 적법하게 계약을 **해제**한 경우, 매수인은 착오를 이유로 계약을 다시 **취소할 수는 없다.**

20 착오에 관한 설명으로 **틀린** 것은? (다툼이 있으면 판례에 따름) 제28회

① 당사자가 **착오**를 이유로 의사표시를 **취소하지 않기로 약정**한 경우, 표의자는 의사표시를 **취소할 수 없다.**

② 건물과 그 부지를 현상대로 매수한 경우에 부지의 **지분이 미미하게 부족**하다면, 그 매매계약의 **중요부분의 착오가 되지 아니한다.**

③ 부동산거래계약서에 **서명·날인한다는 착각에 빠진 상태로** 연대보증의 서면에 서명·날인한 경우에는 **표시상의 착오**에 해당한다.

④ **상대방이** 표의자의 착오를 **알고 이용**한 경우에도 의사표시에 **중대한 과실**이 있는 표의자는 착오에 의한 의사표시를 **취소할 수 없다.**

⑤ 상대방에 의해 **유발된 동기의 착오**는 동기가 **표시되지 않았더라도** 중요부분의 **착오가 될 수 있다.**

21 착오로 인한 의사표시에 관한 설명으로 **틀린** 것은? 제25회

① **상대방이** 착오자의 **진의에 동의**하더라도 착오자는 의사표시를 **취소할 수 있다.**

② **법률에 관한 착오**도 법률행위 내용의 **중요부분에 관한 착오에 해당**될 수 있다.

③ **농지의 상당부분이 하천**임을 사전에 알았더라면 농지 매매계약을 체결하지 않았을 것이 명백한 경우, 법률행위 내용의 **중요부분의 착오에 해당**될 수 있다.

④ 당사자가 합의한 매매목적물의 **지번**에 관하여 **착오**를 일으켜 계약서상 목적물의 지번을 잘못 표시한 경우, 그 계약을 **취소할 수 없다.**

⑤ 토지소유자가 **공무원의 법령오해에 따른 설명으로 착오에 빠져** 토지를 국가에 증여한 경우, 이를 **취소할 수 있다.**

22 착오에 의한 의사표시에 관한 설명으로 옳은 것은? 　　　　　　　　　노무사 2019

① 매도인의 **담보책임**이 성립하는 경우, 매수인은 매매계약 내용의 중요부분에 **착오**가 있더라도 이를 **취소할 수 없다.**

② **소송행위**에도 특별한 사정이 없는 한 착오를 이유로 하는 **취소가 허용된다.**

③ 착오로 인하여 표의자가 **경제적 불이익을 입지 않은 경우**에는 법률행위 내용의 **중요부분의 착오라고 볼 수 없다.**

④ 표의자에게 **중대한 과실**이 있다는 사실은 법률행위의 **효력을 부인하는 자가 증명**하여야 한다.

⑤ 매도인이 매수인의 채무불이행을 이유로 매매계약을 적법하게 **해제**한 경우에는 매수인은 착오를 이유로 그 매매계약을 **취소할 수 없다.**

23 착오에 관한 설명으로 옳은 것을 모두 고른 것은? (다툼이 있으면 판례에 따름) 　제31회

> ㄱ. 매도인의 **하자담보책임이 성립**하더라도 **착오**를 이유로 한 매수인의 **취소권은 배제되지 않는다.**
>
> ㄴ. 경과실로 인해 착오에 빠진 표의자가 **착오**를 이유로 의사표시를 **취소**한 경우, 상대방에 대하여 **불법행위로 인한 손해배상책임**을 진다.
>
> ㄷ. **상대방이** 표의자의 착오를 **알고 이용**한 경우, 표의자는 착오가 **중대한 과실**로 인한 것이더라도 의사표시를 **취소할 수 있다.**
>
> ㄹ. 매도인이 매수인의 채무불이행을 이유로 계약을 적법하게 **해제한 후**에는 매수인은 착오를 이유로 **취소권을 행사할 수 없다.**

① ㄱ, ㄴ　　　　　　② ㄱ, ㄷ　　　　　　③ ㄱ, ㄹ

④ ㄴ, ㄷ　　　　　　⑤ ㄴ, ㄹ

24 착오로 인한 의사표시에 관한 설명으로 옳은 것을 모두 고른 것은? (다툼이 있으면 판례에 따름)

제35회

> ㄱ. 착오로 인한 의사표시의 취소는 **선의의 제3자에게 대항하지 못한다.**
> ㄴ. 의사표시의 **상대방이** 의사표시자의 착오를 **알고 이용**한 경우, 착오가 중대한 과실로 인한 것이라도 의사표시자는 의사표시를 **취소할 수 있다.**
> ㄷ. X토지를 계약의 목적물로 삼은 당사자가 모두 **지번에 착오**를 일으켜 계약서에 목적물을 Y토지로 표시한 경우, **착오**를 이유로 의사표시를 **취소할 수 있다.**

① ㄱ   ② ㄷ   ③ ㄱ, ㄴ
④ ㄴ, ㄷ   ⑤ ㄱ, ㄴ, ㄷ

---

key point 하자 있는 의사표시

1. **사기**
   ① 부작위, 침묵 ⇨ 사기 O
   ② 시가, 다소 과장 ⇨ 사기 X

2. **강박**
   ① 사회질서위반 X
   ② 비진의표시(내심적 효과의사가 결여) X
   ③ 완전히 박탈 ⇨ 무효
   ④ 고소, 고발 ⇨ 부정 또는 부당 ⇨ 강박
   ⑤ 해악의 고지 X ⇨ 강박 X

3. **제3자에 의한 사기 강박**
   ① 상대방이 알았거나 알 수 있었을 경우 ⇨ 취소 O
   ② 상대방이 선의무과실인 경우 ⇨ 취소 X
   ③ **제3자의 사기 ⇨ 손해배상청구 ⇨ 먼저 취소할 필요 X**

4. **대리인의 사기 강박 ⇨ 언제나 취소 O**

5. 사기와 담보책임 ⇨ 경합 ⇨ 취소 O

6. **소송행위 ⇨ 착오, 사기, 강박 ⇨ 취소 X**

25 사기·강박에 의한 의사표시에 관한 설명으로 **틀린** 것은?　　　　제25회

① 사기나 강박에 의한 **소송행위**는 원칙적으로 **취소할 수 없다.**

② **대리인의 기망행위**로 계약을 체결한 상대방은 본인이 선의이면 계약을 **취소할 수 없다.**

③ **강박**으로 의사결정의 자유가 **완전히 박탈**되어 법률행위의 외형만 갖춘 의사표시는 **무효**이다.

④ 교환계약의 당사자 일방이 자기 소유 목적물의 **시가를 묵비**한 것은 특별한 사정이 없는 한 **기망행위가 아니다.**

⑤ 제3자의 사기로 계약을 체결한 경우, 피해자는 **그 계약을 취소하지 않고** 그 제3자에게 **불법행위책임을 물을 수 있다.**

26 사기에 의한 의사표시에 관한 설명으로 **틀린** 것은?　　　　제27회

① 아파트분양자가 아파트단지 인근에 **공동묘지가 조성되어 있다는 사실**을 분양계약자에게 **고지하지 않은 경우**에는 **기망행위에 해당한다.**

② 아파트분양자에게 기망행위가 인정된다면, 분양계약자는 기망을 이유로 분양계약을 **취소하거나** 취소를 원하지 않을 경우 **손해배상만을 청구할 수도 있다.**

③ 분양회사가 상가를 분양하면서 그 곳에 첨단 오락타운을 조성하여 수익을 보장한다는 **다소 과장된 선전광고**를 하는 것은 **기망행위에 해당한다.**

④ **제3자의 사기**에 의해 의사표시를 한 표의자는 **상대방이** 그 사실을 **알았거나 알수 있었을 경우**에 그 의사표시를 **취소할 수 있다.**

⑤ **대리인의 기망행위**에 의해 계약이 체결된 경우, 계약의 상대방은 **본인이 선의**이더라도 계약을 **취소할 수 있다.**

27 사기·강박에 의한 의사표시에 관한 설명으로 옳은 것을 모두 고른 것은?　　　　제35회

> ㄱ. 아파트 분양자가 아파트단지 인근에 대규모 **공동묘지가 조성된 사실**을 알면서 수분양자에게 **고지하지 않은 경우**, 이는 **기망행위에 해당한다.**
> ㄴ. 교환계약의 당사자가 목적물의 **시가**를 묵비한 것은 원칙적으로 **기망행위에 해당한다.**
> ㄷ. '제3자의 강박'에 의한 의사표시에서 상대방의 **대리인은 제3자에 포함되지 않는다.**

① ㄱ　　　　② ㄴ　　　　③ ㄱ, ㄷ

④ ㄴ, ㄷ　　　　⑤ ㄱ, ㄴ, ㄷ

28 사기 · 강박에 의한 의사표시에 관한 설명으로 **틀린** 것은? 감평사 2022

① 상대방의 **기망행위로** 의사결정의 **동기에 관하여** 착오를 일으켜 법률행위를 한 경우, **사기를 이유로** 그 의사표시를 **취소할 수 있다.**

② 상대방이 불법적인 **해악의 고지 없이** 각서에 서명날인할 것을 강력히 요구하는 것만으로는 **강박이 되지 않는다.**

③ **부작위에** 의한 기망행위로도 **사기에** 의한 의사표시가 **성립할 수 있다.**

④ **제3자에 의한 사기**행위로 계약을 체결한 경우, 표의자는 먼저 **그 계약을 취소하여야** 제3자에 대하여 불법행위로 인한 **손해배상을 청구할 수 있다.**

⑤ 매수인이 매도인을 기망하여 부동산을 매수한 후 제3자에게 저당권을 설정해 준 경우, 특별한 사정이 없는 한 **제3자는** 매수인의 기망사실에 대하여 **선의로 추정된다.**

29 사기 · 강박에 의한 의사표시에 관한 설명으로 **틀린** 것은? (다툼이 있으면 판례에 따름)
변리사 2022

① 아파트 분양자가 아파트 인근에 **쓰레기매립장**이 건설될 예정이라는 사실을 분양계약자에게 **고지하지 않는 것은 기망행위에 해당한다.**

② 신의칙에 반하여 정상가격을 높이 책정한 후 할인하여 원래 가격으로 판매하는 백화점 **변칙세일은 기망행위에 해당한다.**

③ 강박행위의 주체가 국가 공권력이고 그 공권력의 행사의 내용이 기본권을 침해하는 것이면 그 **강박에** 의한 의사표시는 당연히 **무효가 된다.**

④ **부정한 이익**을 목적으로 부정행위에 대한 **고소, 고발**이 행해지는 경우에는 **강박행위가 될 수 있다.**

⑤ **제3자에 의한 사기**행위로 계약을 체결한 경우, 피해자는 **그 계약을 취소하지 않아도** 제3자에게 불법행위로 인한 **손해배상을 청구할 수 있다.**

key point 의사표시의 효력발생시기

1. 도달주의 ⇨ 요지한 때 X, 요지할 수 있는 상태 O

2. 도달 후 ⇨ 철회 X

3. 연착, 불착의 불이익 ⇨ 표의자가 부담 ⇨ 도달 X

4. 효력을 주장하는 자 ⇨ 도달 입증
   ① 내용증명우편, 등기우편 ⇨ 도달 추정 O
   ② 보통우편 ⇨ 도달 추정 X

5. 표의자가 의사표시를 발신한 후 ⇨ 사망, 행위능력 상실 ⇨ 효력 발생 O

6. 제한능력자가 수령 ⇨ 도달 주장 X ⇨ 법정대리인이 안 때 ⇨ 도달 주장 O

---

30 의사표시에 관한 설명으로 틀린 것은?　　　　　　　　　　　　　제24회

① **진의 아닌 의사표시**는 **원칙적으로 무효**이다.

② 의사표시자가 그 통지를 **발송한 후 사망**하거나 **제한능력자**가 되어도 의사표시의 **효력에 영향을 미치지 않는다.**

③ 상대방 있는 의사표시는 원칙적으로 상대방에게 **도달한 때**에 그 효력이 생긴다.

④ 의사표시자가 **과실 없이** 상대방을 **알지 못하는 경우**, 의사표시는 「민사소송법」의 **공시송달** 규정에 의하여 송달할 수 **있다.**

⑤ **보통우편**의 방법으로 발송되었다는 사실만으로는 상당한 기간 내에 **도달하였다고 추정할 수 없다.**

---

31 의사표시의 효력발생에 관한 설명으로 틀린 것은?　　　　　　　　제27회

① **표의자가** 매매의 청약을 **발송한 후 사망**하여도 그 청약의 **효력에 영향을 미치지 아니한다.**

② 상대방이 **정당한 사유 없이** 통지의 **수령을 거절**한 경우에도 그가 통지의 내용을 알 수 있는 객관적 상태에 놓인 때에 의사표시의 **효력이 생긴다.**

③ 의사표시가 기재된 **내용증명우편이 발송**되고 달리 반송되지 않았다면 특별한 사정이 없는 한 그 의사표시는 **도달된 것으로 본다.**

④ **표의자가** 그 통지를 **발송한 후 제한능력자가 된 경우**, 그 법정대리인이 통지 사실을 알기 전에는 **의사표시의 효력이 없다.**

⑤ 매매계약을 해제하겠다는 **내용증명우편이 상대방에게 도착**하였으나, 상대방이 **정당한 사유 없이** 그 우편물의 **수취를 거절**한 경우에 해제의 의사표시가 **도달한 것으로 볼 수 있다.**

32 甲은 乙과 체결한 매매계약에 대한 적법한 해제의 의사표시를 내용증명우편을 통하여 乙에게 발송하였다. 다음 설명 중 옳은 것은? (다툼이 있으면 판례에 따름) 제30회

① 甲이 그 후 **사망하면** 해제의 의사표시는 **효력을 잃는다.**

② 乙이 甲의 해제의 의사표시를 **실제로 알아야** 해제의 **효력이 발생한다.**

③ 甲은 내용증명우편이 乙에게 **도달한 후에도** 일방적으로 해제의 의사표시를 **철회할 수 있다.**

④ 甲의 **내용증명우편이 반송되지 않았다면**, 특별한 사정이 없는 한 그 무렵에 乙에게 **송달되었다고 봄이 상당하다.**

⑤ 甲의 내용증명우편이 乙에게 **도달한 후 乙이 성년후견개시의 심판을 받은 경우**, 甲의 해제의 의사표시는 **효력을 잃는다.**

33 甲의 乙에 대한 의사표시에 관한 설명으로 옳은 것은? (다툼이 있으면 판례에 따름) 제35회

① 甲이 부동산 매수청약의 의사표시를 발송한 후 **사망**하였다면 그 **효력은 발생하지 않는다.**

② 乙이 의사표시를 받은 때에 **제한능력자**이더라도 甲은 원칙적으로 그 의사표시의 **효력을 주장할 수 있다.**

③ 甲의 의사표시가 乙에게 **도달**되었다고 보기 위해서는 乙이 그 내용을 **알았을 것을 요한다.**

④ 甲의 의사표시가 **등기우편**의 방법으로 발송된 경우, 상당한 기간 내에 **도달되었다고 추정할 수 없다.**

⑤ 乙이 **정당한 사유 없이** 계약해지 통지의 **수령을 거절**한 경우, 乙이 그 통지의 내용을 알 수 있는 객관적 상태에 놓여 있는 때에 의사표시의 **효력이 생긴다.**

04 대리

key point 대리

1. 대리제도
   ① 법률**행위** ⇨ **대리인**
   ② **효과**(책임) ⇨ **본인**

2. **매매계약을 체결할 대리권의 범위**
   ① **대금수령권한 O, 지급기일연기권한 O**
   ② **해제 X, 취소 X**

3. 권한을 정하지 아니한 대리인
   ① 보존행위 ⇨ 제한 X
   ② 이용행위, 개량행위 ⇨ 성질이 변하지 않는 범위에서 O

4. 자기계약, 쌍방대리가 허용되는 경우
   ① 본인의 허락
   ② 다툼이 없는 확정된 기한이 도래한 채무이행 ⇨ 등기신청행위

5. 대리인이 **수인**인 경우 ⇨ **각자**대리 원칙

6. **임의대리와 법정대리의 공통된 소멸사유**
   ① 본인 ⇨ 사망
   ② **대리인** ⇨ 사망, **성년후견개시, 파산**
   ③ **한정후견개시** ⇨ **대리권소멸사유 X**

7. 대리인의 능력
   ① **대리인** ⇨ **행위능력자 불요** ⇨ **제한능력자 O**
   ② 본인이 **제한능력자를 대리인으로 선임**한 경우 ⇨ **대리행위는 취소 X**

8. **대리권남용(대금횡령)** ⇨ **비진의표시 유추적용**
   ① 원칙 ⇨ 유효(유권대리) ⇨ 본인 책임 O
   ② 상 알 수 ⇨ 무효 ⇨ 본인 책임 X

9. 대리행위의 하자
   ① 원칙 ⇨ 대리인을 기준
   ② **본인을 기준** ⇨ **지시, 궁박**(불공정한 법률행위)

01 甲의 대리인 乙은 甲 소유의 부동산을 丙에게 매도하기로 약정하였다. 다음 설명 중 **틀린** 것은? (다툼이 있으면 판례에 의함) 제24회

① 乙은 특별한 사정이 없으면 丙으로부터 **계약금을 수령할 권한이 있다.**

② 乙이 **丙의 기망행위**로 매매계약을 체결한 경우, 甲은 이를 **취소할 수 있다.**

③ 乙이 매매계약서에 **甲의 이름**을 기재하고 **甲의 인장**을 날인한 때에도 **유효한 대리행위가 될 수 있다.**

④ 乙이 매매계약을 체결하면서 **甲을 위한 것임을 표시하지 않은 경우**, 특별한 사정이 없으면 그 의사표시는 **자기를 위한 것으로 본다.**

⑤ 만일 **乙이 미성년자**인 경우, 甲은 乙이 제한능력자임을 이유로 **매매계약을 취소할 수 있다.**

02 대리에 관한 설명으로 **틀린** 것은? 제25회

① **대리인이 파산선고**를 받아도 그의 **대리권은 소멸하지 않는다.**

② **대리인이 수인인 때**에는 원칙적으로 **각자가** 본인을 **대리한다.**

③ 대리인은 **본인의 허락**이 있으면 당사자 **쌍방을 대리할 수 있다.**

④ 대리인의 **대리권 남용**을 상대방이 알았거나 **알 수 있었을 경우**, 대리행위는 본인에게 효력이 없다.

⑤ **매매계약을 체결할 대리권**을 수여받은 대리인은 특별한 사정이 없는 한 **중도금과 잔금을 수령할 권한이 있다.**

03 甲은 그 소유의 X건물을 매도하기 위하여 乙에게 대리권을 수여하였다. 이에 관한 설명으로 **틀린** 것은? (다툼이 있으면 판례에 따름) 제33회

① **乙이 사망하면** 특별한 사정이 없는 한 **乙의 상속인에게 그 대리권이 승계된다.**

② 乙은 특별한 사정이 없는 한 X건물의 매매계약에서 약정한 **중도금이나 잔금을 수령할 수 있다.**

③ 甲의 수권행위는 **묵시적**인 의사표시에 의하여도 할 수 **있다.**

④ 乙이 대리행위를 하기 전에 甲이 그 **수권행위를 철회한 경우**, 특별한 사정이 없는 한 乙의 대리권은 소멸한다.

⑤ 乙은 **甲의 허락이 있으면** 甲을 대리하여 자신을 X건물의 매수인으로 하는 계약을 체결할 수 있다.

04 甲은 자신의 X토지를 매도하기 위하여 乙에게 대리권을 수여하였다. 다음 설명 중 **틀린** 것은? (다툼이 있으면 판례에 따름) 　　　제30회

① 乙이 **한정후견개시의 심판**을 받은 경우, 특별한 사정이 없는 한 乙의 **대리권은 소멸한다.**

② 乙은 **甲의 허락이 있으면** 甲을 대리하여 자신이 X토지를 매수하는 계약을 **체결할 수 있다.**

③ 甲은 특별한 사정이 없는 한 **언제든지** 乙에 대한 **수권행위를 철회할 수 있다.**

④ 甲의 **수권행위는 불요식행위**로서 **묵시적**인 방법에 의해서도 **가능**하다.

⑤ 乙은 특별한 사정이 없는 한 대리행위를 통하여 체결된 X토지 매매계약에 따른 **잔금을 수령할 권한도 있다.**

05 대리권의 범위와 제한에 관한 설명으로 **틀린** 것은? 　　　제27회

① 대리인에 대한 본인의 금전채무가 **기한이 도래한 경우** 대리인은 **본인의 허락 없이** 그 채무를 **변제하지 못한다.**

② 금전소비대차계약과 그 담보를 위한 담보권설정계약을 체결할 권한이 있는 임의대리인은 특별한 사정이 없는 한 계약을 **해제할 권한까지 갖는 것은 아니다.**

③ 매매계약체결의 대리권을 수여받은 대리인은 특별한 사정이 없는 한 **중도금과 잔금을 수령할 권한이 있다.**

④ 대리인이 **수인**인 때에는 **각자**가 본인을 대리하지만, 법률 또는 수권행위에서 달리 정할 수 있다.

⑤ 권한을 정하지 않은 대리인은 **보존행위를 할 수 있다.**

06 甲은 자신의 토지에 관한 매매계약 체결을 위해 乙에게 대리권을 수여하였고, 乙은 甲의 대리인으로서 丙과 매매계약을 체결하였다. 다음 설명 중 옳은 것을 모두 고른 것은? (다툼이 있으면 판례에 따름) 　　　제35회

> ㄱ. 乙은 원칙적으로 **복대리인을 선임할 수 있다.**
> ㄴ. 乙은 특별한 사정이 없는 한 계약을 **해제할 권한이 없다.**
> ㄷ. 乙이 丙에게 甲의 **위임장을 제시**하고 계약을 체결하면서 계약서상 매도인을 乙로 기재한 경우, 특별한 사정이 없는 한 **甲에게 그 계약의 효력이 미치지 않는다.**

① ㄴ 　　　　② ㄷ 　　　　③ ㄱ, ㄴ

④ ㄱ, ㄷ 　　　　⑤ ㄴ, ㄷ

07 甲은 자신의 X토지를 매도하기 위해 乙에게 대리권을 수여하였고, 乙은 甲을 위한 것임을 표시하고 X토지에 대하여 丙과 매매계약을 체결하였다. 다음 설명 중 틀린 것은? (다툼이 있으면 판례에 따름)　　　　제29회

① 乙은 특별한 사정이 없는 한 丙으로부터 매매계약에 따른 **중도금이나 잔금을 수령할 수 있다.**

② 丙이 매매계약을 적법하게 해제한 경우, **丙은 乙에게 손해배상을 청구할 수 있다.**

③ 丙의 채무불이행이 있는 경우, 乙은 특별한 사정이 없는 한 계약을 **해제할 수 없다.**

④ 丙이 매매계약을 적법하게 해제한 경우, 해제로 인한 **원상회복의무는 甲과 丙이 부담한다.**

⑤ **만약** 甲이 매매계약의 체결과 이행에 관하여 **포괄적 대리권을 수여한 경우,** 乙은 특별한 사정이 없는 한 약정된 **매매대금 지급기일을 연기해 줄 권한도 가진다.**

08 甲은 자신의 X부동산의 매매계약체결에 관한 대리권을 乙에게 수여하였고, 乙은 甲을 대리하여 丙과 매매계약을 체결하였다. 이에 관한 설명으로 옳은 것은?　　　　제31회

① 계약이 **불공정한 법률행위**인지가 문제된 경우, 매도인의 경솔, 무경험 및 **궁박** 상태의 여부는 **乙을 기준**으로 판단한다.

② 乙은 甲의 **승낙이나 부득이한 사유가 없더라도 복대리인을 선임할 수 있다.**

③ **乙이 丙으로부터 대금 전부를 지급받고** 아직 甲에게 전달하지 않았더라도 특별한 사정이 없는 한 **丙의 대금지급의무는 변제로 소멸한다.**

④ **乙의 대리권은 특별한 사정이 없는 한 丙과의 계약을 해제할 권한을 포함한다.**

⑤ **乙이 미성년자인 경우,** 甲은 乙이 제한능력자임을 이유로 계약을 **취소할 수 있다.**

09 甲으로부터 甲 소유 X토지의 매도 대리권을 수여받은 乙은 甲을 대리하여 丙과 X토지에 대한 매매계약을 체결하였다. 다음 설명 중 틀린 것은?　　　　제34회

① 乙은 특별한 사정이 없는 한 매매잔금의 **수령 권한을 가진다.**

② 丙의 채무불이행이 있는 경우, 특별한 사정이 없는 한 乙은 매매계약을 **해제할 수 없다.**

③ 매매계약의 해제로 인한 **원상회복의무는 甲과 丙이 부담한다.**

④ 丙이 매매계약을 해제한 경우, 丙은 乙에게 채무불이행으로 인한 **손해배상을 청구할 수 없다.**

⑤ **乙이 자기의 이익을 위하여** 배임적 대리행위를 하였고 **丙도 이를 안 경우,** 乙의 대리행위는 **甲에게 효력을 미친다.**

key point 복대리인

1. 대리인이 선임
   ① **대리인**이 자신의 이름(책임)으로 **선임** ⇨ 복대리인 선임행위는 대리행위 X
   ② **언제나 임의대리인**

2. **본인의 대리인** ⇨ **본인의 이름으로 대리행위**

3. 임의대리인
   ① 본인의 **승낙**이 있거나 **부득이한 사유**가 있는 때에 한하여 선임
   ② **선임감독상 책임(과실책임)**

4. 법정대리인
   ① **언제나 선임**
   ② **무과실책임**이 원칙
   ③ **부득이한 사유**로 선임 ⇨ **선임감독상 책임**

5. 대리권이 **소멸** ⇨ 복대리권도 **소멸**

6. **복대리** ⇨ **표현대리** ⇨ **성립 O**

10 복대리에 관한 설명으로 <u>틀린</u> 것은? (다툼이 있으면 판례에 따름) 제30회

① 복대리인은 **본인의 대리인**이다.
② 임의대리인이 본인의 승낙을 얻어서 복대리인을 **선임한 경우, 본인에 대하여 그 선임감독에 관한 책임이 없다.**
③ 대리인이 복대리인을 선임한 후 **사망한 경우**, 특별한 사정이 없는 한 그 **복대리권도 소멸**한다.
④ **복대리인**의 대리행위에 대하여도 **표현대리**에 관한 규정이 적용될 수 **있다.**
⑤ 법정대리인은 부득이한 사유가 없더라도 복대리인을 **선임할 수 있다.**

11 복대리에 관한 설명으로 <u>틀린</u> 것은? 제21회, 제24회, 제29회

① **복대리인**은 그 권한 내에서 **대리인을 대리**한다.
② 복대리인은 **제3자에 대하여 대리인과 동일한** 권리의무가 있다.
③ **임의대리인**은 본인의 승낙이 있으면 복대리인을 **선임할 수 있다.**
④ **부득이한 사유**로 복대리인을 선임한 **법정대리인**은 그 **선임·감독에 관해서만 책임이 있다.**
⑤ 임의대리인이 **본인의 지명에 의하여** 복대리인을 선임한 경우에는 그 불성실함을 알고 본인에 대한 통지나 그 해임을 게을리한 때가 아니면 책임이 없다.

12 민법상 대리에 관한 설명으로 옳은 것은? (다툼이 있으면 판례에 따름) 제33회

① 임의대리인이 **수인(數人)**인 경우, 대리인은 **원칙**적으로 **공동**으로 대리해야 한다.

② 대리행위의 하자로 인한 **취소권은** 원칙적으로 **대리인에게 귀속된다.**

③ 대리인을 통한 부동산거래에서 상대방 앞으로 소유권이전등기가 마쳐진 경우, **대리권 유무에 대한 증명책임은** 대리행위의 유효를 주장하는 **상대방에게 있다.**

④ **복대리인은** 대리인이 자신의 이름으로 선임한 **대리인의 대리인이다.**

⑤ **법정대리인은** 특별한 사정이 없는 한 **그 책임으로 복대리인을 선임할 수 있다.**

13 甲은 자기 소유 X토지를 매도하기 위해 乙에게 대리권을 수여하였다. 이후 乙은 丙을 복대리인으로 선임하였고, 丙은 甲을 대리하여 X토지를 매도하였다. 이에 관한 설명으로 옳은 것은? (다툼이 있으면 판례에 따름) 제32회

① 丙은 甲의 대리인임과 동시에 **乙의 대리인이다.**

② X토지의 매매계약이 갖는 성질상 **乙에 의한 처리가 필요하지 않다면,** 특별한 사정이 없는 한 丙의 선임에 관하여 **묵시적 승낙이 있는 것으로 보는 것이 타당하다.**

③ 乙이 **甲의 승낙을 얻어** 丙을 **선임한 경우** 乙은 甲에 대하여 그 **선임감독에 관한 책임이 없다.**

④ 丙을 적법하게 선임한 후 X토지 매매계약 전에 **甲이 사망한 경우**, 특별한 사정이 없다면 **丙의 대리권은 소멸하지 않는다.**

⑤ 만일 **대리권이 소멸된 乙이 丙을 선임하였다면,** X토지 매매에 대하여 민법 제129조에 의한 **표현대리의 법리가 적용될 여지가 없다.**

14 복대리에 관한 설명으로 **틀린** 것은? (특별한 사정은 없으며, 다툼이 있으면 판례에 따름) 제34회

① 복대리인은 **행위능력자임을** 요하지 않는다.

② 복대리인은 **본인에 대하여 대리인과 동일한** 권리의무가 있다.

③ **법정대리인은 그 책임으로 복대리인을 선임할 수 있다.**

④ **대리인의 능력에 따라** 사업의 **성공여부가 결정되는 사무에** 대해 대리권을 수여받은 자는 본인의 **묵시적 승낙으로도 복대리인을 선임할 수 있다.**

⑤ 대리인이 대리권 소멸 후 선임한 **복대리인과** 상대방 사이의 법률행위에도 민법 제129조의 **표현대리가** 성립할 수 **있다.**

05 협의의 무권대리

key point 협의의 무권대리

1. 본인의 추인

① **추인** ⇨ **소급** 유효

② 추인의 상대방 ⇨ 무권대리인 O, 상대방 O, 전득자 O

③ 본인이 무권대리인에게 추인 ⇨ 선의의 상대방은 철회 O

④ 일부추인, 변경을 가한 추인, 조건을 붙인 추인 ⇨ 상대방의 동의 X ⇨ 무효

⑤ 묵시적 추인 ⇨ 본인이 계약상 이행할 것처럼 행동한 경우

⑥ 무권대리인이 본인을 상속 ⇨ 추인을 거절 X

⑦ 거절 후 ⇨ 추인 X

2. 상대방

① 최고 ⇨ 선의악의 불문 ⇨ 확답 X ⇨ 거절

② 철회 ⇨ 선의만 ⇨ 추인 전까지만 가능

3. 무권대리인의 책임

① 상대방의 선택

② 상대방이 대리권 없음을 알았거나 알 수 있었을 경우 ⇨ 책임 X

③ 제한능력자 ⇨ 무권대리인의 책임 X

④ 무과실책임

---

01 대리권 없는 乙이 甲을 대리하여 甲소유의 토지를 선의의 丙에게 매도하는 계약을 체결하였다. 이 경우 인정되지 <u>않는</u> 것은?

제18회

① 乙의 甲에 대한 **최고권**

② 丙의 甲에 대한 철회권

③ 丙의 乙에 대한 철회권

④ 甲의 丙에 대한 추인권

⑤ 甲의 丙에 대한 추인거절권

02 대리권 없는 乙이 甲을 대리하여 甲 소유 X건물에 대하여 丙과 매매계약을 체결하였다. 표현대리가 성립하지 **않는** 경우 이에 관한 설명으로 옳은 것은? 행정사 2020

① 계약체결 당시 乙이 무권대리인임을 **丙이 알았다면** 丙은 甲에게 추인 여부의 확답을 **최고할 수 없다.**

② 甲은 丙에 대하여 계약을 추인할 수 있으나 乙에 대해서는 이를 **추인할 수 없다.**

③ 계약체결 당시 乙이 무권대리인임을 **丙이 알았더라도** 甲이 추인하기 전이라면 丙은 乙을 상대로 의사표시를 **철회할 수 있다.**

④ 甲이 추인을 거절한 경우, **丙의 선택**으로 乙에게 이행을 청구하였으나 이를 이행하지 않은 乙은 丙에 대하여 채무불이행에 따른 손해배상책임을 진다.

⑤ 甲이 사망하여 乙이 **단독상속한 경우,** 乙은 본인의 지위에서 위 계약의 추인을 **거절할 수 있다.**

03 대리권 없는 자가 타인의 대리인으로 한 계약에 관한 설명으로 **틀린** 것은? 제27회

① 본인이 이를 **추인하지 아니하면** 본인에 대하여 **효력이 없다.**

② 상대방은 상당한 기간을 정하여 본인에게 그 추인 여부의 확답을 **최고**할 수 있고, 본인이 그 기간 내에 확답을 발하지 아니한 때에는 추인을 **거절**한 것으로 본다.

③ 무권대리인의 **상대방은** 계약 당시에 **대리권 없음을 안 경우** 계약의 **이행을 청구할 수 있다.**

④ **추인은** 다른 의사표시가 없는 때에는 **계약시에 소급하여** 그 효력이 생기지만 제3자의 권리를 해하지 못한다.

⑤ 계약 당시에 **대리권 없음을 안 상대방**은 계약을 **철회할 수 없다.**

04 대리권 없는 乙이 甲을 대리하여 丙에게 甲소유의 토지를 매도하였다. 다음 설명 중 **틀린** 것은? (다툼이 있으면 판례에 따름) 제28회

① 乙이 甲을 **단독상속한 경우,** 乙은 본인의 지위에서 **추인거절권을 행사할 수 없다.**

② 乙과 계약을 체결한 **丙은 甲**의 **추인의 상대방이 될 수 없다.**

③ 甲의 추인은 그 무권대리행위가 있음을 **알고 이를 추인하여야** 그 행위의 효과가 甲에게 귀속된다.

④ 甲이 **乙에게 추인**한 경우에 **丙이 추인이 있었던 사실을 알지 못한 때에는** 甲은 **丙에게 추인의 효과를 주장하지 못한다.**

⑤ 만약 **乙이 미성년자**라면, 甲이 乙의 대리행위에 대해 추인을 거절하더라도 **丙은** 乙에 대해 계약의 이행이나 손해배상을 청구할 수 없다.

05 무권대리에 관한 설명으로 옳은 것은? (다툼이 있으면 판례에 따름)　제26회

① 무권대리행위의 **일부에 대한 추인**은 상대방의 **동의를 얻지 못하는 한 효력이 없다.**

② 무권대리행위를 **추인한 경우** 원칙적으로 **추인한 때로부터** 유권대리와 마찬가지의 효력이 생긴다.

③ 무권대리행위의 **추인의 의사표시는** 본인이 상대방에게 하지 않으면, **상대방이 그 사실을 알았더라도** 상대방에게 **대항하지 못한다.**

④ 무권대리인의 **계약상대방은** 계약 당시 대리권 없음을 **안 경우**에도 본인에 대해 계약을 **철회할 수 있다.**

⑤ 무권대리행위가 **무권대리인의 과실 없이** 제3자의 기망 등 위법행위로 야기된 경우, 특별한 사정이 없는 한 **무권대리인은 상대방에게 책임을 지지 않는다.**

06 대리권 없는 乙이 甲을 대리하여 甲의 토지에 대한 임대차계약을 丙과 체결하였다. 다음 설명 중 **틀린** 것은? (다툼이 있으면 판례에 따름)　제30회

① 위 임대차계약은 **甲이 추인하지 아니하면,** 특별한 사정이 없는 한 **甲에 대하여 효력이 없다.**

② 甲은 위 임대차계약을 **묵시적으로 추인할 수 있다.**

③ 丙이 계약 당시에 乙에게 대리권 없음을 **알았던 경우**에는 丙의 甲에 대한 **최고권이 인정되지 않는다.**

④ 甲이 **임대기간을 단축하여** 위 임대차계약을 **추인한 경우,** 丙의 동의가 없는 한 그 추인은 **무효이다.**

⑤ 甲이 **추인하면,** 특별한 사정이 없는 한 위 임대차계약은 **계약시에 소급하여** 효력이 생긴다.

07 계약의 무권대리에 관한 설명으로 옳은 것은?　제35회

① 본인이 **추인하면** 특별한 사정이 없는 한 **그때부터** 계약의 효력이 생긴다.

② 본인의 **추인의 의사표시는** 무권대리행위로 인한 권리의 **승계인에 대하여는 할 수 없다.**

③ 계약 당시 무권대리행위임을 **알았던 상대방**은 본인의 추인이 있을 때까지 의사표시를 **철회할 수 있다.**

④ 무권대리의 상대방은 상당한 기간을 정하여 본인에게 추인여부의 확답을 **최고할 수 있고,** 본인이 그 기간 내에 확답을 발하지 않으면 **추인한 것으로 본다.**

⑤ 본인이 무권대리행위를 안 후 그것이 자기에게 효력이 없다고 **이의를 제기하지 않고 이를 장시간 방치한 사실만으로는 추인하였다고 볼 수 없다.**

08 행위능력자 乙은 대리권 없이 甲을 대리하여 甲이 보유하고 있던 매수인의 지위를 丙에게 양도하기로 약정하고, 이에 丙은 乙에게 계약금을 지급하였다. 乙은 그 계약금을 유흥비로 탕진하였다. 이에 관한 설명으로 틀린 것은? (단, 표현대리는 성립하지 않으며, 다툼이 있으면 판례에 따름) 제32회

① 매수인의 지위 양도계약 체결 당시 乙의 무권대리를 **모른 丙**은 甲의 추인이 있을 **때까지** 계약을 **철회할 수 있다.**

② 丙이 계약을 유효하게 **철회하면,** 무권대리행위는 **확정적으로 무효가 된다.**

③ 丙이 계약을 유효하게 **철회하면,** 丙은 甲을 상대로 계약금 상당의 **부당이득반환을 청구할 수 있다.**

④ **丙이** 계약을 **철회한** 경우, **甲이** 그 철회의 유효를 다투기 위해서는 乙에게 대리권이 없음을 丙이 알았다는 것에 대해 **증명해야 한다.**

⑤ 丙의 계약 철회 전 甲이 사망하고 **乙이 단독상속인이 된 경우,** 乙이 선의·무과실인 丙에게 **추인을 거절하는 것은 신의칙에 반한다.**

09 무권대리인 乙이 甲을 대리하여 甲소유의 X부동산을 丙에게 매도하는 계약을 체결하였다. 이에 관한 설명으로 옳은 것을 모두 고른 것은? (다툼이 있으면 판례에 따름) 제31회

> ㄱ. 乙이 甲을 **단독상속**한 경우, 본인 甲의 지위에서 추인을 **거절하는 것은 신의성실의 원칙에 반한다.**
>
> ㄴ. 丙이 상당한 기간을 정하여 甲에게 추인 여부의 확답을 **최고**한 경우, 甲이 그 기간 내에 확답을 발하지 않은 때에는 추인을 **거절**한 것으로 본다.
>
> ㄷ. 丙이 甲을 상대로 제기한 매매계약의 이행청구 소송에서 丙이 乙의 **유권대리를 주장한 경우,** 그 주장 속에는 **표현대리의 주장도 포함된다.**
>
> ㄹ. 매매계약을 원인으로 **丙명의로** 소유권**이전등기**가 된 경우, **甲이** 무권대리를 이유로 그 등기의 **말소를 청구**하는 때에는 **丙은 乙의 대리권의 존재를 증명할 책임이 있다.**

① ㄱ, ㄴ   ② ㄱ, ㄷ   ③ ㄷ, ㄹ

④ ㄱ, ㄴ, ㄹ   ⑤ ㄴ, ㄷ, ㄹ

10 대리권 없는 甲은 乙 소유의 X부동산에 관하여 乙을 대리하여 丙과 매매계약을 체결하였고, 丙은 甲이 무권대리인이라는 사실에 대하여 선의·무과실이었다. 이에 관한 설명으로 틀린 것은? (다툼이 있으면 판례에 따름)　　　　　제33회

① 丙이 乙에 대하여 상당한 기간을 정하여 추인여부를 **최고**하였으나 그 기간 내에 乙이 확답을 발하지 않은 때에는 乙이 **추인**한 것으로 본다.

② 乙이 **甲에 대해서만 추인**의 의사표시를 하였더라도 丙은 乙의 甲에 대한 **추인이 있었음을 주장할 수 있다.**

③ 乙이 **甲에게** 매매계약을 **추인**하더라도 그 사실을 **알지 못하고 있는 丙은** 매매계약을 **철회할 수 있다.**

④ 乙이 **丙에 대하여 추인**하면 특별한 사정이 없는 한, 추인은 매매계약 체결시에 **소급하여 그 효력이 생긴다.**

⑤ 乙이 丙에게 **추인을 거절**한 경우, **甲이 제한능력자가 아니라면** 甲은 **丙의 선택에 따라** 계약을 이행할 책임 또는 손해를 배상할 **책임이 있다.**

11 무권대리인 乙이 甲을 대리하여 甲 소유의 X토지를 丙에게 매도하는 계약을 체결하였다. 다음 설명 중 옳은 것은? (다툼이 있으면 판례에 따름)　　　　　제34회

① 위 매매계약이 체결된 후에 **甲이** X토지를 **丁에게 매도하고** 소유권이전**등기를** 마쳤다면, 甲이 乙의 대리행위를 **추인**하더라도 丁은 **유효하게 그 소유권을 취득한다.**

② **乙이 甲을 단독상속한 경우**, 특별한 사정이 없는 한 乙은 본인의 지위에서 추인을 **거절할 수 있다.**

③ **甲의 단독상속인 戊는** 丙에 대해 위 매매계약을 **추인할 수 없다.**

④ 丙은 乙과 매매계약을 체결할 당시 乙에게 대리권이 없음을 **안 경우에도** 甲의 추인이 있을 때까지 그 매매계약을 **철회할 수 있다.**

⑤ 甲이 乙의 대리행위에 대하여 추인을 거절하면, **乙이 미성년자라도** 丙은 乙에 **대해 손해배상을 청구할 수 있다.**

12 18세의 甲은 乙의 대리인을 사칭하여 그가 보관하던 乙의 노트북을 그 사정을 모르는 丙에게 팔았다. 이에 관한 설명으로 **틀린** 것은?   감평사 2020 변형

① 乙이 甲의 대리행위를 **추인**하는 경우, **丙의 동의는 필요 없다.**

② 乙이 **甲에게 추인**한 때에도 그 사실은 **모르는 丙은** 매매계약을 **철회할 수 있다.**

③ **丙이** 甲에게 대리권이 없음을 **알았더라도** 丙은 乙에게 추인 여부의 확답을 **최고**할 수 있다.

④ 乙이 추인하지 않으면, **甲은** 丙의 선택에 따라 **丙에게** 매매계약을 **이행하거나 손해를 배상하여야 한다.**

⑤ 乙이 甲의 무권대리행위에 대해 즉시 이의를 제기하지 아니하고 이를 장기간 방치한 사실만으로는 **추인한 것으로 볼 수 없다.**

06	표현대리

key point 표현대리

1. **현명 X ⇨ 표현대리 성립 X**

2. 대리권**수여표시**에 의한 표현대리 ⇨ **임의대리 O**, 법정대리 X

3. **권한을 넘은 표현대리**
   ① 기본대리권과 월권행위 간에 **동종유사성 불요**
   ② **사자**, 일상가사대리권(법정대리권), 공법상 대리권(등기신청행위), 복대리권, 표현대리권 ⇨ **기본대리권 O**

4. **표현대리의 효과 (① 무권대리 ② 상대방만이 주장)**
   ① **유권대리 주장 ⇨ 표현대리 주장 X**
   ② 직접 상대방만 주장 O ⇨ 본인, 전득자는 표현대리 주장 X
   ③ **과실상계의 법리 적용 X ⇨ 본인의 책임 경감 X**

01 권한을 넘은 표현대리에 대한 설명 중 틀린 것은? 제18회

① **대리권이 소멸한 후**에도 권한을 넘은 표현대리가 **성립할 수 있다.**

② **법정대리권**을 기본대리권으로 하는 표현대리가 **성립할 수 있다.**

③ 부부 일방의 행위가 **일상가사**에 속하지 않더라도 그 행위에 특별수권이 주어졌다고 믿을 만한 정당한 이유가 있는 경우, 표현대리가 **성립한다.**

④ 무권대리인에게 권한이 있다고 믿을 만한 정당한 이유가 있는가의 여부는 원칙적으로 **대리행위 당시를 기준으로** 결정한다.

⑤ 본인을 위한 것임을 **현명하지 않은 경우**에도 원칙적으로 **표현대리는 성립한다.**

02 표현대리에 관한 설명으로 옳은 것은? 제20회

① **소멸한 대리권**을 기본대리권으로 하는 권한을 넘은 표현대리는 **성립할 수 없다.**

② **일상가사대리권**은 권한을 넘은 표현대리의 **기본대리권이 될 수 없다.**

③ **등기신청대리권**을 기본대리권으로 사법상의 법률행위를 한 경우에도 권한을 넘은 표현대리가 **성립할 수 있다.**

④ **복대리인**의 법률행위에 대해서는 **표현대리**의 법리가 **적용되지 않는다.**

⑤ 표현대리가 성립한 경우, **상대방에게 과실이 있으면** 이를 이유로 **본인의 책임을 감경할 수 있다.**

03 표현대리에 관한 설명으로 틀린 것은? (다툼이 있으면 판례에 따름) 주택사 2020 변형

① **표현대리가 성립**된다고 하더라도 무권대리의 성질이 **유권대리로 전환되는 것은 아니다.**

② 대리권수여표시에 의한 표현대리가 성립하기 위한 **대리권수여의 표시**는 사회통념상 대리권을 추단할 수 있는 **직함의 사용을 승낙한 경우도 포함한다.**

③ **사실혼관계**에 있는 부부의 경우, **일상가사대리권**을 기본대리권으로 하는 권한을 넘은 표현대리가 성립할 수 **있다.**

④ 대리인이 **사자**(使者)를 통해 권한 외의 대리행위를 한 경우, 그 사자에게는 기본대리권이 없으므로 권한을 넘은 표현대리가 **성립할 수 없다.**

⑤ **법정대리**의 경우에도 **대리권 소멸 후**의 표현대리가 성립할 수 **있다.**

04 권한을 넘은 표현대리에 관한 설명으로 **틀린** 것은? 제22회

① 복임권이 없는 대리인이 선임한 **복대리인의 권한도 기본대리권이 될 수 있다.**

② 정당한 이유의 유무는 **대리행위 당시를 기준**으로 하여 판단하는 것이 원칙이다.

③ **공법상의** 행위 중 등기신청에 관한 **대리권도 기본대리권이 될 수 있다.**

④ 사원총회의 결의를 거쳐야 처분할 수 있는 비법인사단의 총유재산을 대표자가 임의로 처분한 경우에도 권한을 넘은 표현대리에 관한 규정이 준용될 수 있다.

⑤ **기본대리권의 내용과 대리행위가 동종이 아니더라도** 상대방이 그 권한이 있다고 믿을만한 정당한 이유가 있으면 **표현대리가 성립할 수 있다.**

05 권한을 넘은 표현대리에 관한 설명으로 **옳은** 것은? (다툼이 있으면 판례에 따름) 제33회

① **기본대리권이 처음부터 존재하지 않는 경우에도** 표현대리는 **성립할 수 있다.**

② 복임권이 없는 대리인이 선임한 **복대리인의 권한은** 기본대리권이 **될 수 없다.**

③ 대리행위가 강행규정을 위반하여 **무효**인 경우에도 표현대리는 **성립할 수 있다.**

④ **법정대리권**을 기본대리권으로 하는 표현대리는 **성립할 수 없다.**

⑤ 상대방이 대리인에게 대리권이 있다고 믿을 만한 정당한 이유가 있는지의 여부는 **대리행위 당시를 기준**으로 판정한다.

06 표현대리에 관한 설명으로 **옳은** 것은? (다툼이 있으면 판례에 따름) 제32회

① 본인이 타인에게 대리권을 수여하지 않았지만 수여하였다고 상대방에게 통보한 경우, 그 타인이 **통보받은 상대방 외의 자와** 본인을 대리하여 **행위를 한 때는** 민법 제125조의 **표현대리가 적용된다.**

② 표현대리가 성립하는 경우, **과실상계의 법리를 유추적용하여** 본인의 **책임을 경감할 수 있다.**

③ 민법 제129조의 **표현대리를 기본대리권으로 하는** 민법 제126조의 **표현대리는 성립될 수 없다.**

④ **대리행위가** 강행법규에 위반하여 **무효**인 경우에는 **표현대리의 법리가 적용되지 않는다.**

⑤ **유권대리의 주장** 속에는 **표현대리의 주장이 포함되어 있다.**

07 표현대리에 관한 설명으로 옳은 것은? 제26회

① 상대방의 **유권대리 주장**에는 **표현대리의 주장**도 포함된다.

② 권한을 넘은 표현대리의 기본대리권은 대리행위와 **같은 종류의 행위에 관한 것이어야 한다.**

③ 권한을 넘은 표현대리의 **기본대리권**에는 대리인에 의하여 선임된 **복대리인의 권한도 포함된다.**

④ 대리권수여표시에 의한 표현대리에서 **대리권수여표시**는 대리권 또는 **대리인이라는 표현을 사용한 경우에 한정된다.**

⑤ **대리권 소멸 후의 표현대리**가 인정되고 그 표현대리의 권한을 넘는 대리행위가 있는 경우, **권한을 넘은 표현대리가 성립할 수 없다.**

08 임의대리에 관한 설명으로 <u>틀린</u> 것을 모두 고른 것은? (다툼이 있으면 판례에 따름) 제30회

> ㄱ. 대리인이 **여러 명인 때**에는 **공동대리**가 원칙이다.
>
> ㄴ. 권한을 정하지 아니한 대리인은 **보존행위만을 할 수 있다.**
>
> ㄷ. **유권대리**에 관한 **주장** 속에는 **표현대리의 주장이 포함되어 있다.**

① ㄱ   ② ㄴ   ③ ㄱ, ㄷ

④ ㄴ, ㄷ   ⑤ ㄱ, ㄴ, ㄷ

09 임의대리에 관한 설명으로 옳은 것은? (다툼이 있으면 판례에 따름) 제31회

① 원인된 법률관계가 종료하기 전에는 본인은 **수권행위를 철회**하여 대리권을 소멸시킬 수 **없다.**

② **권한을 넘은 표현대리**의 경우, 기본대리권이 표현대리 행위와 **동종 내지 유사할 필요는 없다.**

③ **복대리인**은 대리인이 자기의 명의로 선임하므로 **대리인의 대리인이다.**

④ 대리인이 **여럿인 경우,** 대리인은 원칙적으로 **공동으로 대리**해야 한다.

⑤ **대리인의 기망행위**로 계약을 체결한 상대방은 본인이 그 기망행위를 알지 못한 경우, 사기를 이유로 계약을 **취소할 수 없다.**

key point

1. 표현대리가 성립 X ⇨ 본인의 추인이 없는 한 무효
2. 대리인이 자기 앞으로 이전등기를 한 후 매매한 경우 ⇨ 현명 X ⇨ 표현대리가 성립 X

10 甲은 자신의 토지를 담보로 은행대출을 받기 위해 乙에게 대리권을 수여하고, 위임장·인감 및 저당권설정에 필요한 서류 일체를 교부하였다. 그러나 乙은 이를 악용하여 甲의 대리인으로서 그 토지를 丙에게 매도하였다. 다음 중 **틀린** 것은? (다툼이 있으면 판례에 의함)

제19회

① 乙에게는 **기본대리권이 인정된다.**
② **표현대리가 성립하지 않더라도,** 丙은 甲에게 소유권이전등기를 **청구할 수 있다.**
③ 매매계약이 토지거래허가제를 위반하여 확정적으로 **무효**이면 **표현대리 법리가 적용될 여지가 없다.**
④ 丙이 **매수 당시** 乙에게 대리권이 있다고 **믿은 데 정당한 이유가 있었다면,** 계약 성립 후에 대리권 없음을 알았더라도 월권대리는 **성립한다.**
⑤ **만약 乙이 자기 앞으로 소유권 이전등기를 마친 후** 자신을 매도인으로 하여 丙에게 토지를 매도하였다면, 丙은 甲에게 **표현대리의 성립을 주장할 수 없다.**

11 甲은 乙에게 자신의 X토지에 대한 담보권설정의 대리권만을 수여하였으나, 乙은 X토지를 丙에게 매도하는 계약을 체결하였다. 다음 설명 중 옳은 것은? (다툼이 있으면 판례에 따름)

제29회

① 乙은 **표현대리의 성립을 주장할 수 있다.**
② 표현대리가 성립한 경우, 丙에게 과실이 있으면 **과실상계하여 甲의 책임을 경감할 수 있다.**
③ 丙은 계약체결 당시 乙에게 그 계약을 체결할 **대리권이 없음을 알더라도** 계약을 **철회할 수 있다.**
④ X토지가 토지거래허가구역 내에 있는 경우, **토지거래허가를 받지 못해** 계약이 **확정적 무효**가 되더라도 **표현대리가 성립할 수 있다.**
⑤ 乙이 X토지에 대한 매매계약을 **甲명의가 아니라 자신의 명의로 丙과 체결한 경우,** 丙이 선의·무과실이더라도 **표현대리가 성립할 여지가 없다.**

07 무효와 취소

> key point 토지거래허가 X ⇨ 유동적 무효

1. **무효** ⇨ **계약상 효력 X**

2. **유동적** ⇨ **협력의무 O** ⇨ 불이행 ⇨ 소구, 손해상청구 O, 해제 X

3. **해제** ⇨ **해약금에 의한 해제 O**

4. **계약금 반환청구** ⇨ **유동적 무효상태 X**, 무효로 확정 O

5. 유동적 무효 ⇨ **취소 O**

6. 토지거래허가구역 ⇨ **중간생략등기** ⇨ **무효**

7. **확정적 무효**
   ① **불허가처분**
   ② **허가를 배제, 잠탈할 목적**

8. **유동적 무효** ⇨ **지정 해제, 재지정 X** ⇨ **그 때부터 유효**

9. **허가협력의무와 계약상 의무** ⇨ **동시이행관계 X**

---

01 토지거래허가구역 내의 토지에 대한 거래계약이 확정적으로 유효인 것은? (다툼이 있으면 판례에 의함) 　　　　　　　　　　제20회

① 관할관청의 **불허가처분**이 있는 경우

② 처음부터 토지거래허가를 **배제**하거나 **잠탈**하는 내용의 계약인 경우

③ 당사자 **쌍방이** 허가신청협력의무의 **이행거절 의사를 명백히 표시**한 경우

④ **정지조건부** 토지거래계약이 허가 전에 그 **조건이 불성취로 확정**된 경우

⑤ 토지거래계약이 **유동적 무효인 상태에서** 그 토지에 대한 토지거래허가구역 **지정이 해제된 경우**

02 토지거래허가구역 내의 ×토지소유자 甲은 乙에게 그것을 매도하였으나, 아직 허가를 얻지 못하였다. 판례에 따를 때 옳은 것을 모두 고르면? 제16회

> ㄱ. 乙의 **강박**에 의해 계약을 체결한 경우, 현재 무효상태이므로 甲은 강박을 이유로 의사표시를 **취소할 수 없다.**
> ㄴ. 甲과 乙의 계약이 **처음부터 그 허가를 배제**하는 내용인 경우, 계약은 **확정적 무효** 이다.
> ㄷ. 허가구역 지정기간이 만료되었음에도 허가구역 **재지정을 하지 아니한 경우**, 계약 의 **유동적 무효상태는 지속된다.**
> ㄹ. 乙이 ×토지를 丙에게 전매하고 甲, 乙, 丙의 **중간생략등기합의에 따라** 甲이 丙을 매수인으로 하여 토지거래허가를 받아 丙명의로 등기가 된 경우, 그 **등기는** 실체관계에 부합하므로 **유효하다.**

① ㄱ   ② ㄴ   ③ ㄴ, ㄹ
④ ㄱ, ㄷ   ⑤ ㄷ, ㄹ

03 甲은 토지거래허가구역 내 자신의 토지를 乙에게 매도하였고 곧 토지거래허가를 받기로 하였다. 다음 설명 중 옳은 것을 모두 고른 것은? (다툼이 있으면 판례에 따름) 제26회

> ㄱ. 甲과 乙은 토지거래허가신청절차에 **협력할 의무가 있다.**
> ㄴ. 甲은 계약상 **채무불이행**을 이유로 계약을 **해제할 수 있다.**
> ㄷ. 계약이 현재 **유동적 무효상태**라는 이유로 乙은 이미 지급한 **계약금** 등을 부당 이득으로 **반환청구할 수 있다.**
> ㄹ. 乙은 **토지거래허가가 있을 것을 조건으로 하여** 甲을 상대로 소유권이전등기절차 의 **이행을 청구할 수 없다.**

① ㄱ, ㄴ, ㄹ   ② ㄱ, ㄷ   ③ ㄱ, ㄹ
④ ㄴ, ㄷ   ⑤ ㄴ, ㄹ

04 甲은 토지거래허가구역 내에 있는 그 소유 X토지에 관하여 乙과 매매계약을 체결하였다. 비록 이 계약이 토지거래허가를 받지는 않았으나 확정적으로 무효가 아닌 경우, 다음 설명 중 틀린 것은? (다툼이 있으면 판례에 따름)   제30회

① 위 계약은 **유동적 무효의 상태**에 있다.

② 乙이 계약내용에 따른 **채무를 이행하지 않더라도** 甲은 이를 이유로 위 계약을 **해제할 수 없다.**

③ 甲은 乙의 **매매대금 이행제공이 없음을 이유로** 토지거래허가 신청에 대한 **협력의무의 이행을 거절할 수 없다.**

④ 토지거래허가구역 지정기간이 만료되었으나 **재지정이 없는 경우,** 위 계약은 **확정적으로 유효로 된다.**

⑤ 乙이 丙에게 X토지를 **전매하고** 丙이 자신과 甲을 매매당사자로 하는 허가를 받아 **甲으로부터 곧바로 등기를 이전받았다면 그 등기는 유효하다.**

05 甲은 토지거래허가구역 내에 있는 그 소유의 X토지에 대하여 토지거래허가를 받을 것을 전제로 乙과 매매계약을 체결하였다. 이에 관한 설명으로 **틀린** 것은? (다툼이 있으면 판례에 따름)   변리사 2021

① 甲이 허가신청절차에 협력하지 않으면 乙은 甲에 대하여 **협력의무의 이행을 소구할 수 있다.**

② 甲이 허가신청절차에 **협력할 의무를 이행하지 않더라도** 특별한 사정이 없는 한 乙은 이를 이유로 계약을 **해제할 수 없다.**

③ **甲과 乙이** 허가신청절차 협력의무의 **이행거절의사를 명백히 표시한 경우,** 매매계약은 **확정적으로 무효가 된다.**

④ 매매계약이 乙의 **사기**에 의해 체결된 경우, 甲은 토지거래허가를 신청하기 전에 사기를 이유로 계약을 **취소함으로써** 허가신청절차의 **협력의무를 면할 수 있다.**

⑤ X토지가 **중간생략등기의 합의**에 따라 乙로부터 丙에게 허가 없이 전매된 경우, **丙은 甲에 대하여 직접** 허가신청절차의 **협력의무 이행청구권을 가진다.**

06 토지거래허가구역 내의 토지에 대한 매매계약이 체결된 경우(유동적 무효)에 관한 설명으로 옳은 것을 모두 고른 것은? (다툼이 있으면 판례에 따름) 제33회

> ㄱ. 해약금으로서 계약금만 지급된 상태에서 당사자가 관할관청에 **허가를 신청하였다면** 이는 이행의 착수이므로 더 이상 **계약금에 기한 해제는** 허용되지 않는다.
> ㄴ. 당사자 일방이 토지거래**허가** 신청절차에 **협력할 의무를 이행하지 않는다면** 다른 일방은 그 이행을 **소구할 수 있다.**
> ㄷ. 매도인의 채무가 **이행불능임이 명백**하고 매수인도 거래의 존속을 바라지 않는 경우, 위 매매계약은 **확정적 무효로 된다.**
> ㄹ. 위 매매계약 후 토지거래허가구역 **지정이 해제**되었다고 해도 그 계약은 **여전히 유동적 무효이다.**

① ㄱ, ㄴ   ② ㄱ, ㄹ   ③ ㄴ, ㄷ
④ ㄷ, ㄹ   ⑤ ㄱ, ㄴ, ㄷ

07 甲은 허가받을 것을 전제로 토지거래허가구역 내 자신의 토지에 대해 乙과 매매계약을 체결하였다. 다음 설명 중 옳은 것을 모두 고른 것은? (다툼이 있으며 판례에 따름) 제34회

> ㄱ. 甲은 특별한 사정이 없는 한 乙의 매매대금 이행제공이 있을 때까지 **허가신청절차 협력의무의 이행을 거절할 수 있다.**
> ㄴ. 乙이 계약금 전액을 지급한 후, 당사자의 일방이 이행에 착수하기 전이라면 특별한 사정이 없는 한 甲은 **계약금의 배액을 상환하고 계약을 해제할 수 있다.**
> ㄷ. **일정기간 내 허가를 받기로 약정한 경우**, 특별한 사정이 없는 한 그 허가를 받지 못하고 **약정기간이 경과하였다는 사정만으로도** 매매계약은 **확정적 무효가 된다.**

① ㄱ   ② ㄴ   ③ ㄱ, ㄷ
④ ㄴ, ㄷ   ⑤ ㄱ, ㄴ, ㄷ

08 법률행위의 무효에 관한 설명으로 **틀린** 것은? (다툼이 있으면 판례에 따름) 감평사 2023

① **무권대리행위**에 대한 본인의 **추인**은 다른 의사표시가 없는 한 **소급효를 가진다.**

② 법률행위의 일부분이 무효일 때, 그 나머지 부분의 유효성을 판단함에 있어서 나머지 부분을 유효로 하려는 당사자의 **가정적 의사를 고려하여야 한다.**

③ 토지거래허가구역 내의 토지를 매매한 당사자가 계약체결시부터 **허가를 잠탈할 의도였더라도**, 그 후 해당 토지에 대한 허가구역 **지정이 해제되었다면** 위 매매계약은 **유효하게 된다.**

④ **무효인 법률행위를 추인**에 의하여 새로운 법률행위로 보기 위해서는 당사자가 그 **무효를 알고서 추인하여야 한다.**

⑤ 처분권자는 명문의 규정이 없더라도 **처분권 없는 자의 처분행위를 추인**하여 이를 유효하게 **할 수 있다.**

---

key point

무권리자의 처분행위 ⇨ 추인 ⇨ 소급 유효

---

09 甲은 乙의 모친으로서 X토지의 소유자이다. 권한 없는 乙이 丙은행과 공모하여 대출계약서, X토지에 대한 근저당권설정계약서를 甲명의로 위조한 다음, X토지에 丙 앞으로 근저당권설정등기를 하고 1억원을 대출받았다. 이에 관한 설명으로 **틀린** 것은? (다툼이 있으면 판례에 따름) 제31회

① 甲과 丙사이의 **대출계약은 무효**이다.

② 丙명의의 **근저당권설정등기는 무효**이다.

③ 甲은 丙에게 소유권에 기한 **방해배제를 청구할 수 있다.**

④ 甲이 乙의 처분행위를 **추인하면**, 원칙적으로 **그 때부터 새로운** 법률행위를 한 것으로 본다.

⑤ 甲이 자신의 피담보채무를 **인정하고 변제한 경우**, 甲은 乙에게 부당이득반환을 **청구할 수 있다.**

key point

1. **불성립** ⇨ 무효와 취소에 관한 규정 ⇨ **적용될 여지 X**

2. **일부무효(일부취소)**
   ① 원칙 ⇨ 전부 무효
   ② 분할가능성 + 가상적(가정적) 의사 ⇨ 나머지는 유효

3. **무효행위의 전환**
   ① 무효행위 ⇨ 다른 법률행위의 요건 + 가상적(가정적) 의사 ⇨ 전환
   ② **불공정한 법률행위**(폭리행위) ⇨ **전환**(공정) ⇨ **유효**

4. **무효행위의 추인**
   ① **질서위반 O** ⇨ 강행규정위반, 사회질서위반, 불공정한 법률행위 ⇨ **추인** ⇨ **무효**
   ② **질서위반 X** ⇨ 당사자가 무효임을 알고 추인 ⇨ **새로운 법률행위** ⇨ **소급 X**

5. **취소할 수 있는 법률행위를 취소한 후** ⇨ **추인**
   ① 취소할 수 있는 법률행위의 추인 X
   ② **무효행위의 추인 O**

10 추인하여도 효력이 생기지 <u>않는</u> 무효인 법률행위를 모두 고른 것은? (다툼이 있으면 판례에 의함)   제25회

| ㄱ. **불공정한 법률행위** | ㄴ. 무권대리인의 법률행위 |
| ㄷ. **불법조건**이 붙은 법률행위 | ㄹ. 통정허위표시에 의한 임대차계약 |

① ㄱ, ㄴ   ② ㄱ, ㄷ   ③ ㄴ, ㄹ
④ ㄱ, ㄷ, ㄹ   ⑤ ㄴ, ㄷ, ㄹ

11 추인할 수 있는 법률행위가 <u>아닌</u> 것은? (다툼이 있으면 판례에 따름)   제31회
① **통정허위표시**에 의한 부동산매매계약
② 상대방의 **강박**으로 체결한 교환계약
③ **무권대리인**이 본인을 대리하여 상대방과 체결한 임대차계약
④ **미성년자**가 법정대리인의 동의나 허락 없이 자신의 부동산을 매도하는 계약
⑤ 처음부터 **허가를 잠탈할 목적**으로 체결된 **토지거래허가구역** 내의 토지거래계약

key point

1. **취소권자**

   ① 제한능력자, 착오, 사기, 강박에 의해 의사표시를 한 자, 대리인, 승계인

   ② 제한능력자가 단독으로 한 법률행위 ⇨ **제한능력자 및 법정대리인**

   ③ 임의대리인 ⇨ 원칙 취소권 X ⇨ 본인의 수권 O

   ④ 포괄승계인(상속인), 특정승계인

2. 취소의 상대방 ⇨ 그 상대방 O, 제3자(전득자) X

3. **취소의 효과**

   ① **소급 무효**

   ② **제한능력을 이유로 취소** ⇨ **현존이익만 반환, 절대적 취소**

4. 취소할 수 있는 법률행위의 추인(취소하지 않겠다는 의사표시)

   ① 추인 ⇨ **취소권 소멸** ⇨ 유효 확정

   ② **취소의 원인이 소멸한 후** ⇨ 능력자가 된 후, 착오와 사기를 안 후,
   강박상태에서 벗어난 후

   ③ **법정대리인** ⇨ 취소의 원인이 **소멸하기 전** ⇨ **추인 O**

5. 법정추인

   ① **추인요건 O**

   ② **취소권자가 취소하지 않을 것처럼 행동한 경우** ⇨ **상 청 양 X**

   ③ 이의를 보류한 때(추인하는 것이 아니라고 명시한 때) ⇨ 법정추인 X

6. 취소권 행사기간의 경과

   ① **추인**할 수 있는 날로부터 **3년**, **법률행위**를 한 날로부터 **10년**

   ② 둘 중 먼저 경과하면 ⇨ 취소권 소멸

12 다음 중 원칙적으로 소급효가 인정되는 것은? 제23회

① 일부**취소**

② 계약의 **해지**

③ **기한**도래의 효력

④ 무효행위임을 알고 한 **무효행위의 추인**

⑤ 청구권보전을 위한 **가등기에 기한 본등기**에 의한 **물권변동 시기**

13 법률행위의 무효 또는 취소에 관한 설명으로 **틀린** 것은? 제22회 재구성

① 무효행위의 추인은 **명시적인 의사표시로 하여야 한다.**

② 계약이 **불성립**하였다면 무효행위의 전환이나 무효행위의 추인 규정이 **적용되지 않는다.**

③ **법정대리인**은 취소원인이 **소멸하기 전에도 추인할 수 있다.**

④ 법률행위의 **취소를 당연한 전제로 한** 소송상의 이행청구에는 **취소의 의사표시가 포함되어 있다**고 볼 수 있다.

⑤ 하나의 법률행위가 **가분적**이거나 그 목적물의 **일부가 특정**될 수 있고, 그 나머지 부분을 유지하려는 당사자의 **가정적 의사가 인정**되는 경우, **그 일부만의 취소도 가능하다.**

14 법률행위의 무효에 관한 설명으로 **틀린** 것은? 제24회

① **무효인 법률행위를 추인하면** 특별한 사정이 없는 한 **처음부터** 새로운 법률행위를 한 것으로 본다.

② 추인 요건을 갖추면 **취소로 무효가 된 법률행위의 추인도 허용된다.**

③ **사회질서의 위반**으로 무효인 법률행위는 **추인의 대상이 되지 않는다.**

④ **무효인 법률행위**에 따른 법률효과를 침해하는 것처럼 보이는 위법행위가 있더라도 그 **손해배상을 청구할 수 없다.**

⑤ **폭리행위**로 무효가 된 법률행위는 **다른 법률행위로 전환될 수 있다.**

15 무효와 취소에 관한 설명으로 **틀린** 것은? (다툼이 있으면 판례에 따름) 제28회

① **무효인 가등기**를 유효한 등기로 **전용하기로 약정**하면 그 가등기는 **소급하여** 유효한 등기가 된다.

② 취소권은 **추인**할 수 있는 날로부터 **3년** 내에, **법률행위**를 한 날로부터 **10년** 내에 행사하여야 한다.

③ **무효인 법률행위**를 사후에 적법하게 **추인**한 때에는 다른 정함이 없으면 **새로운 법률행위**를 한 것으로 보아야 한다.

④ **무권리자가** 甲의 권리를 자기의 이름으로 **처분**한 경우, 甲이 그 처분을 **추인**하면 처분행위의 효력이 甲에게 미친다.

⑤ 무효행위의 추인은 그 **무효원인이 소멸한 후에** 하여야 그 효력이 있다.

16 법률행위의 무효에 관한 설명으로 옳은 것은? (다툼이 있으면 판례에 따름)

① 무효인 법률행위의 **추인**은 그 **무효의 원인이 소멸한 후에** 하여야 그 **효력이 인정된다.**

② 무효인 법률행위는 무효임을 안 날로부터 **3년**이 지나면 추인할 수 없다.

③ 법률행위의 **일부분이 무효일 때**, 그 나머지 부분의 유효성을 판단함에 있어 나머지 부분을 유효로 하려는 당사자의 **가정적 의사는 고려되지 않는다.**

④ 무효인 법률행위의 추인은 **묵시적인 방법**으로 할 수는 **없다.**

⑤ **강행법규 위반**으로 무효인 법률행위를 **추인**한 때에는 다른 정함이 없으면 그 법률행위는 **처음부터 유효한 법률행위가 된다.**

17 법률행위의 무효에 관한 설명으로 틀린 것은?

① **불공정한 법률행위**로서 무효인 경우, 무효행위 **전환**의 법리가 적용될 수 **있다.**

② 토지거래허가구역 내의 토지매매계약은 관할관청의 **불허가 처분**이 있으면 **확정적 무효**이다.

③ 매도인이 **통정한 허위의 매매를 추인**한 경우, 다른 약정이 없으면 **계약을 체결한 때로부터 유효로** 된다.

④ 이미 매도된 부동산에 관하여, 매도인의 채권자가 매도인의 배임행위에 **적극 가담**하여 설정된 저당권은 **무효**이다.

⑤ 토지거래허가구역 내의 토지거래계약이 **확정적으로 무효가 된 경우**, 그 계약이 무효로 되는데 **책임 있는 사유가 있는 자도 무효를 주장할 수 있다.**

18 법률행위의 무효와 추인에 관한 설명으로 옳은 것을 모두 고른 것은? (다툼이 있으며 판례에 따름)

> ㄱ. **무효인 법률행위의 추인**은 무효원인이 **소멸된 후** 본인이 무효임을 **알고 추인**해야 그 효력이 인정된다.
>
> ㄴ. **무권리자의 처분**이 계약으로 이루어진 경우, 권리자가 **추인**하면 원칙적으로 계약의 효과는 **계약체결시에 소급하여** 권리자에게 귀속된다.
>
> ㄷ. 양도금지특약에 위반하여 **무효인 채권양도**에 대해 양도대상이 된 채권의 **채무자가 승낙**하면 다른 약정이 없는 한 양도의 효과는 **승낙시부터** 발생한다.

① ㄱ   ② ㄴ   ③ ㄱ, ㄷ

④ ㄴ, ㄷ   ⑤ ㄱ, ㄴ, ㄷ

19 법률행위의 무효 또는 취소에 관한 설명으로 틀린 것은?   제21회

① 취소할 수 있는 법률행위를 **추인한 후**에는 **취소하지 못한다.**

② 법률행위의 **일부**분이 **무효**인 때는 **원칙**적으로 그 **전부를 무효**로 한다.

③ **비진의표시로 무효인 법률행위**를 당사자가 그 **무효임을 알고 추인**한 때에는 **새로운 법률행위**로 본다.

④ **법정대리인**은 취소의 원인이 종료하기 전에는 취소할 수 있는 법률행위를 **추인할 수 없다.**

⑤ **강박상태를 벗어나지 않은 상태에서 한 추인**은 그 **효력**이 발생하지 **않는다.**

20 취소원인이 있는 법률행위는?   제31회

① 불공정한 법률행위

② 불법조건이 붙은 증여계약

③ 강행법규에 위반한 매매계약

④ 상대방의 **사기**로 체결한 교환계약

⑤ 원시적 · 객관적 전부불능인 임대차계약

21 미성년자 甲은 자신의 부동산을 법정대리인 乙의 동의 없이 丙에게 매각하고 丙은 다시 이 부동산을 丁에게 매각하였다. 甲이 아직 미성년자인 경우 취소권자와 취소의 상대방을 빠짐없이 표시한 것은?   제21회

① 취소권자 : 甲, 취소의 상대방 : 丙

② 취소권자 : 甲 또는 乙, 취소의 상대방 : 丙

③ 취소권자 : 乙, 취소의 상대방 : 丙

④ 취소권자 : 乙, 취소의 상대방 : 丙 또는 丁

⑤ 취소권자 : 甲 또는 乙, 취소의 상대방 : 丙 또는 丁

key point 제한능력을 이유로 취소

1. 현존이익만 반환
2. 모든 제3자에게 대항

22 미성년자 甲은 법정대리인 丙의 동의 없이 자신의 토지를 甲이 미성년자임을 안 乙에게 매도하고 대금수령과 동시에 소유권이전등기를 해주었는데, 丙이 甲의 미성년을 이유로 계약을 적법하게 취소하였다. 다음 설명 중 **틀린** 것은? (다툼이 있으면 판례에 따름)

제26회

① 계약은 **소급적으로 무효**가 된다.
② 甲이 미성년자임을 乙이 **몰랐더라도** 丙은 계약을 **취소**할 수 있다.
③ 甲과 乙의 반환의무는 서로 **동시이행관계**에 있다.
④ 甲이 대금을 모두 **생활비로 사용**한 경우 대금 **전액을 반환하여야 한다.**
⑤ 만약 乙이 **선의의** 丁에게 매도하고 이전등기하였다면, 丙이 취소하였더라도 丁은 **소유권을 취득한다.**

23 취소할 수 있는 법률행위의 법정추인 사유가 <u>아닌</u> 것은?

제35회

① 혼동
② 경개
③ 취소권자의 이행청구
④ 취소권자의 강제집행
⑤ 취소권자인 채무자의 담보제공

24 법정추인이 인정되는 경우가 <u>아닌</u> 것은? (단, 취소권자는 추인할 수 있는 상태이며, 행위자가 취소할 수 있는 법률행위에 관하여 이의보류 없이 한 행위임을 전제함)

제30회

① 취소권자가 상대방에게 채무를 이행한 경우
② 취소권자가 상대방에게 담보를 제공한 경우
③ **상대방이** 취소권자에게 이행을 **청구한 경우**
④ 취소할 수 있는 행위로 취득한 권리를 **취소권자가** 타인에게 **양도한 경우**
⑤ 취소권자가 상대방과 경개계약을 체결한 경우

25 취소할 수 있는 법률행위의 법정추인에 해당하지 <u>않는</u> 것은? (다툼이 있으면 판례에 따름)

행정사 2022

① 취소할 수 있는 행위로부터 생긴 채무의 이행을 위해 취소권자가 상대방에게 일부 이행을 한 경우

② 취소할 수 있는 행위로부터 생긴 채무의 이행을 위해 **취소권자가** 상대방에게 **이행을 청구하는 경우**

③ 취소할 수 있는 행위로부터 생긴 채무의 이행을 위해 취소권자가 상대방에게 저당권을 설정해 준 경우

④ 취소권자가 취소할 수 있는 행위에 의하여 성립된 채권을 소멸시키고 그 대신 다른 채권을 성립시키는 경개를 하는 경우

⑤ 취소할 수 있는 행위로부터 취득한 권리의 전부를 취소권자의 **상대방이** 제3자에게 **양도하는 경우**

26 甲이 乙을 기망하여 건물을 매도하는 계약을 乙과 체결하였다. 법정추인사유에 해당하는 경우는?

제25회

① 甲이 乙에게 매매대금의 지급을 청구한 경우

② 甲이 乙에 대한 대금채권을 丙에게 양도한 경우

③ 甲이 이전등기에 필요한 서류를 乙에게 제공한 경우

④ **기망상태에서 벗어난 乙이** 이의 없이 **매매대금을 지급**한 경우

⑤ **乙이** 매매계약의 **취소를 통해 취득하게 될** 계약금 반환청구권을 丁에게 양도한 경우

27 법률행위의 취소에 관한 설명으로 옳은 것은?

제27회

① 취소권은 **취소할 수 있는 날로부터 3년** 내에 행사하여야 한다.

② 취소권은 **취소사유가 있음을 안 날로부터 10년** 내에 행사하여야 한다.

③ **제한능력을 이유로** 법률행위가 **취소**된 경우 악의의 제한능력자는 받은 이익에 **이자를 붙여서 반환**해야 한다.

④ **법정대리인의 추인은** 취소의 원인이 **소멸한 후에 하여야만** 효력이 있다.

⑤ 취소할 수 있는 법률행위는 **추인할 수 있는 후에 취소권자의 이행청구가 있으면** 이의를 보류하지 않는 한 **추인한 것으로 본다.**

28 취소할 수 있는 법률행위에 관한 설명으로 **틀린** 것은? 　제29회

① **취소**된 법률행위는 **처음부터** 무효인 것으로 본다.

② **제한능력자는** 취소할 수 있는 법률행위를 **단독으로 취소할 수 있다.**

③ 제한능력자의 법률행위에 대한 **법정대리인의 추인**은 취소의 원인이 소멸된 후에 **하여야** 그 효력이 있다.

④ **제한능력자가 취소의 원인이 소멸된 후에** 이의를 보류하지 않고 채무 일부를 **이행하면 추인한 것으로 본다.**

⑤ 취소할 수 있는 법률행위의 상대방이 확정된 경우에는 그 **취소는 그 상대방에 대한 의사표시로 하여야 한다.**

29 법률행위의 취소에 관한 설명으로 **틀린** 것은? (다툼이 있으면 판례에 따름) 　제33회

① **제한능력자가** 제한능력을 이유로 자신의 법률행위를 **취소하기** 위해서는 **법정대리인의 동의를 받아야 한다.**

② 취소권은 **추인**할 수 있는 날로부터 **3년** 내에, **법률행위**를 한 날로부터 **10년** 내에 행사하여야 한다.

③ **취소**된 법률행위는 특별한 사정이 없는 한 **처음부터** 무효인 것으로 본다.

④ 제한능력을 이유로 법률행위가 취소된 경우, **제한능력자는** 그 법률행위에 의해 받은 급부를 이익이 **현존**하는 한도에서 상환할 책임이 있다.

⑤ 취소할 수 있는 법률행위에 대해 취소권자가 적법하게 **추인하면** 그의 **취소권은 소멸한다.**

30 취소권은 법률행위를 한 날부터 (㉠) 내에, 추인할 수 있는 날부터 (㉡) 내에 행사하여야 한다. ( )에 들어갈 것은? 　제29회

① ㉠: 1년, ㉡: 5년　　　　② ㉠: 3년, ㉡: 5년

③ ㉠: 3년, ㉡: 10년　　　④ ㉠: 5년, ㉡: 1년

⑤ ㉠: 10년, ㉡: 3년

31 법률행위의 취소에 관한 설명으로 **틀린** 것은? 제32회

① 취소권은 **추인**할 수 있는 날로부터 **3년** 내에 **법률행위**를 한 날로부터 **10년** 내에 행사해야 한다.

② 취소할 수 있는 법률행위에 관하여 **법정추인이 되려면** 취소권자가 **취소권의 존재를 인식해야 한다.**

③ 취소된 법률행위는 **처음부터** 무효인 것으로 본다.

④ 취소권의 법적성질은 **형성권**이다.

⑤ 취소할 수 있는 법률행위의 상대방이 확정된 경우, 그 **취소는 그 상대방에 대한 의사표시로 하여야 한다.**

32 의사표시의 취소에 관한 설명으로 옳은 것을 모두 고른 것은? 제35회

> ㄱ. **취소권은** 추인할 수 있는 날로부터 **10년이 경과**하더라도 **행사할 수 있다.**
>
> ㄴ. 강박에 의한 의사표시를 한 자는 **강박상태를 벗어나기 전에도** 이를 **취소할 수 있다.**
>
> ㄷ. 취소할 수 있는 법률행위의 상대방이 확정되었더라도 상대방이 그 법률행위로부터 취득한 권리를 제3자에게 양도하였다면 **취소의 의사표시는 그 제3자에게 해야 한다.**

① ㄱ   ② ㄴ   ③ ㄷ

④ ㄱ, ㄴ   ⑤ ㄴ, ㄷ

08 조건(불확실한 사실)과 기한(확실한 사실)

key point

1. **조건** ⇨ **불확실한 사실**
   ① **정지조건** ⇨ 효력 **발생**
   ② **해제조건** ⇨ 효력 **소멸**

2. **기한** ⇨ **확실한 사실**
   ① **시기** ⇨ 효력 **발생**
   ② **종기** ⇨ 효력 **소멸**

3. **조건**
   ① 원칙 ⇨ **소급 X**
   ② 당사자 **소급 의사 O** ⇨ 소급 O

4. **기한** ⇨ 절대 소급 X

5. **조건부 권리, 기한부 권리** ⇨ 처분 O

6. 불법조건 ⇨ **법률행위 전체가 무효** ⇨ 조건만 무효 X

7. 조건을 붙일 수 없는 법률행위에 조건을 붙인 경우 ⇨ **법률행위 전체가 무효**

8. **불확정기한** ⇨ 그 사실 발생이 불가능한 때 ⇨ **기한 도래**

9. **기한이익 상실특약** ⇨ **형성권적 O, 정지조건부 X**

---

01 조건과 기한에 관한 설명으로 옳은 것은?   제23회

① **조건의 성취가 미정인 권리**는 일반규정에 의하여 **처분**할 수 있을 뿐 아니라 담보로 할 수도 **있다.**

② **정지조건**부 법률행위에 있어 조건이 **성취되면** 그 효력은 법률행위시로 **소급하여** 발생함이 **원칙이다.**

③ 조건이 법률행위 당시 **이미 성취**한 경우, 그 조건이 **정지조건**이면 법률행위는 **무효가 된다.**

④ **불법조건**이 붙어 있는 법률행위는 그 **조건만이 무효**가 된다.

⑤ **기한이익 상실의 특약**은 특별한 사정이 없는 한, **정지조건부** 기한이익상실의 특약으로 추정한다.

02 조건과 기한에 관한 설명으로 옳은 것은? (다툼이 있으면 판례에 따름)   제30회

① **해제조건** 있는 법률행위는 조건이 **성취한 때로부터 그 효력이 발생한다.**

② **기한이익 상실특약**은 특별한 사정이 없는 한 **정지조건부** 기한이익 상실특약으로 추정한다.

③ 조건이 법률행위 당시에 **이미 성취할 수 없는 것인 경우,** 그 조건이 **정지조건**이면 그 법률행위는 **무효로 한다.**

④ **불확정한 사실의 발생시기를 이행기한으로 정한 경우,** 그 사실의 발생이 **불가능**하게 되었다고 하여 이행기간이 **도래한 것으로 볼 수는 없다.**

⑤ **상계**의 의사표시에는 시기(始期)를 붙일 수 **있다.**

03 법률행위의 조건에 관한 설명으로 옳은 것은?   제22회, 제25회 유사

① **기성조건**을 **정지조건**으로 한 법률행위는 **무효이다.**

② **사회질서에 반한 조건**이 해제조건이면 **조건 없는 법률행위가 된다.**

③ **조건의 성취가 미정인 권리·의무**는 일반규정에 의하여 **처분할 수 없다.**

④ **해제조건**부 법률행위에서 조건이 **성취되지 않으면** 법률행위의 효력은 **소멸하지 않는다.**

⑤ 정지조건부 법률행위는 조건이 성취되면 **소급하여** 효력이 생기는 것이 **원칙이다.**

04 조건에 관한 설명으로 틀린 것은? (다툼이 있으면 판례에 따름)   제33회

① **조건성취의 효력**은 특별한 사정이 없는 한 **소급하지 않는다.**

② 해제조건이 선량한 풍속 기타 **사회질서에 위반**한 것인 때에는 특별한 사정이 없는 한 **조건 없는 법률행위로 된다.**

③ 정지조건과 이행기로서의 불확정기한은 표시된 사실이 발생하지 않는 것으로 확정된 때에 채무를 이행하여야 하는지 여부로 구별될 수 있다.

④ 이행지체의 경우 채권자는 상당한 기간을 정한 최고와 함께 그 기간 내에 이행이 없을 것을 정지조건으로 하여 계약을 해제할 수 있다.

⑤ 신의성실에 반하는 방해로 말미암아 조건이 성취된 것으로 의제되는 경우, **성취의 의제시점은** 그 방해가 없었더라면 **조건이 성취되었으리라고 추산되는 시점이다.**

05 법률행위의 부관에 관한 설명으로 **틀린** 것은? (다툼이 있으면 판례에 따름)

① 조건이 선량한 풍속 기타 **사회질서에 위반**한 경우, 그 **조건만 무효이고 법률행위**는 유효하다.

② 법률행위에 조건이 붙어 있는지 여부는 **조건의 존재를 주장하는 자에게 증명책임**이 있다.

③ **기한은** 특별한 사정이 없는 한 **채무자의 이익**을 위한 것으로 **추정한다.**

④ 조건부 법률행위에서 **기성조건이 해제조건이면** 그 법률행위는 **무효이다.**

⑤ **종기(終期)** 있는 법률행위는 기한이 **도래한 때로부터 그 효력을 잃는다.**

06 법률행위의 조건과 기한에 관한 설명으로 **틀린** 것은? (다툼이 있으면 판례에 따름)

① 조건부 법률행위에서 **불능**조건이 **정지**조건이면 그 법률행위는 **무효**이다.

② 조건부 법률행위에서 **기성**조건이 **해제**조건이면 그 법률행위는 **무효**이다.

③ 법률행위에 조건이 붙어 있다는 사실은 그 **조건의 존재를 주장하는 자가 증명해야 한다.**

④ **기한이익 상실특약은** 특별한 사정이 없으면 **정지조건부** 기한이익 상실특약으로 추정된다.

⑤ **종기(終期)** 있는 법률행위는 기한이 **도래한 때로부터 그 효력을 잃는다.**

07 법률행위의 부관에 관한 설명으로 **틀린** 것은? (다툼이 있으면 판례에 따름)

① 조건의사가 있더라도 외부에 **표시되지 않으면** 그것만으로는 **조건이 되지 않는다.**

② **기한이익 상실특약은** 특별한 사정이 없는 한 **정지조건부** 기한이익 상실특약으로 추정한다.

③ **조건을 붙일 수 없는 법률행위에 조건을 붙인 경우**, 다른 정함이 없으면 그 **법률행위 전부가 무효로 된다.**

④ '**정지조건부 법률행위에 해당한다는 사실**'에 대한 **증명책임**은 그 법률행위로 인한 **법률효과의 발생**을 다투는 자에게 있다.

⑤ **불확정한 사실이 발상한 때를 이행기한으로 정한 경우**, 그 사실의 발생이 불가능하게 된 때에도 **기한이 도래한 것으로 보아야 한다.**

08 법률행위의 조건과 기한에 관한 설명으로 옳은 것은? 제20회

① 조건성취가 미정한 권리는 **처분할 수 없다.**

② **시기 있는** 법률행위는 기한이 **도래한 때부터** 그 **효력을 잃는다.**

③ **불능조건이 해제조건**이면 그 법률행위는 **무효이다.**

④ **조건이** 선량한 풍속 기타 **사회질서에 위반**한 경우, **그 조건만이 무효이고 법률행위는 유효이다.**

⑤ **불확정한 사실이 발생한 때를 이행기한으로 정한 경우**, 그 사실의 발생이 불가능하게 된 때에도 **기한이 도래한 것으로 본다.**

09 법률행위 등에 관한 설명으로 **틀린** 것은? (다툼이 있으면 판례에 따름) 제28회

① **기성조건을 정지조건**으로 한 법률행위는 **무효이다.**

② 의사표시가 발송된 후라도 **도달하기 전에** 표의자는 그 의사표시를 **철회할 수 있다.**

③ **어떤 해악의 고지 없이** 단순히 각서에 서명날인할 것만을 강력히 요구한 행위는 강박에 의한 의사표시의 **강박행위가 아니다.**

④ 표의자가 **과실 없이** 상대방의 소재를 **알지 못한 경우**에는 민사소송법의 **공시송달** 규정에 의하여 의사표시를 송달할 수 **있다.**

⑤ **농지취득자격증명**은 농지취득의 원인이 되는 매매계약의 **효력발생요건이 아니다.**

10 조건부 법률행위에 관한 설명으로 **틀린** 것은? 제28회 재구성

① 상대방이 **동의**하면 **해제**의 의사표시에에 **조건을 붙일 수 있다.**

② **정지조건부** 법률행위는 조건이 **불성취**로 확정되면 **무효로** 된다.

③ 조건을 붙이는 것이 허용되지 않는 법률행위에 조건을 붙인 경우, 다른 정함이 없으면 그 **조건만 분리하여 무효로** 할 수 있다.

④ 당사자가 조건성취의 효력을 그 성취 전에 **소급하게 할 의사를 표시한 때에는 그 의사에 의한다.**

⑤ **정지조건**의 경우에는 권리를 **취득한 자가 조건성취에 대한 증명책임**을 부담한다.

11 법률행위의 조건과 기한에 관한 설명으로 옳은 것은? 제29회

① 정지조건 있는 법률행위는 조건이 **성취한 때로부터** 그 **효력을 잃는다.**

② **기한은 채권자의 이익을 위한 것으로 추정**하며, 기한의 이익은 포기할 수 있다.

③ 기한의 도래가 미정한 권리의무는 일반규정에 의하여 **처분하거나 담보로 할 수 없다.**

④ 조건이 법률행위 당시 **이미 성취**한 것인 경우, 그 조건이 **해제조건**이면 그 법률행위는 **무효**로 한다.

⑤ 당사자가 **조건성취의 효력을** 그 성취 전에 **소급하게 할 의사를 표시한 경우**에도 그 효력은 **조건이 성취된 때부터** 발생한다.

12 법률행위의 조건과 기한에 관한 설명으로 틀린 것은? 제32회

① **법정조건은** 법률행위의 부관으로서의 **조건이 아니다.**

② **조건이** 선량한 풍속 기타 **사회질서에 위반**한 것이면 그 **법률행위는 무효이다.**

③ 조건부 법률행위는 **조건이 성취되었을 때에** 비로소 그 **법률행위가 성립한다.**

④ 조건부 법률행위에서 **불능**조건이 **정지**조건이면 그 법률행위는 **무효이다.**

⑤ **과거의 사실은** 법률행위의 부관으로서의 **조건으로 되지 못한다.**

01 　물권적 청구권

key point 물권적 청구권

1. **현재** 물권자 ⇨ **현재** 침해자

2. 종류
   ① 반환청구권
   ② 방해제거청구권 ⇨ 건물철거청구, 말소등기청구, 진정명의회복
   ③ 방해예방청구권 ⇨ 염려 ⇨ 또는

3. 행사자 및 상대방 ↳ **간접점유자 O, 점유보조자 X**

4. **점유물반환청구권**
   ① **침탈** ⇨ 사기 X
   ② **선의**의 제3자에게 행사 X
   ③ **1년** 내에 행사

5. **지역권, 저당권** ⇨ **반환청구 X**, 방해제거, 방해예방 O

6. **유치권에 기한 물권적 청구권 X** ⇨ 점유권에 기한 물권적 청구권 O

01 물권적 청구권에 관한 설명으로 틀린 것은? 　　　　　제15회 추가

① **지역권 및 저당권**에서는 목적물**반환**청구권이 **인정되지 않는다.**

② **사기**에 의해 물건을 인도한 자는 **점유물반환청구권**을 행사할 수 **없다.**

③ **점유보조자**가 그 물건의 사실적 지배를 가지는 이상 물권적 청구권의 **상대방이 된다.**

④ 매매를 원인으로 **소유권이전등기를 경료해 준 자는** 불법점유자에 대하여 소유권에 기한 물권적 청구권을 **행사하지 못한다.**

⑤ 물권적 청구권은 **손해배상청구권**을 당연히 **포함**하는 것은 **아니다.**

02 물권적 청구권에 관한 설명으로 <u>틀린</u> 것은? 제20회

① 점유회수청구권의 행사기간은 **출소기간**이다.

② 소유물의 점유를 침탈당한 소유자는 본권을 이유로 반환청구하거나 점유회수를 청구할 수 있다.

③ **간접점유자는** 점유회수청구권의 **상대방이 될 수 없다.**

④ **진정명의회복**을 위한 소유권이전등기청구권은 소유물 **방해배제청구권에 해당한다.**

⑤ **직접점유자가** 자기 의사에 기하여 **점유물을 제3자에게 인도한 경우,** 간접점유자는 제3자에게 **점유회수를 청구할 수 없다.**

---

key point

임차인 ⇨ 임대인의 소유권에 기한 물권적 청구권 ⇨ 대위행사 O

---

03 물권적 청구권에 관한 설명으로 <u>틀린</u> 것은? (다툼이 있으면 판례에 따름) 제30회

① 소유권에 기한 물권적 청구권은 **소멸시효에 걸리지 않는다.**

② 상대방의 **귀책사유는** 물권적 청구권의 **행사요건이 아니다.**

③ 물권적 방해배제청구권의 요건으로 요구되는 **방해는** 개념상 **손해와 구별된다.**

④ **임차인은** 임차목적물에 관한 임대인의 소유권에 기한 **물권적 청구권을 대위행사할 수 없다.**

⑤ **유치권자는 점유권**에 기한 물권적 청구권을 **행사할 수 있다.**

---

04 물권적 청구권에 관한 설명으로 옳은 것은? (다툼이 있으면 판례에 따름) 제32회

① 소유권을 양도한 **전소유자가** 물권적 청구권만을 분리, 유보하여 불법점유자에 대해 그 **물권적 청구권에 의한 방해배제를 할 수 있다.**

② 물권적 청구권을 행사하기 위해서는 그 상대방에게 **귀책사유가 있어야 한다.**

③ 소유권에 기한 **방해배제청구권에** 있어서 방해에는 **과거에** 이미 **종결된 손해가 포함된다.**

④ **소유권에 기한 물권적 청구권은** 그 소유권과 분리하여 별도의 **소멸시효의 대상이 된다.**

⑤ 소유권에 기한 물권적 청구권은 그 소유자가 **소유권을 상실하면** 더 이상 **인정되지 않는다.**

05 물권적 청구권에 관한 설명으로 옳은 것을 모두 고른 것은? (다툼이 있으면 판례에 따름)

> ㄱ. 지상권을 설정한 토지의 **소유자는** 그 토지 일부의 불법점유자에 대하여 **소유권에 기한 방해배제를 청구할 수 없다.**
> ㄴ. 토지의 소유권을 양도하여 소유권을 상실한 **전(前)소유자도** 그 토지 일부의 불법점유자에 대하여 **소유권에 기한 방해배제를 청구할 수 있다.**
> ㄷ. 소유자는 자신의 소유권을 **방해할 염려**있는 행위를 하는 자에 대하여 그 **예방이나 손해배상의 담보를 청구할 수 있다.**

① ㄱ   ② ㄷ   ③ ㄱ, ㄴ
④ ㄴ, ㄷ   ⑤ ㄱ, ㄴ, ㄷ

06 점유물반환청구권에 관한 설명으로 **틀린** 것은?

① 乙의 **점유보조자 甲은** 원칙적으로 점유물반환청구권을 **행사할 수 없다.**
② 乙이 甲을 **기망**하여 甲으로부터 점유물을 인도받은 경우, 甲은 乙에게 **점유물반환청구권을 행사할 수 있다.**
③ 甲이 점유하는 물건을 乙이 침탈한 경우, 甲은 침탈당한 날로부터 **1년** 내에 점유물의 반환을 청구하여야 한다.
④ **직접점유자 乙이** 간접점유자 甲의 의사에 반하여 **점유물을 丙에게 인도한 경우,** 甲은 丙에게 점유물반환청구권을 행사할 수 없다.
⑤ 甲이 점유하는 물건을 乙이 침탈한 후 乙이 이를 **선의의 丙에게** 임대하여 인도한 경우, 甲은 丙에게 점유물반환청구권을 행사할 수 없다.

07 점유보호청구권에 관한 설명으로 **틀린** 것은? (다툼이 있으면 판례에 따름)

① **점유권**에 기인한 소는 **본권**에 관한 이유로 **재판하지 못한다.**
② **과실 없이 점유를 방해**하는 자에 대해서도 **방해배제를 청구할 수 있다.**
③ 점유자가 **사기**를 당해 점유를 이전한 경우, **점유물반환을 청구할 수 없다.**
④ 공사로 인하여 점유의 방해를 받은 경우, 그 **공사가 완성한 때에는 방해의 제거를 청구하지 못한다.**
⑤ 타인의 점유를 침탈한 뒤 **제3자에 의해 점유를 침탈당한 자는** 점유물반환청구권의 **상대방이 될 수 있다.**

key point | 甲소유의 토지 위에 乙이 무단으로 건물을 신축한 경우

1. **건물은 乙소유** ⇨ 甲은 乙에게 건물 **퇴거 청구 X**
2. 乙이 丙에게 건물을 **임대** ⇨ 乙 **철거**, 丙 **나가**
3. 乙이 丙에게 건물을 **매도** ⇨ 丙 **철거**

08 甲소유 X토지에 대한 사용권한 없이 그 위에 乙이 Y건물을 신축한 후 아직 등기하지 않은 채 丙에게 일부를 임대하여 현재 乙과 丙이 Y건물을 일부분씩 점유하고 있다. 다음 설명 중 **틀린** 것은?   제27회

① 甲은 乙을 상대로 Y건물의 **철거**를 구할 수 있다.

② 甲은 乙을 상대로 Y건물의 **대지부분의 인도**를 구할 수 있다.

③ 甲은 乙을 상대로 Y건물에서의 **퇴거를 구할 수 있다.**

④ 甲은 丙을 상대로 Y건물에서의 **퇴거를 구할 수 있다.**

⑤ 乙이 **Y건물을 丁에게** 미등기로 **매도하고 인도**해 준 경우 甲은 丁을 상대로 Y건물의 **철거**를 구할 수 있다.

09 甲소유 토지에 乙이 무단으로 건물을 신축한 뒤 丙에게 임대하여 丙이 현재 그 건물을 점유하고 있다. 다음 설명 중 **틀린** 것은? (다툼이 있으면 판례에 따름)   제35회

① 甲은 丙을 상대로 건물에서의 **퇴거를 청구할 수 없다.**

② 甲은 乙을 상대로 건물의 **철거** 및 토지의 **인도**를 청구할 수 있다.

③ 甲은 乙을 상대로 토지의 무단 사용을 이유로 **부당이득반환청구권을 행사할 수** 있다.

④ **만약 乙이** 임대하지 않고 **스스로 점유**하고 있다면, 甲은 乙을 상대로 건물에서의 **퇴거를 청구할 수 없다.**

⑤ **만약 丙이 무단으로** 건물을 **점유**하고 있다면, 乙은 丙을 상대로 건물의 **인도**를 청구할 수 있다.

10 물권적 청구권에 관한 설명으로 옳은 것은? (다툼이 있으면 판례에 따름) 제31회

① 소유권에 기한 물권적 청구권은 **소멸시효의 대상이다.**

② 타인 토지에 **무단으로 신축된 미등기건물을 매수하여** 대금을 지급하고 **점유하는 자는** 건물**철거청구의 상대방이 될 수 있다.**

③ **소유자는** 허무인(虛無人) 명의로 등기한 행위자를 상대로 그 등기의 **말소를 구할 수 없다.**

④ **저당권자는** 목적물에서 임의로 분리, 반출된 물건을 **자신에게 반환할 것을 청구할 수 있다.**

⑤ 소유자가 말소등기의무자에 의해 소유권을 상실하여 소유권에 기한 등기말소를 구할 수 없는 경우, 그 의무자에게 이행불능에 의한 전보배상청구권을 가진다.

11 물권적 청구권에 관한 설명으로 옳은 것은? (다툼이 있으면 판례에 따름) 제29회

① 소유자는 **물권적 청구권에 의하여** 방해제거**비용** 또는 방해예방**비용을 청구할 수 없다.**

② **불법원인으로 물건을 급여한 사람은** 원칙적으로 소유권에 기하여 **반환청구를 할 수 있다.**

③ **소유자는** 소유물을 **불법점유한 사람의 특별승계인**에 대하여는 그 **반환을 청구하지 못한다.**

④ 소유권에 기한 **방해제거청구권은** 현재 계속되고 있는 방해의 원인과 함께 **방해결과의 제거를 내용으로 한다.**

⑤ 소유권에 기한 물권적 청구권이 발생한 후에는 소유자가 **소유권을 상실**하더라도 그 청구권을 **행사할 수 있다.**

12 물권적 청구권에 관한 설명으로 틀린 것은? (다툼이 있으면 판례에 따름)

① **저당권자는** 목적물에서 임의로 분리, 반출된 물건을 자신에게 **반환할 것을 청구할 수 있다.**

② **진정명의회복**을 원인으로 한 소유권이전등기청구권의 법적 성질은 소유권에 기한 **방해배제청구권이다.**

③ 소유자는 소유권을 방해하는 자에 대해 **민법 제214조에 기해** 방해배제**비용을 청구할 수 없다.**

④ **미등기** 무허가건물의 **양수인은** 소유권에 기한 방해배제청구권을 행사할 수 **없다.**

⑤ 소유권에 기한 **방해배제청구권은 현재 계속되고 있는 방해원인의 제거를 내용으로 한다.**

---

key point

물권적 청구권 ⇨ 점유할 정당한 권원이 있는 자에게 행사 X

---

13 甲은 자신의 토지를 乙에게 매도하여 인도하였고, 乙은 그 토지를 점유·사용하다가 다시 丙에게 매도하여 인도하였다. 甲과 乙은 모두 대금 전부를 수령하였고, 甲·乙·丙 사이에 중간생략등기의 합의가 있었다. 다음 설명 중 옳은 것은? (다툼이 있으면 판례에 따름)

① 甲은 **丙을 상대로 소유물반환**을 청구할 수 **있다.**

② 甲은 **乙을 상대로 소유물반환**을 청구할 수 **없다.**

③ 丙은 **직접 甲을 상대로 소유권이전등기를 청구할 수 없다.**

④ 丙은 **乙을 대위하여** 甲을 상대로 소유권이전**등기를 청구할 수 없다.**

⑤ 만약 乙이 인도받은 후 현재 10년이 지났다면, **乙은 甲에 대해** 소유권이전**등기를 청구할 수 없다.**

02 | 부동산물권변동

key point 등기를 요하는 부동산물권변동

1. 법률행위
2. 점유취득시효완성

01 등기 없이도 부동산 물권취득의 효력이 있는 경우를 모두 고른 것은? (다툼이 있으면 판례에 따름) 제35회

> ㄱ. **매매**
> ㄴ. 건물신축
> ㄷ. **점유시효취득**
> ㄹ. 공유물의 **현물분할판결**

① ㄱ, ㄴ   ② ㄴ, ㄷ   ③ ㄴ, ㄹ
④ ㄷ, ㄹ   ⑤ ㄱ, ㄷ, ㄹ

02 등기하여야 물권변동의 효력이 생기는 것은? 제22회

① 등기된 입목에 대한 **저당권의 취득**
② 피담보채무의 **변제**로 인한 **저당권의 소멸**
③ **혼동**에 의한 지상권의 소멸
④ **상속**에 의한 소유권의 취득
⑤ **분묘기지권**의 취득

03 부동산 물권을 등기 없이 취득할 수 있는 경우가 <u>아닌</u> 것은? 제24회

① **신축**건물의 소유권 취득
② **분묘기지권**의 취득
③ **상속**에 의한 소유권 취득
④ **법정저당권**의 취득
⑤ **점유취득시효**에 의한 **지역권의 취득**

04 등기가 있어야 부동산물권을 취득하는 경우는?

① 지상권을 **상속**으로 취득하는 경우

② 건물전세권이 **법정갱신**되는 경우

③ 건물을 **신축**하여 소유권을 취득하는 경우

④ 현물분할의 **합의**에 의하여 공유토지에 대한 단독소유권을 취득하는 경우

⑤ 1동의 건물 중 구분된 건물부분이 구조상·이용상 독립성을 갖추고 구분행위로 인하여 **구분소유권을 취득**하는 경우

05 등기가 있어야 물권이 변동되는 경우는?

① 공유물분할청구소송에서 현물분할의 **협의가 성립**하여 조정이 된 때 공유자들의 소유권 취득

② 건물 소유자의 **법정지상권** 취득

③ **분묘기지권**의 시효취득

④ 저당권 실행에 의한 **경매**에서의 소유권 취득

⑤ **법정갱신**된 경우의 전세권 취득

06 부동산물권변동에 관한 설명으로 옳은 것은?

① 부동산에 대하여 **포괄적 유증**을 받은 자는 **등기를 하여야** 부동산 소유권을 취득한다.

② 부동산의 **경매**절차에서 매수인은 매각대금을 납부하고 소유권이전**등기를 마칠 때** 소유권을 취득한다.

③ **소유권이전의 약정**을 내용으로 하는 **화해조서**가 작성된 경우 **등기의 유무에 관계없이** 소유권을 취득한다.

④ **등기**는 물권의 **효력발생요건**이고 **효력존속요건**이다.

⑤ 전세권이 **법정갱신**된 경우, 전세권자는 **등기 없이도** 전세권설정자나 그 목적물을 취득한 제3자에 대하여 갱신된 권리를 **주장할 수 있다.**

07 등기에 관한 설명으로 옳은 것은?　　　　　　　　　　　　　　　　제26회

① **법률행위**를 원인으로 하여 소유권이전등기를 명하는 **판결**에 따른 소유권의 취득에는 **등기를 요하지 않는다.**

② **상속인**은 피상속인의 사망과 더불어 상속재산인 부동산에 대한 **등기를 한 때** 소유권을 취득한다.

③ 피담보**채권이 소멸**하더라도 저당권의 **말소등기가 있어야** 저당권이 소멸한다.

④ 민사집행법상 **경매**의 매수인은 **등기를 하여야** 소유권을 취득할 수 있다.

⑤ **기존 건물 멸실 후 건물이 신축된 경우**, 기존 건물에 대한 등기는 신축건물에 대한 등기로서 **효력이 없다.**

key point 판결

1. 법률행위 ⇨ **이행판결** ⇨ 등기한 때 물권변동
2. **형성판결** ⇨ 공유물분할판결 ⇨ **판결확정시에 등기 없이도** 물권변동

08 부동산 물권변동에 관한 설명으로 **틀린** 것은? (다툼이 있으면 판례에 따름)　　제30회

① 부동산 물권변동 후 그 등기가 **원인 없이 말소**되었더라도 그 물권변동의 **효력에는 영향이 없다.**

② **등기를 요하지 않는** 물권취득의 원인인 **판결**이란 **이행판결을 의미한다.**

③ 소유권이전등기청구권의 보전을 위한 가등기에 기하여 본등기가 행해지면 **물권변동의 효력은 본등기가 행해진 때 발생한다.**

④ 매수한 토지를 인도받아 점유하고 있는 **미등기 매수인으로부터** 그 토지를 **다시 매수한 자는** 특별한 사정이 없는 한 **최초 매도인에 대하여 직접** 자신에게로의 소유권이전등기를 **청구할 수 없다.**

⑤ 강제경매로 인해 성립한 관습법상 법정지상권을 **법률행위에 의해 양도**하기 위해서는 **등기가 필요하다.**

09 법률행위에 의하지 않은 부동산물권의 변동에 관한 설명으로 **틀린** 것은? (다툼이 있으면 판례에 따름) 제31회

① 관습법상 **법정**지상권은 설정**등기 없이** 취득한다.
② **이행판결**에 기한 부동산물권의 변동시기는 **확정판결시**이다.
③ **상속인은 등기 없이** 상속받은 부동산의 소유권을 **취득한다.**
④ **경매**로 인한 부동산소유권의 취득시기는 **매각대금을 완납한 때**이다.
⑤ 건물의 **신축**에 의한 소유권취득은 **소유권보존등기를 필요로 하지 않는다.**

10 민법 제187조(등기를 요하지 아니하는 부동산물권취득)에 관한 설명으로 **틀린** 것은? (다툼이 있으면 판례에 따름) 제34회

① **상속인은** 상속 부동산의 소유권을 **등기 없이 취득한다.**
② 민법 제187조 소정의 판결은 **형성판결**을 의미한다.
③ 부동산 **강제경매**에서 매수인이 매각 목적인 권리를 취득하는 시기는 **매각대금 완납시**이다.
④ 부동산소유권이전을 내용으로 하는 **화해조서**에 기한 소유권취득에는 **등기를 요하지 않는다.**
⑤ **신축**에 의한 건물소유권취득에는 소유권**보존등기를 요하지 않는다.**

---

key point 등기청구권의 법적 성질

1. **채권적 청구권인 경우**
   ① **법률행위**(미등기매수인의 등기청구권)
   ② **점유취득시효 완성**

2. **물권적 청구권인 경우**
   ① **말소등기청구권**(실체관계와 등기가 일치하지 않는 경우)
   ② **진정명의회복**을 원인으로 한 소유권이전등기청구권
   ③ **위조, 무효, 취소, 해제, 합의해제, 해제조건의 성취**

---

11 등기청구권의 법적 성질이 <u>다른</u> 것은? 제22회

① **매수인**의 매도인에 대한 등기청구권
② 청구권 보전을 위한 **가등기**에 기한 본등기청구권
③ 매매계약의 **취소**로 인한 **매도인의** 매수인에 대한 **등기청구권**
④ **시효취득**에 기한 등기청구권
⑤ 중간생략등기에 있어서 **최종양수인**의 최초양도인에 대한 등기청구권

12 다음 중 등기청구권의 법적 성질이 물권적 청구권인 경우는? 감정평가사 2014

① 甲소유 부동산을 **매수**하여 인도까지 받은 乙이 甲에게 소유권이전등기를 청구하는 경우
② 乙소유 부동산에 대하여 甲의 **점유취득시효가 완성**된 후, 甲이 乙에 대해 소유권이전등기를 청구하는 경우
③ 甲이 乙에게 부동산을 매도하고 이전등기를 하였다가 매매계약이 **합의해제**된 후 甲이 乙에게 이전등기의 말소를 청구하는 경우
④ 甲소유 부동산이 **순차 전매**되어 甲, 乙, 丙 3자간의 합의에 따라 丙이 甲에게 직접 소유권이전등기를 청구하는 경우
⑤ 甲과 乙간의 **지상권설정계약**으로 인하여 乙이 甲에게 지상권설정등기를 청구하는 경우

key point 등기청구권

1. 매수인의 등기청구권

   ① **통상의 채권양도의 법리에 따라 양도 X** ⇨ 매도인의 동의 요

   ② 매수인이 점유를 계속 ⇨ 소멸시효 진행 X

   ③ 제3자에게 **처분**하고 점유를 승계하여 준 경우 ⇨ **소멸시효 진행 X**

   ④ 제3자의 **점유침탈**에 의해 점유를 상실한 경우 ⇨ **소멸시효 진행 O**

2. 시효완성자의 등기청구권

   ① **통상의 채권양도의 법리에 따라 양도 O** ⇨ 소유자의 동의 불요

   ② 시효완성자가 점유를 계속 ⇨ 소멸시효 진행 X

   ③ **시효완성자가 점유를 상실** ⇨ 소멸시효 진행 O ⇨ **바로 소멸 X**

13 등기청구권에 관한 설명으로 **틀린** 것은? (다툼이 있으면 판례에 따름) 변리사 2020

① 부동산 **매매**로 인한 소유권이전등기청구권은 **채권적 청구권**이다.

② 부동산 **매매**로 인한 소유권이전**등기청구권**은 특별한 사정이 없는 한 그 권리의 성질상 양도가 제한되고 그 **양도에 채무자의 동의를 요**한다.

③ 토지 일부에 대한 **점유취득시효가 완성된 후** 점유자가 그 토지 부분에 대한 **점유를 상실**한 경우, 특별한 사정이 없는 한 시효완성을 원인으로 한 소유권이전**등기청구권도 즉시 소멸**한다.

④ **취득시효완성**으로 인한 소유권이전**등기청구권의 양도**는 특별한 사정이 없는 한 등기의무자에게 **통지함으로써 그에게 대항할 수 있다.**

⑤ 소유권이전등기를 받지 않은 부동산의 **매수인이** 그 부동산을 인도받아 이를 **사용·수익하다가** 다른 사람에게 그 부동산을 **처분하고 그 점유를 승계하여 준 경우**, 매수인의 매도인을 상대로 한 이전등기청구권의 **소멸시효는 진행되지 않는다.**

14 등기청구권에 관한 설명으로 옳은 것은? (다툼이 있으면 판례에 따름) 제30회

① **점유취득시효의 완성**으로 점유자가 소유자에 대해 갖는 **소유권이전등기청구권은 통상의 채권양도 법리에 따라 양도될 수 있다.**

② 부동산을 **매수하여 인도받아 사용·수익하는 자**의 매도인에 대한 소유권이전등기청구권은 **소멸시효에 걸린다.**

③ 부동산 **매수인이** 매도인에 대해 갖는 소유권이전등기청구권은 **물권적 청구권이다.**

④ 가등기에 기한 소유권이전등기청구권이 시효완성으로 소멸된 후 그 부동산을 취득한 제3자가 가등기권자에 대해 갖는 **등기말소청구권은 채권적 청구권이다.**

⑤ **등기청구권과 등기신청권은 동일한** 내용의 **권리이다.**

15 등기청구권에 관한 설명으로 옳은 것을 모두 고른 것은? (다툼이 있으면 판례에 따름)

제32회

> ㄱ. **등기청구권이란** 등기권리자와 등기의무자가 함께 국가에 **등기를 신청하는** 공법상의 **권리이다.**
> ㄴ. 부동산 **매수인이** 그 목적물을 인도받아 이를 **사용수익**하고 있는 이상 그 매수인의 **등기청구권은 시효로 소멸하지 않는다.**
> ㄷ. **취득시효완성으로 인한** 소유권이전**등기청구권은** 시효완성 당시의 등기명의인이 **동의해야만 양도할 수 있다.**

① ㄱ   ② ㄴ   ③ ㄷ
④ ㄱ, ㄴ   ⑤ ㄴ, ㄷ

16 부동산 소유권이전등기청구권에 관한 설명으로 옳은 것은? (다툼이 있으면 판례에 따름)

제34회

① **교환**으로 인한 이전등기청구권은 **물권적 청구권**이다.
② **점유취득시효 완성**으로 인한 이전**등기청구권의 양도는** 특별한 사정이 없는 한 양도인의 채무자에 대한 **통지만으로는 대항력이 생기지 않는다.**
③ **매수인이** 부동산을 인도받아 **사용·수익**하고 있는 이상 매수인의 이전등기청구권은 **시효로 소멸하지 않는다.**
④ **점유취득시효 완성**으로 인한 이전등기청구권은 **점유가 계속**되더라도 **시효로 소멸한다.**
⑤ **매매**로 인한 이전**등기청구권의 양도는** 특별한 사정이 없는 한 양도인의 채무자에 대한 **통지만으로 대항력이 생긴다.**

key point 중간생략등기(단속규정)

1. **이미 등기**가 경료된 경우 ⇨ 중간생략등기의 합의가 없더라도 **유효**
2. 중간생략등기의 **합의가 없는** 경우 ⇨ 대위 청구만 가능
3. 중간생략등기의 **합의가 있는** 경우 ⇨ 대위 청구, **직접 청구** 선택 **가능**
4. **토지거래허가구역** ⇨ 중간생략등기 ⇨ **무효**

17 甲은 자기소유 토지를 乙에게 매도하고 인도하였으며, 乙이 다시 丙에게 이를 전매하고 인도하였다. 옳은 것은?   제18회

① 乙은 점유를 상실했으므로 乙의 甲에 대한 소유권이전등기청구권은 **소멸시효에 걸린다.**

② **甲에서 직접 丙 앞으로 된 소유권이전등기**는 甲·乙·丙 전원의 합의가 없는 한 **효력이 없다.**

③ 만약 乙이 甲에 대한 소유권이전**등기청구권을 丙에게 양도**하고 이를 甲에게 **통지**했다면, 丙은 **직접** 甲에 대해 소유권이전등기를 **청구할 수 있다.**

④ 甲에서 직접 丙 앞으로의 등기이전에 관해 **甲·乙·丙 전원의 합의가 없더라도** 丙은 乙의 甲에 대한 소유권이전등기청구권을 **대위행사할 수 있다.**

⑤ **토지거래허가구역** 내의 토지인 경우 甲·乙·丙 전원의 합의 아래 甲에서 **직접 丙 앞으로 된 소유권이전등기**는 甲과 丙을 매매당사자로 하는 토지거래허가를 받았다면 **유효하다.**

18 乙은 甲소유의 건물을 매수하여 다시 이를 丙에게 매도하였으며, 甲·乙·丙은 甲에게서 丙으로 소유권이전등기를 해 주기로 합의하였다. 다음 중 **틀린** 것은?   제20회

① 丙은 **직접** 甲에 대하여 소유권이전등기청구권을 **행사할 수 있다.**

② **乙의** 甲에 대한 소유권이전**등기청구권은 소멸하는 것이 아니다.**

③ 甲으로부터 丙명의로 경료된 소유권이전**등기는 유효**하다.

④ **만약** 甲과 乙 사이에 **매매대금을 인상하는 약정을 체결한 경우**, 甲은 인상분의 미지급을 이유로 丙의 소유권이전등기청구를 **거절할 수 없다.**

⑤ **만약** 乙이 丙에게 소유권이전**등기청구권을 양도**하고 그 사실을 甲에게 통지한 **경우**, 그 사실만으로는 丙은 **직접** 甲에 대하여 이전등기를 **청구할 수 없다.**

19 토지거래허가구역 밖에 있는 토지에 대하여 최초 매도인 甲과 중간 매수인 乙, 乙과 최종 매수인 丙 사이에 순차로 매매계약이 체결되고 이들 간에 중간생략등기의 합의가 있는 경우에 관한 설명으로 틀린 것은?　　　　　　　　　　　　　　제23회

① 乙의 甲에 대한 소유권이전등기청구권은 소멸하지 않는다.

② 甲·乙 사이의 계약이 제한능력을 이유로 적법하게 취소된 경우, 甲은 丙 앞으로 경료된 중간생략등기의 말소를 청구할 수 있다.

③ 甲은 乙의 매매대금 미지급을 이유로 丙 명의로의 소유권이전등기의무 이행을 거절할 수 있다.

④ 만약 甲과 乙, 乙과 丙이 중간등기 생략의 합의를 순차적으로 한 경우, 丙은 甲의 동의가 없더라도 甲을 상대로 중간생략등기청구를 할 수 있다.

⑤ 중간생략등기의 합의 후 甲·乙 사이의 매매계약이 합의해제된 경우, 甲은 丙 명의로의 소유권이전등기의무의 이행을 거절할 수 있다.

20 X토지는 甲 → 乙 → 丙으로 순차 매도되고, 3자간에 중간생략등기의 합의를 하였다. 이에 대한 설명으로 틀린 것은? (다툼이 있으면 판례에 따름)　　　　　　제31회

① 丙은 甲에게 직접 소유권이전등기를 청구할 수 있다.

② 乙의 甲에 대한 소유권이전등기청구권은 소멸하지 않는다.

③ 甲의 乙에 대한 매매대금채권의 행사는 제한받지 않는다.

④ 만약 X토지가 토지거래허가구역에 소재한다면, 丙은 직접 甲에게 허가신청절차의 협력을 구할 수 없다.

⑤ 만약 중간생략등기의 합의가 없다면, 丙은 甲의 동의나 승낙 없이 乙의 소유권이전등기청구권을 양도받아 甲에게 소유권이전등기를 청구할 수 있다.

key point 등기의 효력

1. **등기** ⇨ **효력발생요건 O, 효력존속요건 X**

   ⇨ **불법말소**(원인 없이 말소)된 경우에도 **물권은 효력 O**

2. **이중보존등기(중복등기)** ⇨ 선등기 유효, **후등기는 무효**

3. **위조에 의한 등기**

   ① 위조 ⇨ 무효

   ② 위조 ⇨ **실체관계에 부합** ⇨ 유효

4. **무효등기의 유용**

   ① 보존등기 유용 X

   ② 사항란 등기의 유용 O

21 등기의 유효요건에 관한 설명으로 틀린 것은? (다툼이 있으면 판례에 따름) 감평사 2023

① 물권에 관한 등기가 **원인 없이 말소**되더라도 특별한 사정이 없는 한 그 **물권의 효력에는 영향을 미치지 않는다.**

② **미등기건물의 승계취득자**가 원시취득자와의 합의에 따라 **직접 소유권보존등기를 마친 경우**, 그 등기는 실체관계에 부합하는 등기로서 **유효하다.**

③ 멸실된 건물의 보존등기를 멸실 후에 **신축된 건물의 보존등기로 유용할 수 없다.**

④ **중복된 소유권보존등기**의 등기명의인이 동일인이 아닌 경우, 선등기가 원인무효가 아닌 한 **후등기는 무효이다.**

⑤ **토지거래허가구역 내**의 토지에 관한 최초매도인과 최후매수인 사이의 중간생략등기에 관한 합의만 있더라도, 그에 따라 이루어진 **중간생략등기는** 실체관계에 부합하는 등기로서 **유효하다.**

22 등기에 관한 설명으로 옳은 것은?(다툼이 있으면 판례에 따름)   주택사 2023

① 등기는 물권의 효력발생요건이자 **효력존속요건에 해당한다.**

② 동일인 명의로 **소유권보존등기가 중복**으로 된 경우에는 특별한 사정이 없는 한 **후행등기가 무효이다.**

③ 매도인이 매수인에게 소유권이전등기를 마친 후 매매계약의 **합의해제**에 따른 매도인의 **등기말소청구권**의 법적 성질은 **채권적 청구권이다.**

④ 소유자의 대리인으로부터 토지를 **적법하게 매수**하였더라도 소유권이전등기가 **위조된 서류**에 의하여 마쳐졌다면 그 **등기는 무효이다.**

⑤ 무효등기의 유용에 관한 합의는 **반드시 명시적**으로 이루어져야 **한다.**

key point 등기의 추정력

1. **가등기** ⇨ **추정력 X**
2. 소유권**이전등기** ⇨ **승계취득**한 사실이 추정
3. 소유권**보존등기** ⇨ **원시취득**한 사실이 추정

23 등기의 추정력에 관한 설명으로 **틀린 것은?** (다툼이 있으면 판례에 따름) 감평사 2017 변형

① 신축건물에 **소유권보존등기**가 된 경우, **그 명의자가 신축한 것이 아니라도** 그 보존등기는 실체관계에 부합하는 유효한 등기로 **추정된다.**

② **소유권이전등기** 명의자는 제3자뿐만 아니라 **전(前)소유자에 대해서도** 적법한 등기원인에 의하여 소유권을 취득한 것으로 **추정된다.**

③ 등기의무자의 **사망 전에 그 등기원인이 이미 존재하는 때에는** 사망자 명의의 등기신청에 의해 경료된 등기라도 **추정력을 가진다.**

④ **전 소유명의자가 실재하지 아니한 경우**에 현재의 등기명의자에 대한 소유권은 **추정되지 않는다.**

⑤ 소유권이전청구권 보전을 위한 **가등기**가 있다고 하여 소유권이전등기를 청구할 수 있는 법률관계가 존재한다고 **추정되는 것은 아니다.**

24 등기의 추정력에 관한 설명으로 **틀린 것은?**   감정평가사 2011

① 부동산에 관한 **소유권이전등기**가 있는 이상 그 **절차는 정당**한 것으로 **추정**된다.

② **소유권이전의 등기명의자**는 제3자뿐만 아니라 그 **전소유자**에 대하여도 적법한 등기원인에 의하여 소유권을 취득한 것으로 **추정된다.**

③ **가등기**에는 가등기원인에 대한 **적법추정력이 인정되지 않는다.**

④ **근저당권의 설정등기**가 되어 있으면 이에 상응하는 **피담보채권의 존재가 추정된다.**

⑤ **소유권보존등기의 명의인이** 부동산을 **양수받은 것이라 주장**하고 전소유자는 양도사실을 부인하는 경우에도 그 **보존등기의 추정력은 인정된다.**

25 등기의 추정력에 관한 설명으로 **틀린** 것은? 제25회

① **소유권이전등기**가 된 경우, 특별한 사정이 없는 한 이전등기에 필요한 **적법한 절차**를 거친 것으로 **추정**된다.

② **소유권이전등기**가 된 경우, 등기명의인은 **전 소유자에 대하여** 적법한 등기원인에 기한 소유권을 취득한 것으로 **추정**된다.

③ 소유권이전등기가 **불법말소**된 경우, 말소된 등기의 최종명의인은 그 **회복등기가 경료되기 전이라도** 적법한 권리자로 추정된다.

④ **등기명의인이 등기원인**행위의 태양이나 과정을 **다소 다르게 주장**한다고 하여 이로써 **추정력이 깨어지는 것은 아니다.**

⑤ 소유권이전청구권 보전을 위한 **가등기**가 있으면, 소유권이전등기를 청구할 어떠한 법률관계가 있다고 **추정된다.**

26 등기와 점유의 추정력에 관한 설명으로 **틀린** 것은? (다툼이 있으면 판례에 따름) 제31회

① 등기부상 **권리변동의 당사자 사이**에서는 **등기의 추정력을 원용할 수 없다.**

② 전·후 양시(兩時)에 점유한 사실이 있는 때에는 그 점유는 **계속한 것으로 추정**한다.

③ **원인 없이 부적법하게** 등기가 **말소**된 경우, **권리소멸의 추정력은 인정되지 않는다.**

④ 점유자의 권리추정 규정은 특별한 사정이 없는 한 **부동산물권에는 적용되지 않는다.**

⑤ 소유권**이전등기**의 원인으로 주장된 **계약서가 진정하지 않은 것으로 증명되면** 등기의 적법추정은 **깨진다.**

key point 사망자 명의의 등기신청에 의해 등기된 경우

1. 원칙 ⇨ 추정력 X
2. 사망 전에 등기원인이 이미 존재 O ⇨ 추정력 O

27 등기의 추정력에 관한 설명으로 옳은 것을 모두 고른 것은? (다툼이 있으면 판례에 따름)
제30회

ㄱ. **사망자 명의로 신청하여 이루어진 이전등기**에는 특별한 사정이 없는 한 **추정력이 인정되지 않는다.**

ㄴ. 대리에 의한 매매계약을 원인으로 소유권이전등기가 이루어진 경우, **대리권의 존재는 추정된다.**

ㄷ. 근저당권등기가 행해지면 **피담보채권**뿐만 아니라 그 피담보채권을 성립시키는 **기본계약의 존재도 추정된다.**

ㄹ. 건물 **소유권보존등기** 명의자가 전(前)소유자로부터 그 건물을 **양수하였다고 주장**하는 경우, 전(前)소유자가 양도사실을 부인하더라도 그 **보존등기의 추정력은 깨어지지 않는다.**

① ㄱ, ㄴ   ② ㄱ, ㄷ   ③ ㄴ, ㄷ
④ ㄴ, ㄹ   ⑤ ㄷ, ㄹ

key point 가등기

1. **본등기 전** ⇨ **아무 효력 X**

2. **가등기의무자에게 본등기 청구**

3. **본등기 후** ⇨ **순위보전적 효력 O**
   ① 순위는 소급 O
   ② **물권변동의 시기는 소급 X**

28 甲소유의 토지에 乙명의로 소유권이전청구권 보전을 위한 가등기가 경료되어 있다. 다음 설명 중 옳은 것은? 제21회 수정, 제22회 유사

① **가등기**가 있다고 해서 乙이 甲에게 소유권이전등기를 청구할 법률관계의 존재가 **추정되지는 않는다.**

② 乙이 가등기에 기한 **본등기를 하면** 乙은 **가등기를 경료한 때부터** 토지에 대한 **소유권을 취득**한다.

③ 甲이 토지에 대한 소유권을 丙에게 이전한 뒤 乙이 **본등기**를 하려면 **丙에게 등기 청구권을 행사**하여야 한다.

④ **가등기 이후에 가압류등기**가 마쳐지고 가등기에 기한 **본등기**가 된 경우, 등기관은 그 가압류등기를 **직권으로 말소할 수 없다.**

⑤ 乙은 가등기된 **소유권이전등기청구권을** 가등기에 대한 **부기등기의 방법으로** 타인에게 **양도할 수 없다.**

29 청구권보전을 위한 가등기에 관한 설명으로 **틀린** 것은? (다툼이 있으면 판례에 따름) 제32회

① **가등기된 소유권이전청구권은** 가등기에 대한 **부기등기의 방법으로** 타인에게 **양도될 수 있다.**

② **정지조건부** 청구권을 보전하기 위한 **가등기도 허용된다.**

③ 가등기에 기한 본등기 절차에 의하지 않고 별도의 본등기를 경료받은 경우, **제3자 명의로 중간처분의 등기가 있어도** 가등기에 기한 **본등기 절차의 이행을 구할 수 없다.**

④ **가등기는 물권적 청구권을** 보전하기 위해서는 **할 수 없다.**

⑤ 소유권이전청구권을 보전하기 위한 가등기에 기한 **본등기를 청구하는 경우,** 가등기 후 소유자가 변경되더라도 **가등기 당시의 등기명의인을 상대로 하여야 한다.**

30 부동산등기에 관한 설명으로 **틀린** 것은? (다툼이 있으면 판례에 따름) 감평사 2022
① **가등기된 권리의 이전등기는** 가등기에 대한 **부기등기의** 형식으로 **할 수 있다.**
② 근저당권등기가 **원인 없이 말소**된 경우, 그 **회복등기가** 마쳐지기 **전이라도** 말소된 등기의 등기명의인은 적법한 권리자로 **추정된다.**
③ 청구권보전을 위한 가등기에 기하여 **본등기가 경료되면** 본등기에 의한 **물권변동의 효력은** 가등기한 때로 소급하여 발생한다.
④ **소유권이전등기의** 원인으로 주장된 **계약서가 진정하지 않은 것으로 증명되었다면** 그 등기의 **적법추정은 복멸된다.**
⑤ 동일 부동산에 관하여 등기명의인을 달리하여 **중복된 소유권보존등기가 경료된 경우,** 선행보존등기가 원인무효가 아닌 한 **후행보존등기는** 실체관계에 부합하더라도 **무효이다.**

03	**혼동**

key point

1. 원칙 ⇨ 소멸
2. **제3자의 권리 존재** ⇨ **소멸 X**
3. **점유권** ⇨ 혼동으로 소멸하는 권리 X

01 혼동으로 인해 밑줄 친 권리가 확정적으로 소멸하는 경우는? 제19회
① 지상권자가 **지상권**이 설정된 토지의 소유권을 단독상속한 경우
② **저당권**의 목적물을 저당권자가 매수하였으나 그 **매매계약**이 **원인무효**인 경우
③ **저당권**이 설정된 부동산에 **가압류등기**가 된 후 그 저당권자가 부동산의 소유권을 취득한 경우
④ 甲의 지상권에 대해 乙이 **1번 저당권,** 丙이 **2번 저당권**을 취득한 후 乙이 그 지상권을 취득한 경우
⑤ 주택임차인이 대항력 및 우선변제권이 있는 **임차권**을 취득한 다음에 그 주택에 제3자의 **저당권**이 설정된 후 임차인이 이를 **매수**하여 소유권을 취득한 경우

02 혼동에 의한 물권소멸에 관한 설명으로 옳은 것을 모두 고른 것은? (다툼이 있으면 판례에 의함) 제15회 유사, 제17회 유사, 제22회

> ㄱ. 甲의 토지 위에 乙이 1번 저당권, 丙이 2번 저당권을 가지고 있다가 乙이 증여를 받아 토지소유권을 취득하면 **1번 저당권은 소멸한다.**
> ㄴ. 乙이 甲의 토지 위에 지상권을 설정받고, **丙이 그 지상권 위에 저당권을 취득**한 후 乙이 甲으로부터 그 토지를 매수한 경우, **乙의 지상권은 소멸한다.**
> ㄷ. 甲의 토지를 乙이 점유하다가 乙이 이 토지의 소유권을 취득하더라도 乙의 **점유권은 소멸하지 않는다.**
> ㄹ. 甲의 토지 위에 乙이 지상권, 丙이 저당권을 가지고 있는 경우, 丙이 그 소유권을 취득하면 **丙의 저당권은 소멸한다.**

① ㄱ, ㄴ   ② ㄴ, ㄷ   ③ ㄷ, ㄹ
④ ㄱ, ㄹ   ⑤ ㄱ, ㄷ

03 물권의 소멸사유로서 혼동에 관한 설명으로 옳은 것은? (다툼이 있으면 판례에 의함) 감정평가사 2011

① 乙이 甲소유의 토지에 지상권을 취득한 다음 그 **지상권을 목적으로 丙에게 저당권을 설정**한 후 甲으로부터 그 토지를 매수한 경우, **乙의 지상권은 소멸한다.**
② 물상보증인 丁소유의 토지에 채무자 甲의 채권자 乙이 1순위, 채권자 **丙이 2순위의 저당권자**인 경우, 乙이 단독으로 丁을 상속한 때에는 **乙의 저당권은 소멸한다.**
③ 甲소유의 토지를 점유하고 있는 乙이 甲으로부터 그 토지를 매수한 경우, **乙의 점유권은 소멸한다.**
④ 채무자 甲소유의 토지에 채권자 乙이 1순위, 채권자 丙이 2순위의 저당권자인 경우, 丙이 甲으로부터 그 토지 소유권을 취득한 때에는 **丙의 저당권은 소멸하지 않는다.**
⑤ 甲소유의 부동산에 乙이 전세권을 취득한 후 **丙이 근저당권을 취득**한 경우, 乙이 그 부동산을 증여받았더라도 **乙의 전세권은 소멸하지 않는다.**

04 물권의 소멸에 관한 설명으로 틀린 것은?   제24회

① 소유권과 저당권은 소멸시효에 걸리지 않는다.

② 물권의 포기는 물권의 소멸을 목적으로 하는 단독행위이다.

③ 전세권이 저당권의 목적인 경우, 저당권자의 동의 없이 전세권을 포기할 수 없다.

④ 존속기간이 있는 지상권은 특별한 사정이 없으면 그 기간의 만료로 말소등기 없이 소멸한다.

⑤ 甲의 토지에 **乙이 지상권을 취득한 후**, 그 토지에 **저당권을 취득한 丙**이 그 토지의 소유권을 취득하더라도 **丙의 저당권은 소멸하지 않는다.**

04 점유권

1. 건물소유와 토지점유
① 건물소유자 O ⇨ 토지점유자 O
② 건물소유자 X ⇨ 토지점유자 X
③ 미등기건물의 양수인 ⇨ 토지점유자 O

2. 점유보조자와 간접점유자
① 점유보조자 ⇨ 점유권 X
② 간접점유자 ⇨ 점유권 O

3. 자주점유(소유의 의사로 점유)와 타주점유(소유의 의사 없이 점유)
① 권원의 객관적 성질에 따라 판단
② 권원의 성질이 불분명한 경우 ⇨ **자주점유로 추정**

4. 자주점유의 타주점유로의 전환
① **소유자가 소제기 ⇨ 점유자 패소 ⇨ 판결확정시부터 타주점유로 전환 O**
② **점유자가 소제기 ⇨ 점유자 패소 ⇨ 자주점유 추정 O, 타주점유로 전환 X**

5. 타주점유의 자주점유로의 전환
① 새로운 권원(매매, 교환, 증여) O ⇨ 전환 O
② **상속은 새로운 권원 X**

6. 점유의 추정
① **점유자 ⇨ 무과실 ⇨ 추정 X**
② 점유자 ⇨ 무과실 ⇨ 스스로 입증
③ **점유자 ⇨ 권리 추정 ⇨ 동산 O, 부동산 X**

7. 선의의 자주점유자가 본권의 소에서 패소한 경우
① **선의 ⇨ 악의 ⇨ 소제기시**
② **자주 ⇨ 타주 ⇨ 판결확정시**

01 점유에 관한 설명 중 옳은 것은?   제18회 재구성

① **점유자는** 스스로 **자주점유**임을 **증명하여야 한다.**
② 유치권자가 점유를 침탈당한 경우, **유치권에 기한 반환청구권을 행사할 수 있다.**
③ **분묘기지권**이 인정되는 경우, 분묘의 소유자에게 분묘기지에 대한 **자주점유가 인정된다.**
④ 자기소유 부동산을 **타인에게 매도하고 대금전액을 지급받아 인도의무를 지고 있는 자의 점유는** 특별한 사정이 없는 한 **타주점유로 전환된다.**
⑤ **선의의 점유자라도 본권에 관한 소에 패소한 때에는 그 판결이 확정된 때로부터 악의의 점유자로 본다.**

02 점유권에 관한 설명으로 **틀린** 것은? 제28회

① **점유권**에 기인한 소는 **본권**에 관한 이유로 **재판할 수 있다.**

② **점유자**는 소유의 의사로 선의·평온 및 공연하게 점유한 것으로 **추정**한다.

③ 전후양시에 점유한 사실이 있는 때에는 그 점유는 **계속**한 것으로 **추정**한다.

④ 점유자가 **점유물**에 대하여 행사하는 **권리**는 적법하게 보유한 것으로 **추정**한다.

⑤ **전세권, 임대차**, 기타의 관계로 타인으로 하여금 물건을 점유하게 한 자는 **간접으로 점유권**이 있다.

03 점유와 등기의 추정력에 관한 설명으로 **틀린** 것은? 제20회

① 특정부동산에 관한 **등기**는 특별한 사정이 없는 한 그 원인과 절차에 있어서 적법하게 경료된 것으로 **추정된다.**

② 소유권이전청구권의 보전을 위한 **가등기**를 마쳤더라도 청구권의 발생 원인이 되는 계약관계의 존재가 **추정되지 않는다.**

③ **섬유의 권리적법추정** 규정은 원칙적으로 **부동산물권에는 적용이 없다.**

④ **점유자**가 자주점유의 권원을 **주장**하였으나 이것이 인정되지 않는 것만으로도 자주점유의 추정이 번복되어 **타주점유로 전환된다.**

⑤ 전후 양 시점의 점유자가 다르더라도 **점유의 승계가 증명**된다면 **점유계속**은 추정**된다.**

04 점유에 관한 설명으로 **틀린** 것은? (다툼이 있으면 판례에 따름) 감정평가사 2017

① 토지매도인의 **매도 후의 점유**는 특별한 사정이 없는 한 **타주점유로 된다.**

② 타인소유의 토지를 자기소유 토지의 일부로 알고 이를 점유하게 된 자가 **나중에 그러한 사정을 알게 되었다면** 그 점유는 그 사정만으로 **타주점유로 전환된다.**

③ 제3자가 토지를 경락받아 대금을 납부한 후에는 **종래소유자의** 그 토지에 대한 **점유**는 특별한 사정이 없는 한 **타주점유가 된다.**

④ **토지점유자**가 등기명의자를 상대로 매매를 원인으로 소유권이전등기를 **청구**하였다가 패소 확정된 경우, 그 사정만으로 **타주점유로 전환되는 것은 아니다.**

⑤ **소유자**가 점유자를 상대로 적극적으로 소유권을 **주장**하여 승소한 경우, 점유자의 토지에 대한 점유는 **패소판결 확정 후부터는 타주점유로 전환된다.**

05 점유에 관한 설명으로 옳은 것은? (다툼이 있으면 판례에 따름) 감평사 2022

① **미등기건물의 양수인은** 그 건물에 대한 사실상의 처분권을 보유하더라도 **건물부지를 점유하고 있다고 볼 수 없다.**

② 건물 공유자 중 일부만이 당해 건물을 점유하고 있는 경우, 그 **건물의 부지는 건물 공유자 전원이 공동으로 점유하는 것으로 볼 수 있다.**

③ **점유자의 권리적법추정 규정은** 특별한 사정이 없는 한 **등기된 부동산에도 적용된다.**

④ **선의의 점유자라도** 본권에 관한 소에 패소한 때에는 그 **패소판결이 확정된 때로부터 악의**의 점유자로 본다.

⑤ **진정한 소유자가** 점유자를 상대로 소유권이전등기의 말소청구**소송을** 제기하여 점유자의 패소가 확정된 경우, 그 **소가 제기된 때부터** 점유자의 점유는 **타주점유로 전환된다.**

06 점유권에 관한 설명으로 틀린 것은? (다툼이 있으면 판례에 따름) 제32회

① 특별한 사정이 없는 한, **건물의 부지가 된 토지는** 그 **건물의 소유자가 점유**하는 것으로 보아야 한다.

② 전후 양 시점의 점유자가 **다른 경우** 점유**승계가 증명**되면 점유**계속은 추정**된다.

③ 적법하게 **과실을 취득한 선의의 점유자는** 회복자에게 **통상의 필요비**의 상환을 **청구하지 못한다.**

④ 점유자가 상대방의 **사기**에 의해 물건을 인도한 경우 점유침탈을 이유로 한 **점유물 반환청구권은 발생하지 않는다.**

⑤ **선의**의 점유자가 본권의 소에서 패소하면 **패소 확정시부터 악의**의 점유자로 본다.

07 점유에 관한 설명으로 옳은 것은? (다툼이 있으면 판례에 따름) 제29회

① **점유매개관계의 직접점유자는 타주점유자**이다.

② **점유자는** 소유의 의사로 **과실 없이 점유**한 것으로 **추정**된다.

③ **甲이 乙로부터 임차한 건물을 乙의 동의 없이 丙에게 전대**한 경우, **乙만이 간접 점유자**이다.

④ **甲이 乙과의 명의신탁약정에 따라** 자신의 부동산 소유권을 **乙명의로 등기**한 경우, **乙의 점유는 자주점유**이다.

⑤ 실제 면적이 등기된 면적을 **상당히 초과**하는 토지를 매수하여 인도받은 때에는 특별한 사정이 없으면 **초과부분의 점유는 자주점유**이다.

08 간접점유에 관한 설명으로 **틀린** 것은? (다툼이 있으면 판례에 따름) 제30회

① 주택임대차보호법상의 대항요건인 인도(引渡)는 임차인이 주택의 **간접점유**를 취득하는 경우에도 **인정될 수 있다.**

② 점유취득시효의 기초인 점유에는 **간접점유도 포함된다.**

③ **직접점유자가** 그 점유를 임의로 **양도한 경우**, 그 점유 이전이 간접점유자의 의사에 반하더라도 **간접점유가 침탈된 것은 아니다.**

④ 간접점유자에게는 **점유보호청구권이 인정되지 않는다.**

⑤ **점유매개관계**를 발생시키는 법률행위가 **무효**라 하더라도 **간접점유는 인정될 수 있다.**

09 점유에 관한 설명으로 **옳은** 것은? (다툼이 있으면 판례에 따름) 제33회

① **제3자가** 직접점유자의 점유를 **방해한 경우**, 특별한 사정이 없는 한 **간접점유자에게는** 점유권에 기한 **방해배제청구권이 인정되지 않는다.**

② 취득시효의 요건인 점유에는 **간접점유가 포함되지 않는다.**

③ 소유권의 시효취득을 주장하는 **점유자는** 특별한 사정이 없는 한 자신의 점유가 **자주점유에** 해당함을 **증명하여야 한다.**

④ **선의의** 점유자가 본권에 관한 소에 패소한 경우, 그 자는 **패소가 확정된 때부터 악의의** 점유자로 본다.

⑤ **양도인이 등기부상의 명의인과 동일인**이며 그 명의를 의심할 만한 특별한 사정이 없는 경우, 그 부동산을 **양수하여 인도받은 자는 과실(過失) 없는 점유자에 해당한다.**

10 점유에 관한 설명으로 **틀린** 것은? (다툼이 있으면 판례에 따름) 감평사 2021

① 점유매개자의 점유를 통한 **간접점유**에 의해서도 점유에 의한 **시효취득이 가능하다.**

② **사기의** 의사표시에 의해 건물을 명도해 준 자는 **점유회수의** 소권을 행사할 수 **없다.**

③ **미등기건물을 양수하여** 건물에 관한 사실상의 **처분권을 보유한 양수인은 그 건물 부지의 점유자이다.**

④ 간접점유의 요건이 되는 **점유매개관계는** 법률행위가 아닌 **법률규정에 의해서는 발생할 수 없다.**

⑤ 상속에 의하여 점유권을 취득한 **상속인은** 새로운 권원에 의하여 자기 고유의 점유를 개시하지 않는 한 피상속인의 점유를 떠나 **자기만의 점유를 주장할 수 없다.**

key point 점유자와 회복자의 관계

1. **선의 점유자 과실취득**
   ① 부당이득반환 X
   ② 소제기 후 과실은 반환 O

2. **멸실, 훼손에 대한 책임**
   ① **선**의 **자**주 점유자 ⇨ **현존**이익 한도에서 배상
   ② 선의의 타주, 악의 점유자 ⇨ 손해 전부를 배상

3. **비용상환청구**
   ① **악의** 점유자 ⇨ **비용상환청구 O**
   ② **과실수취한 점유자** ⇨ **통상 필요비 청구 X**
   ③ **유익비** ⇨ **현존, 회복자의 선택**
   ④ **상환기간 허여** ⇨ **필요비 X, 유익비 O**

11 선의 또는 악의점유를 구별할 실익이 <u>없는</u> 것은?   제22회
① 부동산소유권의 등기부시효취득
② 점유침탈자의 특별승계인에 대한 점유자의 반환청구권
③ 점유자의 회복자에 대한 **유익비상환청구권**
④ 점유물의 멸실·훼손에 따른 점유자의 회복자에 대한 책임
⑤ 점유자의 과실수취권

12 점유자와 회복자의 관계에 관한 설명 중 옳은 것을 모두 고른 것은? (다툼이 있으면 판례에 의함)   제16회

> ㄱ. **선의점유자가 과실을 취득**할 수 있는 범위에서 **부당이득은 성립하지 않는다.**
> ㄴ. **통상의 필요비**는 점유자가 **과실을 취득한 경우**에는 그 상환을 **청구하지 못한다.**
> ㄷ. **악의점유자**는 자주점유이든 타주점유이든 그 귀책사유로 점유물이 멸실·훼손된 경우에 **손해전부**에 대한 책임을 진다.
> ㄹ. 선의의 점유자가 얻은 **건물사용이익**은 건물의 **과실에 준하여 취급된다.**

① ㄱ, ㄴ, ㄷ, ㄹ   ② ㄱ, ㄴ   ③ ㄷ, ㄹ
④ ㄱ, ㄷ, ㄹ   ⑤ ㄴ, ㄹ

13 甲은 그의 X건물을 乙에게 매도하여 점유를 이전하였고, 乙은 X건물을 사용 · 수익하면서 X건물의 보존 · 개량을 위하여 비용을 지출하였다. 甲과 乙 사이의 계약이 무효인 경우의 **법률관계에 관한 설명으로 옳은 것은?**　　　　　　　　　　　　　제25회

① 乙이 **악의**인 경우에도 **과실수취권이 인정된다.**

② **선의**의 乙은 甲에 대하여 **통상의 필요비의 상환을 청구할 수 있다.**

③ 가액의 증가가 **현존**하는 경우에 乙은 甲에 대하여 **유익비의 상환을 청구할 수 있다.**

④ **선의**의 乙은 甲에 대하여 점유 · 사용으로 인한 **이익을 반환할 의무가 있다.**

⑤ 乙의 **비용상환청구권은** 비용을 지출할 때 **즉시 이행기가 도래**한다.

14 점유자와 회복자의 관계에 관한 설명으로 **틀린 것은?**　　　　　　　　　　제27회

① **선의의 점유자는** 점유물의 **과실을 취득하면** 회복자에 대하여 **통상의 필요비 상환을 청구하지 못한다.**

② 점유물이 점유자의 책임 있는 사유로 멸실된 경우 **소유의 의사가 없는** 선의의 짐유자는 **손해의 전부를 배상**해야 한다.

③ 점유물에 관한 **필요비상환청구권은 악의의 점유자에게도 인정**된다.

④ **필요비**상환청구권에 대하여 회복자는 법원에 **상환기간의 허여를 청구할 수 있다.**

⑤ **악의의 점유자가 과실(過失)로 인하여** 점유물의 **과실(果實)을 수취하지 못한 경우** 그 과실(果實)의 **대가를 보상해야 한다.**

15 점유에 관한 설명으로 옳은 것은?　　　　　　　　　　　　　　　　　제26회

① 점유자의 점유가 자주점유인지 타주점유인지의 여부는 **점유자 내심의 의사에 의하여** 결정된다.

② **점유자의** 점유권원에 관한 **주장이 인정되지 않는다는** 것만으로도 **자유점유의 추정이 깨진다.**

③ 점유물이 멸실 · 훼손된 경우, **선의의 타주점유자는** 이익이 **현존하는 한도 내에서** 회복자에게 배상책임을 진다.

④ **악의의 점유자는 과실(過失) 없이 과실(果實)을 수취하지 못한 때**에도 그 과실(果實)의 **대가를** 회복자에게 **보상하여야 한다.**

⑤ 점유자의 특정승계인이 자기의 점유와 전(前) 점유자의 점유를 **아울러 주장**하는 경우, 그 **하자도 승계**한다.

16 점유자와 회복자의 관계 등에 관한 설명으로 틀린 것은? 제28회

① **선의**의 점유자는 점유물의 **과실을 취득**한다.

② 점유자가 **점유물반환청구권**을 행사하는 경우, 그 침탈된 날로부터 **1년** 내에 행사하여야 한다.

③ 점유자가 **필요비**를 지출한 경우, 그 가액의 증가가 **현존한 경우에 한하여** 상환을 청구할 수 있다.

④ 점유자가 점유의 **방해를 받을 염려**가 있는 때에는 그 방해의 예방 **또는** 손해배상의 담보를 청구할 수 있다.

⑤ 점유물이 점유자의 책임 있는 사유로 멸실된 경우, **소유의 의사가 없는 점유자**는 선의인 경우에도 **손해의 전부를 배상**해야 한다.

17 점유자와 회복자의 관계에 관한 설명으로 틀린 것은? 제29회

① 점유물의 **과실을 취득**한 선의의 점유자는 **통상의 필요비의 상환을 청구하지 못한다.**

② **악의의 점유자**가 책임 있는 사유로 점유물을 멸실한 때에는 그는 **현존이익**의 범위 내에서 배상하여야 한다.

③ **악의의 점유자**는 받은 이익에 이자를 붙여 반환하고 그 이자의 이행지체로 인한 **지연손해금까지 지급하여야 한다.**

④ **유익비**는 점유물의 가액 증가가 **현존**한 때에 한하여 상환을 청구할 수 있다.

⑤ 법원이 **유익비**의 상환을 위하여 상당한 **기간을 허여**한 경우, 유치권은 성립하지 **않는다.**

18 점유자와 회복자의 관계에 관한 설명으로 옳은 것은? 제33회

① **악의의 점유자가** 점유물의 **과실을 수취하여 소비한 경우**, 특별한 사정이 없는 한 그 점유자는 그 **과실의 대가를 보상하여야 한다.**

② **은비(隱秘)에 의한 점유자**는 점유물의 **과실을 수취할 권리가** 있다.

③ 점유물의 전부가 점유자의 책임 있는 사유로 멸실된 경우, **선의의 자주점유자**는 특별한 사정이 없는 한 그 멸실로 인한 **손해의 전부를 배상해야 한다.**

④ 점유자는 특별한 사정이 없는 한 **회복자가** 점유물의 반환을 청구하기 전에도 그 점유물의 **반환 없이** 그 회복자에게 **유익비상환청구권을 행사할 수 있다.**

⑤ **악의의 점유자**는 특별한 사정이 없는 한 점유물에 지출한 **통상의 필요비의 상환을 청구할 수 없다.**

key point

1. 매매계약이 **무효, 취소**된 경우 ⇨ **선의 점유자 과실취득 O**
2. 매매계약이 **해제**된 경우 ⇨ **선의 점유자 과실취득 X**
3. 점유자 ⇨ **현재 소유자** ⇨ **비용상환청구**

19 점유자와 회복자의 관계에 관한 설명으로 옳은 것은? 　제31회

① **선의의 점유자는 과실을 취득**하더라도 **통상의 필요비**의 상환을 **청구할 수 있다.**
② 이행지체로 인해 **매매계약이 해제된 경우**, **선의**의 점유자인 매수인에게 **과실취득권이 인정된다.**
③ **악의**의 점유자가 책임 있는 사유로 점유물을 훼손한 경우, 이익이 **현존하는 한도에서** 배상해야 한다.
④ 점유자가 **유익비**를 지출한 경우, **점유자의 선택**에 좇아 그 지출금액이나 증가액의 상환을 청구할 수 있다.
⑤ **무효인 매매계약**의 매수인이 점유목적물에 필요비 등을 지출한 후 매도인이 그 목적물을 제3자에게 양도한 경우, **점유자인 매수인은 양수인에게 비용상환을 청구할 수 있다.**

20 점유자와 회복자의 관계에 관한 설명으로 옳은 것은? 　제34회

① 점유물이 점유자의 책임 있는 사유로 멸실된 경우, **선의의 타주점유자는** 이익이 **현존하는 한도에서 배상해야 한다.**
② **악의의 점유자는** 특별한 사정이 없는 한 **통상의 필요비를 청구할 수 있다.**
③ 점유자의 **필요비**상환청구에 대해 법원은 회복자의 청구에 의해 상당한 **상환기간을 허여할 수 있다.**
④ 이행지체로 인해 **매매계약이 해제된 경우**, **선의**의 점유자인 매수인에게 **과실취득권이 인정된다.**
⑤ **은비(隱秘)**에 의한 점유자는 점유물의 **과실을 취득한다.**

05 소유권

시효취득할 수 없는 권리 ⇨ 점유권, 유치권, 저당권

01 시효취득을 할 수 <u>없는</u> 것은? 　제26회

① 저당권

② 계속되고 표현된 지역권

③ 지상권

④ 국유재산 중 일반재산

⑤ 성명불상자(姓名不詳者)의 토지

집합건물의 공용부분 ⇨ 취득시효 X

02 점유취득시효에 관한 설명으로 옳은 것은? (다툼이 있으면 판례에 따름) 　제30회

① 부동산에 대한 **악의의 무단점유**는 점유취득시효의 기초인 **자주점유로 추정된다.**

② 집합건물의 **공용부분은** 별도로 **취득시효의 대상이 되지 않는다.**

③ 1필의 **토지 일부**에 대한 **점유취득시효는 인정될 여지가 없다.**

④ 아직 등기하지 않은 **시효완성자는** 그 완성 전에 이미 설정되어 있던 가등기에 기하여 **시효완성 후에** 소유권이전의 **본등기를 마친 자에 대하여** 시효완성을 주장할 수 있다.

⑤ 부동산에 대한 **압류 또는 가압류는** 점유취득시효를 중단시킨다.

key point 부동산점유취득시효완성

1. 완성당시 점유자 ⇨ **완성당시 소유자** ⇨ 등기청구권

2. **법률규정**에 의한 **채권관계** ⇨ 채무불이행책임 X

3. 시효완성자의 등기청구권 ⇨ **채권적 청구권**
   ① 시효완성자가 **점유를 계속** ⇨ 등기청구권은 **소멸시효 진행 X**
   ② 시효완성자가 **점유를 상실** ⇨ 등기청구권은 **소멸시효 진행 O**, ⇨ **바로 소멸 X**
   ③ **통상의 채권양도의 법리에 따라 양도 O** ⇨ **소유자의 동의 없이 양도 O**

03 부동산점유취득시효에 관한 설명으로 옳은 것은? 　　　　　　　　　　제20회 수정

① 시효완성으로 인한 소유권취득은 **승계취득**이다.

② 자주점유 여부는 점유자의 **내심의 의사**에 의하여 결정된다.

③ 점유는 평온·공연하여야 하므로, **간접점유로는 취득시효를 완성할 수 없다.**

④ **미등기부동산의 점유자**는 취득시효의 완성만으로 **즉시** 점유부동산의 **소유권을 취득한다.**

⑤ **시효완성 당시의 소유권등기가 무효**라면 원칙상 **그 등기명의인**은 시효완성을 원인으로 한 소유권이전등기청구의 **상대방이 될 수 없다.**

04 부동산 점유취득시효에 관한 설명으로 옳은 것은? (다툼이 있으면 판례에 따름)　제34회

① 국유재산 중 **일반재산이 시효완성 후 행정재산으로 되더라도** 시효완성을 원인으로 한 소유권이전등기를 **청구할 수 있다.**

② **시효완성 당시의 소유권보존등기가 무효**라면 그 등기명의인은 원칙적으로 시효완성을 원인으로 한 소유권이전등기청구의 **상대방이 될 수 없다.**

③ **시효완성 후** 점유자 명의로 소유권이전등기가 경료되기 전에 **부동산 소유명의자는 점유자에 대해** 점유로 인한 **부당이득반환청구를 할 수 있다.**

④ 미등기부동산에 대한 시효가 완성된 경우, 점유자는 **등기 없이도** 소유권을 **취득한다.**

⑤ 시효완성 전에 **부동산이 압류되면 시효는 중단된다.**

05 부동산 점유취득시효에 관한 설명으로 **틀린** 것은? (다툼이 있으면 판례에 따름)

① 시효완성자의 **시효이익의 포기**는 특별한 사정이 없는 한 **시효완성 당시의 원인무효인 등기의 등기부상 소유명의자에게 하여도 그 효력이 있다.**

② 점유자가 **시효완성 후 점유를 상실**하였다고 하더라도 이를 시효이익의 포기로 볼 수 있는 경우가 아닌 한, 이미 취득한 소유권이전**등기청구권이 즉시 소멸되는 것은 아니다.**

③ 등기부상 소유명의자가 **진정한 소유자가 아니면** 원칙적으로 **그를 상대로** 취득시효완성을 원인으로 소유권이전등기를 **청구할 수 없다.**

④ **시효완성 당시의 소유자는** 특별한 사정이 없는 한 시효완성자가 등기를 마치지 않았더라도 그에 대하여 부동산의 점유로 인한 **부당이득반환청구를 할 수 없다.**

⑤ **시효완성 당시의 소유자는** 특별한 사정이 없는 한 시효완성자가 등기를 마치지 않았더라도 그에 대하여 불법점유임을 이유로 그 **부동산의 인도를 청구할 수 없다.**

06 乙은 甲소유의 토지를 20년간 소유의 의사로 평온·공연하게 점유하였음을 이유로 甲에게 소유권이전등기를 청구할 수 있게 되었다. 다음 설명으로 **틀린** 것은?

① 乙이 취득시효기간의 만료로 **소유권이전등기청구권을 취득한 후 점유를 상실**하였다면 **바로** 소유권이전등기청구권은 **소멸한다.**

② 乙이 등기를 경료하지 않고 있는 사이에 **甲이 丙에게 그 토지를 처분하고 이전등기**까지 마쳤다면, 특별한 사정이 없는 한 乙은 취득시효완성을 가지고 **丙에게 대항할 수 없다.**

③ 乙이 등기를 경료하지 않고 있는 사이에 **甲이 丙에게 그 토지를 처분하여 이전등기를 해 준 후 甲이 다시 토지소유권을 취득한 경우,** 乙은 甲에게 시효완성을 **주장할 수 있다.**

④ 乙이 등기를 경료하지 않고 있는 사이에 **甲이 丙에게 그 토지를 처분한 후 乙이 소유의 의사로 평온·공연하게 다시 20년 넘게 점유한 경우,** 乙은 丙에게 취득시효의 완성을 주장할 수 있다.

⑤ 만약 甲이 **취득시효 진행 중에 그 토지를 丙에게 양도하고 등기를 이전해 준 후에 시효가 완성**되었다면, 乙은 丙에게 시효취득을 주장할 수 있다.

07 부동산 소유권의 점유취득시효에 관한 설명으로 **틀린 것은?** 변리사 2021

① **시효완성자는** 취득시효완성에 따른 등기를 하지 않더라도 **시효완성 당시의 등기 명의인에 대하여** 취득시효를 **주장할 수 있다.**

② 취득시효가 **완성되기 전에** 등기명의인이 **바뀐 경우**에는 시효완성자는 **취득시효 완성 당시의 등기명의인에게** 취득시효를 **주장할 수 있다.**

③ **취득시효완성 후** 등기명의인이 **변경되면** 설사 등기원인이 취득시효 완성 전에 존재하였더라도, 시효완성자는 **변경된 등기명의인에게 취득시효를 주장할 수 없다.**

④ 취득시효기간이 **진행하는 중에** 등기명의인이 **변동된 경우**, 취득시효기간의 **기산 점을 임의로 선택할 수 없다.**

⑤ **취득시효완성 후** 등기명의인이 **바뀐 경우**, 등기명의가 바뀐 시점으로부터 **다시 취득시효기간이** 경과하더라도 취득시효완성을 **주장할 수 없다.**

08 부동산의 점유취득시효에 관한 설명으로 **틀린 것은?** 제32회

① **성명불상자(姓名不詳者)의 소유물에 대하여 시효취득을 인정할 수 있다.**

② 국유재산도 취득시효기간 동안 계속하여 **일반재산인 경우 취득시효의 대상이 된다.**

③ **점유자가** 자주점유의 권원을 **주장**하였으나 이것이 인정되지 않는 경우, 특별한 사정이 없는 한 **자주점유의 추정은 번복된다.**

④ **점유의 승계가 있는 경우** 시효이익을 받으려는 자는 자기 또는 전(前)점유자의 **점유개시일 중 임의로 점유기산점을 선택할 수 있다.**

⑤ 취득시효완성 후 소유권이전등기를 마치지 않은 **시효완성자는 소유자에 대하여** 취득시효 기간 중의 점유로 발생한 **부당이득의 반환의무가 없다.**

09 부동산의 점유취득시효에 관한 설명으로 **틀린 것은?** 제22회

① 취득시효로 인한 소유권취득의 효과는 **점유를 개시한 때에 소급**한다.

② 시효취득을 주장하는 **점유자는 자주점유를 증명할 책임이 없다.**

③ **시효취득자가** 제3자에게 목적물을 처분하여 **점유를 상실**하면, 그의 소유권이전 등기청구권은 **즉시 소멸한다.**

④ **취득시효완성 후** 이전등기 전에 **제3자 앞으로 소유권이전등기가 경료되면** 시효 취득자는 등기명의자에게 **시효취득을 주장할 수 없음이** 원칙이다.

⑤ **부동산명의수탁자는** 신탁부동산을 **점유시효취득할 수 없다.**

10 소유권의 취득에 관한 설명으로 옳은 것은? (다툼이 있으면 판례에 따름) 　제33회 수정

① 저당권 실행을 위한 **경매절차에서 매수인이 된 자**가 매각부동산의 **소유권을 취득**하기 위해서는 **소유권이전등기를 완료하여야 한다.**

② **무주(無主)의 부동산**을 점유한 자연인은 그 부동산의 **소유권을 즉시 취득한다.**

③ 취득시효에 따른 소유권취득의 효력은 **점유를 개시한 때로 소급하는 것이 아니라** 시효취득자가 이전등기를 한 이후부터 발생한다.

④ **타인의 토지에서 발견된 매장물**은 특별한 사정이 없는 한 **발견자가 단독으로** 그 소유권을 **취득한다.**

⑤ **타주점유자는** 자신이 점유하는 부동산에 대한 **소유권을 시효취득할 수 없다.**

---

key point 소유자가 알고 처분

1. 불법행위책임 O
2. **법률규정에 의한 채권관계 O**, 계약상의 채권관계 X ⇨ **채무불이행책임 X**

---

11 부동산의 점유취득시효에 관한 설명으로 틀린 것은? 　제24회

① 시효취득자는 취득시효의 완성으로 바로 소유권을 취득할 수 없고, 이를 원인으로 **소유권이전등기청구권이 발생할 뿐이다.**

② 시효취득자의 **점유가 계속**되는 동안 이미 발생한 소유권이전등기청구권은 **시효로 소멸하지 않는다.**

③ 시효취득으로 인한 소유권이전등기청구권이 발생하면 부동산소유자와 시효취득자 사이에 **계약상의 채권관계가 성립한 것으로 본다.**

④ 등기부상 소유명의자가 **진정한 소유자가 아니면** 원칙적으로 **그를 상대로** 취득시효의 완성을 원인으로 소유권이전등기를 **청구할 수 없다.**

⑤ 취득시효 완성 후 시효취득자가 소유권이전등기절차 이행의 소를 제기하였으나 그 후 상대방의 소유를 인정하여 **합의로 소를 취하한 경우**, 특별한 사정이 없으면 이는 **시효이익의 포기**이다.

12 부동산점유취득시효에 관한 설명으로 **틀린** 것은? (다툼이 있으면 판례에 따름)

주택사 2023

① 부동산에 대한 **압류** 또는 **가압류**는 취득시효의 **중단사유에 해당하지 않는다.**

② **취득시효기간 중** 계속해서 **등기명의자가 동일한 경우**, 점유개시 후 **임의의 시점**을 시효기간의 **기산점으로 삼을 수 있다.**

③ 시효완성자는 시효**완성 당시의 진정한 소유자에 대하여** 채권적 등기청구권을 가진다.

④ 시효완성 후 그에 따른 소유권이전등기 전에 소유자가 부동산을 처분하면 시효완성자에 대하여 **채무불이행책임을 진다.**

⑤ **시효완성자가 소유자에게** 등기이전을 청구하더라도 특별한 사정이 없는 한, 부동산의 점유로 인한 **부당이득반환의무를 지지 않는다**

---

key point 소유권취득의 효과 ⇨ 점유를 개시한 때로 소급 ⇨ 제3자 보호 O

1. 소유자가 저당권을 설정한 경우 ⇨ 시효완성자는 **저당권의 부담이 있는 소유권을 취득**
2. 시효완성자가 대위변제 ⇨ **구상권 X, 부당이득반환청구 X**

---

13 취득시효에 관한 설명으로 **틀린** 것은? (다툼이 있으면 판례에 따름) 제31회

① 국유재산 중 **일반재산**은 취득시효의 **대상이 된다.**

② **중복등기**로 인해 무효인 소유권보존등기에 기한 **등기부취득시효는 부정된다.**

③ **취득시효완성**으로 인한 소유권이전**등기청구권**은 원소유자의 **동의가 없어도** 제3자에게 **양도할 수 있다.**

④ **취득시효완성 후** 등기 전에 **원소유자가** 시효완성된 토지에 **저당권을 설정**하였고, 등기를 마친 **시효취득자가 피담보채무를 변제한 경우**, 원소유자에게 **부당이득반환을 청구할 수 있다.**

⑤ 취득시효완성 후 **명의신탁 해지**를 원인으로 명의수탁자에서 명의신탁자로 소유권이전등기가 된 경우, 시효완성자는 특별한 사정이 없는 한 명의신탁자에게 **시효완성을 주장할 수 없다.**

14 부동산점유취득시효에 관한 설명으로 틀린 것은? 주택사 2021

① 취득시효 **완성 당시**에는 **일반재산**이었으나 취득시효 **완성 후에 행정재산으로 변경된 경우**, 국가를 상대로 소유권이전**등기청구를 할 수 없다.**

② **점유자가** 매매와 같은 자주점유의 권원을 **주장**하였다가 그 점유권원이 인정되지 않았다는 것만으로는 **자주점유의 추정은 번복되지 않는다.**

③ **취득시효기간 중** 계속해서 **등기명의자가 동일한 경우**, 점유개시 후 **임의의 시점**을 시효기간의 **기산점으로 삼을 수 있다.**

④ 취득시효의 완성을 **알고 있는 소유자가** 부동산을 선의의 제3자에게 **처분**하여 소유권이전등기를 마친 경우, 그 소유자는 시효완성자에게 **불법행위로 인한 손해배상책임을 진다.**

⑤ 취득시효 완성 후 그로 인한 등기 전에 소유자가 저당권을 설정한 경우, 특별한 사정이 없는 한 시효완성자는 등기를 함으로써 **저당권의 부담이 없는 소유권을 취득한다.**

---

key point 등기부취득시효

1. 무효등기도 가능 ⇨ 이중보존등기에 해당하여 무효인 등기 X
2. 선의 무과실의 점유 ⇨ 선의는 추정 O, 무과실은 추정 X

---

15 甲은 X토지에 대하여 등기부취득시효를 주장하고 있다. 이에 관한 설명으로 옳은 것을 모두 고른 것은? (다툼이 있으면 판례에 따름) 변리사 2023

ㄱ. 甲이 개인이 아니라 **지방자치단체의 경우** 등기부취득시효를 **주장할 수 없다.**
ㄴ. 甲의 **무과실은 전 시효기간을 통하여** 인정되어야 하는 것은 **아니다.**
ㄷ. 甲이 X토지에 대하여 **무효의 중복된 소유권보존등기**를 마친 경우에는 등기부취득시효를 **주장할 수 없다.**

① ㄱ   ② ㄴ   ③ ㄱ, ㄴ
④ ㄴ, ㄷ   ⑤ ㄱ, ㄴ, ㄷ

key point 주위토지통행권

1. 현재, 최소한 인정
2. **분할, 일부양도** ⇨ **무상통행권** ⇨ 직접 당사자 간에만 적용

16 주위토지통행권에 관한 설명으로 **틀린** 것은? (다툼이 있으면 판례에 따름)   제27회

① 주위토지통행권은 토지와 공로 사이에 **기존의 통로가 있더라도** 그것이 그 토지의 이용에 부적합하여 실제로 **통로로서의 충분한 기능을 하지 못하는 경우에도 인정된다.**

② 주위토지통행권의 범위는 **장차** 건립될 아파트의 건축을 위한 **이용상황까지 미리 대비하여 정할 수 있다.**

③ 주위토지통행권이 인정되는 경우 **통로개설 비용은** 원칙적으로 **주위토지통행권자가 부담하여야 한다.**

④ **통행지 소유자가** 주위토지통행권에 기한 **통행에 방해가 되는 축조물을 설치한 경우** 주위토지통행권의 본래적 기능발휘를 위하여 **통행지 소유자가 그 철거의무를 부담한다.**

⑤ 주위토지통행권의 성립에는 **등기가 필요 없다.**

17 주위토지통행권에 관한 설명으로 **틀린** 것은? (다툼이 있으면 판례에 따름)   감평사 2016

① **토지의 분할 및 일부양도의 경우, 무상주위통행권에** 관한 민법의 규정은 포위된 토지 또는 피통행지의 **특정승계인에게 적용되지 않는다.**

② 주위토지통행권은 이를 **인정할 필요성이 없어지면 당연히 소멸한다.**

③ **기존의 통로가 있더라도** 당해 토지의 이용에 부적합하여 실제로 **통로로서 충분한 기능을 하지 못하고 있는 경우**에도 주위토지통행권이 **인정된다.**

④ 통행지소유자는 주위토지통행권자의 **허락을 얻어 사실상 통행하고 있는 자에게는** 그 손해의 보상을 **청구할 수 없다.**

⑤ 주위토지통행권이 인정되는 도로의 폭과 면적을 정함에 있어서, **건축법에** 건축과 관련하여 도로에 관한 폭 등의 제한규정이 있으면 **이에 따라 결정하여야 한다.**

> **key point** 부동산에의 부합 ⇨ 부동산소유자에게 귀속
>
> 1. 건물, 농작물 ⇨ 토지에 부합 X
> 2. 수목 ⇨ 권원이 있으면 부합 X, 권원이 없으면 부합 O
> 3. 건물증축 ⇨ 독립성이 있으면 부합 X, 독립성이 없으면 부합 O

18 부합에 관한 설명으로 옳은 것을 모두 고른 것은? (다툼이 있으면 판례에 따름) 제28회

> ㄱ. **지상권자가** 지상권에 기하여 토지에 **부속시킨 물건은 지상권자의 소유로** 된다.
> ㄴ. 적법한 권원 없이 타인의 토지에 경작한 성숙한 **배추의 소유권은 경작자에게** 속한다.
> ㄷ. 적법한 **권원 없이** 타인의 토지에 식재한 **수목의 소유권은 토지소유자에게 속한다.**
> ㄹ. 건물임차인이 권원에 기하여 **증축한 부분**은 구조상·이용상 **독립성이 없더라도** **임차인의 소유에 속한다.**

① ㄱ   ② ㄴ, ㄹ   ③ ㄱ, ㄴ, ㄷ
④ ㄴ, ㄷ, ㄹ   ⑤ ㄱ, ㄴ, ㄷ, ㄹ

19 부합에 관한 설명으로 옳은 것은? (다툼이 있으면 판례에 따름) 제29회

① **건물은 토지에 부합한다.**

② 정당한 권원에 의하여 타인의 토지에서 경작·재배하는 **농작물은 토지에 부합한다.**

③ 건물에 **부합된 증축부분**이 경매절차에서 경매목적물로 평가되지 않은 때에는 **매수인은 그 소유권을 취득하지 못한다.**

④ **토지임차인의 승낙만을 받아** 임차 토지에 **나무를 심은 사람**은 다른 약정이 없으면 **토지소유자에 대하여 그 나무의 소유권을 주장할 수 없다.**

⑤ 매수인이 제3자와의 도급계약에 따라 매도인에게 소유권이 유보된 자재를 제3자의 건물에 부합한 경우, 매도인은 선의·무과실의 제3자에게 보상을 청구할 수 있다.

20 부합에 관한 설명으로 **틀린** 것은? (다툼이 있으면 판례에 따름) 제30회

① 부동산 간에도 부합이 인정될 수 있다.

② 부동산에 **부합된 동산의 가격이** 부동산의 가격을 **초과**하더라도 동산의 소유권은 원칙적으로 **부동산의 소유자에게 귀속된다.**

③ 부합으로 인하여 소유권을 상실한 자는 부당이득의 요건이 충족되는 경우에 **보상을 청구할 수 있다.**

④ 토지소유자와 **사용대차계약을 맺은 사용차주가** 자신 소유의 **수목을** 그 토지에 **식재한 경우**, 그 수목의 **소유권자는** 여전히 **사용차주이다.**

⑤ 매도인에게 소유권이 유보된 시멘트를 매수인이 제3자 소유의 건물 건축공사에 사용한 경우, 그 제3자가 매도인의 소유권 유보에 대해 악의라면 특별한 사정이 없는 한 **시멘트는 건물에 부합하지 않는다.**

06 | 공유

key point

1. 공유지분(권리의 일부)
① 처분 자유
② 지분 ⇨ 공유물 전부
③ 공유자가 지분포기, 상속인 없이 사망 ⇨ 다른 공유자에게 귀속

2. 공유물
① **보존**행위 ⇨ **각자** 단독 ⇨ 공유물 전부
② **관리**행위(사용수익방법결정) ⇨ **지분의 과반수**
③ **처분**행위 ⇨ 다른 공유자의 동의(**전원의 동의**).

3. 제3자가 불법점유
① 보존행위 ⇨ 공유자 1인 ⇨ 공유물 전부에 행사 O
② **손해배상금, 부당이득금 청구** ⇨ **자기 지분만 청구 O**

4. 공유물에 대하여 제3자 명의로 무효등기 ⇨ 공유자 1인 ⇨ **전부말소청구 O**

5. 소수지분권자가 배타적 점유
① **다른 소수지분권자** ⇨ **반환청구 X**, 방해제거청구 O
② 과반수지분권자 ⇨ 반환청구 O, 방해제거청구 O

6. 과반수지분권자가 배타적 점유
① 소수지분권자 ⇨ 반환청구 X, 방해제거청구 X
② 소수지분권자 ⇨ 과반수지분권자에게 부당이득반환청구 O

7. 과반수지분권자가 단독으로 임대한 경우
① 소수지분권자 ⇨ 임차인 ⇨ 반환청구 X, 방해제거청구 X, 부당이득반환청구 X
② 소수지분권자 ⇨ 과반수지분권자에게 부당이득반환청구 O

01 甲과 乙이 X토지를 공유하고 있는 경우에 관한 설명으로 옳은 것은? (다툼이 있으면 판례에 의함) 제21회

① 1/5 지분권자 乙은 甲의 동의 없이 자신의 **지분**을 丙에게 **처분하지 못한다.**

② 甲이 乙의 동의 없이 X토지 전부를 丙에게 매도한 경우, 그 **매매계약은 유효**하다.

③ **丙이** X토지를 **불법점유**하고 있는 경우, **甲은 乙의 지분에 관하여도** 특별한 사정이 없는 한 **단독으로** 丙에게 **손해배상을 청구할 수 있다.**

④ **1/2 지분권자 甲이** 乙의 동의 없이 X토지에 **건물을 축조**한 경우, 乙은 甲에게 그 **건물 전부의 철거를 청구하지 못한다.**

⑤ **2/3 지분권자 甲이** 乙의 동의 없이 X토지 전부를 **丙에게 사용하게 한 경우**, 乙은 **丙에게 X토지의 인도를 청구할 수 있다.**

공유자 중 1인 ⇨ 다른 공유자의 지분권을 대외적으로 주장 X

02 甲과 乙은 X토지를 각1/2의 지분을 가지고 공유하고 있다. 다음 설명 중 **틀린** 것은?
(다툼이 있으면 판례에 의함) 제24회 수정

① 甲의 지분에 관하여 제3자 명의로 원인무효의 등기가 이루어진 경우, 乙은 공유물의 보존행위로 그 등기의 말소를 청구할 수 있다.

② 甲이 乙의 동의 없이 X토지 전부를 단독으로 사용하고 있는 경우, 乙은 공유물의 보존행위로 토지 전부를 자기에게 반환할 것을 청구할 수 없다.

③ 만약 甲과 乙이 X토지의 각 특정 부분을 구분하여 소유하면서 공유등기를 한 경우, 甲 자신이 구분소유하는 지상에 건물을 신축하더라도 乙은 그 건물의 철거를 청구할 수 없다.

④ 甲이 乙의 동의 없이 X토지의 1/2을 배타적으로 사용하는 경우, 乙은 그의 지분 비율로 甲에게 부당이득의 반환을 청구할 수 있다.

⑤ 제3자가 권원 없이 자기명의로 X토지의 소유권이전등기를 한 경우, 甲은 공유물의 보존행위로 원인무효의 등기 전부의 말소를 청구할 수 있다.

03 X토지를 甲이 2/3지분, 乙이 1/3지분으로 등기하여 공유하면서 그 관리방법에 관해 별도로 협의하지 않았다. 다음 설명 중 **틀린** 것은? 제26회

① 丙이 甲으로부터 X토지의 특정부분의 사용·수익을 허락받아 점유하는 경우, 乙은 丙을 상대로 그 토지부분의 반환을 청구할 수 있다.

② 甲이 부정한 방법으로 X토지 전부에 관한 소유권이전등기를 甲의 단독명의로 행한 경우, 乙은 甲을 상대로 자신의 지분에 관하여 그 등기의 말소를 청구할 수 있다.

③ X토지에 관하여 丁명의로 원인무효의 소유권이전등기가 경료되어 있는 경우, 乙은 丁을 상대로 그 등기 전부의 말소를 청구할 수 있다.

④ 戊가 X토지 위에 무단으로 건물을 신축한 경우, 乙은 특별한 사유가 없는 한 자신의 지분에 대응하는 비율의 한도 내에서만 戊를 상대로 손해배상을 청구할 수 있다.

⑤ X토지가 나대지인 경우, 甲은 乙의 동의 없이 건물을 신축할 수 없다.

04 민법상 공유에 관한 설명으로 틀린 것은? 제27회, 제28회 재구성

① 공유자는 다른 공유자의 동의 없이 **공유물을 처분**하지 못한다.

② 공유자는 특약이 없는 한 **지분비율로** 공유물의 **관리비용을 부담**한다.

③ 부동산 공유자 중 1인은 공유물에 관한 **보존행위**로서 그 **공유물에 마쳐진 제3자 명의의 원인무효등기 전부의 말소를 구할 수 없다.**

④ **과반수 지분권자로부터** 공유물의 특정 부분에 대한 배타적인 **사용·수익을 허락 받은 제3자의 점유**는 다른 소수 지분권자와 사이에서도 **적법하다.**

⑤ 공유물의 **소수 지분권자가** 다른 공유자와의 협의 없이 자신의 지분범위를 초과하여 공유물의 일부를 **배타적으로 점유하고 있는 경우, 다른 소수 지분권자는** 공유물의 **인도를 청구할 수 없다.**

05 甲은 3/5, 乙은 2/5의 지분으로 X토지를 공유하고 있다. 다음 설명 중 틀린 것은? (다툼이 있으면 판례에 따름) 제28회

① **甲이** 乙과 협의 없이 X토지를 **丙에게 임대한 경우, 乙은 丙에게** X토지의 인도를 청구할 수 **없다.**

② **甲이** 乙과 협의 없이 X토지를 **丙에게 임대한 경우, 丙은** 乙의 지분에 상응하는 차임 상당액을 **乙에게** 부당이득으로 반환할 의무가 **없다.**

③ **乙이** 甲과 협의 없이 X토지를 **丙에게 임대한 경우, 甲은 丙에게** X토지의 인도를 청구할 수 **있다.**

④ **乙은** 甲과의 협의 없이 X토지 면적의 2/5에 해당하는 특정 부분을 **배타적으로 사용·수익할 수 있다.**

⑤ **甲이** X토지 **전부를** 乙의 동의 없이 **매도하여** 매수인 명의로 소유권이전**등기를 마친 경우, 甲의 지분범위 내에서 등기는 유효하다.**

06 甲·乙·丙이 토지를 공유하고 있는데 丙의 지분은 3분의 2이다. 다음 중 옳은 것은?
(다툼이 있으면 판례에 의함)　　　　　　　　　　　　　　　　　　　　　제19회

① 丙이 상속인 없이 사망한 경우 **그 지분은 국유가 된다.**

② 丙이 甲과 乙의 동의 없이 **단독명의로 등기**를 한 경우 甲은 이 **등기의 전부의 말소를 청구할 수 있다.**

③ 丙이 甲과 乙의 동의 없이 **단독으로** 丁에게 토지의 특정일부를 **임대한 경우** 乙은 점유하는 丁을 상대로 점유의 배제를 청구할 수 있다.

④ 丙이 甲과 乙의 동의 없이 **단독으로** 토지 전부를 丁에게 **임대한 경우** 甲은 丁을 상대로 자신의 지분에 상응하는 **임료 상당액을 부당이득으로 반환청구할 수 있다.**

⑤ 丁이 토지에 건물을 축조하여 그 토지에 관해 취득시효를 완성한 후 乙이 戊에게 공유지분을 매도하고 이전등기한 경우, 戊는 丁을 상대로 지상건물의 철거를 청구할 수 없다.

07 甲, 乙, 丙은 각 1/3 지분으로 나대지인 X토지를 공유하고 있다. 이에 관한 설명으로 **틀린** 것은? (다툼이 있으면 판례에 따름)　　　　　　　　　　　　　제31회

① 甲은 **단독으로** 자신의 지분에 관한 **제3자의 취득시효를 중단시킬 수 없다.**

② 甲과 乙이 X토지에 **건물을 신축**하기로 한 것은 공유물 **관리방법으로 부적법하다.**

③ 甲이 공유지분을 **포기**한 경우, **등기를 하여야** 포기에 따른 물권변동의 효력이 발생한다.

④ 甲이 단독으로 丁에게 X토지를 **임대**한 경우, 乙은 丁에게 **부당이득반환**을 청구할 수 있다.

⑤ 甲은 특별한 사정이 없는 한 X토지를 **배타적으로 점유**하는 丙에게 보존행위로서 X토지의 **인도를 청구할 수 없다.**

08 부동산 공유에 관한 설명으로 **틀린** 것은? (다툼이 있으면 판례에 따름)　　　제35회

① 공유물의 **보존행위**는 공유자 **각자가 할 수 있다.**

② 공유자는 **공유물 전부**를 지분의 비율로 **사용·수익할 수 있다.**

③ 공유자는 다른 공유자의 **동의 없이 공유물을 처분하거나 변경하지 못한다.**

④ **공유자는** 자신의 지분에 관하여 **단독으로** 제3자의 **취득시효를 중단시킬 수 없다.**

⑤ 공유물 무단점유자에 대한 차임 상당 **부당이득반환청구권**은 특별한 사정이 없는 한 **각 공유자에게 지분 비율만큼 귀속된다.**

09 甲, 乙, 丙은 X토지를 각 1/2, 1/4, 1/4의 지분으로 공유하고 있다. 이에 관한 설명으로 옳은 것은? (단, 구분소유적 공유관계는 아니며, 다툼이 있으면 판례에 따름)   제32회

① 乙이 X토지에 대한 자신의 **지분을 포기한 경우**, 乙의 지분은 甲, 丙에게 **균등한 비율로 귀속된다.**

② 당사자간의 특약이 없는 경우, 甲은 **단독으로** X토지를 제3자에게 **임대할 수 있다.**

③ 甲, 乙은 X토지에 대한 **관리방법으로** X토지에 **건물을 신축할 수 있다.**

④ 甲, 乙, 丙이 X토지의 **관리에 관한 특약을 한 경우**, 그 특약은 특별한 사정이 없는 한 그들의 **특정승계인에게도 효력이 미친다.**

⑤ 丙이 甲, 乙과의 협의없이 X토지를 **배타적·독점적으로 점유**하고 있는 경우, 乙은 공유물에 대한 보존행위로 X토지의 **인도를 청구할 수 있다.**

10 공유에 관한 설명으로 옳은 것은? (다툼이 있으면 판례에 따름)   제30회

① **공유자 전원이** 임대인으로 되어 공유물을 **임대한 경우**, 그 **임대차계약을 해지하는 것은** 특별한 사정이 없는 한 공유물의 **보존행위이다.**

② **개별 채권자들이** 같은 기회에 특정 부동산에 관하여 **하나의 근저당권을 설정받은 경우**, 그들은 해당 **근저당권을 준공유한다.**

③ **공유부동산에 대해 공유자 중 1인의 단독 명의**로 원인**무효**의 소유권이전**등기**가 행해졌다면 다른 공유자는 등기명의인인 공유자를 상대로 **등기 전부의 말소를 청구할 수 있다.**

④ **과반수지분권자가** 단독으로 공유토지를 **임대한 경우**, 소수지분권자는 과반수지분권자에게 **부당이득반환을 청구할 수 없다.**

⑤ 부동산 공유자 중 1인의 **공유지분 포기에 따른 물권변동은** 그 포기의 의사표시가 다른 공유자에게 도달함으로써 효력이 발생하며 **등기를 요하지 않는다.**

key point 공유물분할

1. 5년 내 공유물분할금지특약 O ⇨ 5년 내 갱신 O
2. 공유물분할금지특약 ⇨ 등기 O ⇨ 대항 O ⇨ 물권적 효력
3. 원칙 ⇨ 협의분할 ⇨ 등기를 해야 분할의 효과 발생
4. 협의 X ⇨ 재판상 분할 ⇨ 현물분할이 원칙
　　　　　　　　　　　⇨ 등기 없이도 분할의 효과 발생
5. 협의분할, 재판상 분할 ⇨ 반드시 공유자 전원이 참가

11 부동산의 공유물분할에 관한 설명으로 **틀린** 것은?　　　　　　제20회 재구성

① **공유물분할금지의 약정은 갱신할 수 있다.**
② 공유자 **전원이 분할절차에 참가하지 않은 공유물분할은 무효**이다.
③ 공유자 간의 **분할협의가 성립**하면 **공유물분할의 소는 허용되지 않는다.**
④ **재판에 의하여 공유물을 분할**하는 경우에는 **대금분할이 원칙이다.**
⑤ 공유자의 1인이 그 **지분에 저당권**을 설정한 후 **공유물이 분할**된 경우, 다른 약정이 없는 한 저당권은 **저당권설정자 앞으로 분할된 부분에 집중되는 것은 아니다.**

12 공유물분할에 관한 설명으로 옳은 것을 모두 고른 것은? (다툼이 있으면 판례에 따름)
　　　　　　　　　　　　　　　　　　　　　　　　　　　　　　제35회

> ㄱ. 재판상 분할에서 분할을 원하는 공유자의 지분만큼은 현물분할하고, **분할을 원하지 않는 공유자는 계속 공유로 남게 할 수 있다.**
> ㄴ. 토지의 **협의분할은 등기를 마치면** 그 등기가 접수된 때 **물권변동의 효력이 있다.**
> ㄷ. 공유자는 다른 공유자가 분할로 인하여 취득한 물건에 대하여 그 지분의 비율로 매도인과 동일한 **담보책임이 있다.**
> ㄹ. 공유자 사이에 이미 **분할협의가 성립**하였는데 일부 공유자가 분할에 따른 이전등기에 협조하지 않은 경우, **공유물분할소송을 제기할 수 없다.**

① ㄱ　　　　　　　　② ㄴ, ㄷ　　　　　　　　③ ㄷ, ㄹ
④ ㄱ, ㄴ, ㄹ　　　　　⑤ ㄱ, ㄴ, ㄷ, ㄹ

07	지상권

key point

1. 지료 ⇨ 지상권의 성립요소 X ⇨ 무상 가능

2. **부종성 X**

   ① 지상물이 멸실 ⇨ 지상권은 존속

   ② **지상물과 지상권 ⇨ 각각 분리 처분 가능**

3. 지료지급약정 ⇨ 등기 O ⇨ 제3자(새로운 지상권자)에게 대항 O

4. **지료지급연체 중 소유자가 변경 ⇨ 지료연체의 효과는 승계 X**

5. **채권의 담보를 위하여 지료 없는 지상권을 설정한 경우**

   ① 제3자가 건물을 신축한 경우 ⇨ 건물철거청구 O, **손해배상청구 X**

   ② **채권 소멸 ⇨ 저당권 소멸 ⇨ 지상권 소멸**

6. **지상권의 존속기간(임의적 사항, 강행규정)**

   ① 최장존속기간 X ⇨ 영구 O

   ② 기간약정 X ⇨ 최단존속기간

7. **지상물매수청구권**

   ① 지상권자 ⇨ 존속기간 만료, 현존 ⇨ 갱신청구 ⇨ 거절 ⇨ 매수청구

   ② 지료연체 ⇨ 지상권 소멸 ⇨ 지상권자는 매수청구 X

   ③ 지상권설정자가 매수청구 ⇨ 지상권자는 정당한 이유 없이 거절 X

8. **지상권 ⇨ 양도 자유 ⇨ 양도금지특약(무효)**

9. 구분지상권 ⇨ 공간 ⇨ 수목 X

10. 분묘기지권 ⇨ 타주점유, 등기사항 X, 지료청구 O

---

01 지상권에 관한 설명으로 틀린 것은? 제23회

① 지상권설정의 목적이 된 **건물이 전부 멸실**하면 **지상권은 소멸한다.**

② **지상권이 설정된 토지를 양수한 자는** 지상권자에게 그 **토지의 인도를 청구할 수 없다.**

③ 환매특약의 등기가 경료된 **나대지**의 소유자가 그 지상에 건물을 신축한 후, 환매권이 행사되면 관습법상의 **법정지상권은 성립할 수 없다.**

④ **법원이 결정한 지료의 지급을 2년분 이상 지체한 경우**, 토지소유자는 **법정지상권의 소멸을 청구할 수 있다.**

⑤ 저당권이 설정된 **나대지의 담보가치하락을 막기 위해** 저당권자 명의의 **지상권이 설정된 경우**, 피담보**채권이** 변제되어 저당권이 **소멸하면** 그 **지상권도 소멸**한다.

02 지상권에 관한 설명으로 **틀린** 것은?   제25회
① **지료의 지급**은 지상권의 **성립요건이 아니다.**
② **지상권에 기하여** 토지에 부속된 공작물은 **토지에 부합하지 않는다.**
③ 지상권자는 토지소유자의 의사에 반하여 **지상권을** 타인에게 **양도할 수 없다.**
④ **구분지상권**은 **건물 기타 공작물**의 소유를 위해 설정할 수 있다.
⑤ 저당권설정자가 **담보가치의 하락을 막기 위해** 저당권자에게 **지상권을 설정해 준**
경우, 피담보**채권**이 **소멸**하면 그 **지상권도 소멸**한다.

03 乙은 甲의 X토지에 건물을 소유하기 위하여 지상권을 설정받았다. 다음 설명 중 옳은 것은?
(다툼이 있으면 판례에 따름)   제26회
① 乙은 甲의 의사에 반하여 제3자에게 **지상권을 양도할 수 없다.**
② **X토지를 양수한 자는** 지상권의 존속 중에 乙에게 그 **토지의 인도를 청구할 수**
없다.
③ 乙이 약정한 **지료의 1년 6개월분을 연체**한 경우, 甲은 지상권의 **소멸을 청구할**
수 있다.
④ **존속기간의 만료로** 지상권이 **소멸**한 경우, 건물이 **현존**하더라도 乙은 계약의 **갱**
신을 청구할 수 없다.
⑤ 지상권의 **존속기간을 정하지 않은 경우**, 甲은 **언제든지** 지상권의 **소멸을 청구할**
수 있다.

04 지상권에 관한 설명으로 **틀린** 것은? (다툼이 있으면 판례에 따름)   제28회
① 지상권설정계약 당시 **건물 기타 공작물이 없더라도** 지상권은 유효하게 **성립할 수**
있다.
② 지상권자는 토지소유자의 의사에 반하여도 자유롭게 타인에게 **지상권을 양도할**
수 있다.
③ **지상의 공간**은 상하의 범위를 정하여 **공작물을 소유**하기 위한 지상권의 목적으로
할 수 있다.
④ **지상권이 저당권의 목적**인 경우 **지료연체를 이유로 한 지상권소멸청구는** 저당권
자에게 **통지하면 즉시 그 효력이 생긴다.**
⑤ 지상권의 소멸시 **지상권설정자가** 상당한 가액을 제공하여 공작물 등의 **매수를**
청구한 때에는 **지상권자는** 정당한 이유 없이 이를 **거절하지 못한다.**

05 乙소유의 토지에 설정된 甲의 지상권에 관한 설명으로 틀린 것은?　제29회

① 甲은 그가 乙의 토지에 신축한 X건물의 **소유권을 유보하여 지상권을 양도할 수** 있다.

② 甲의 권리가 **법정지상권**일 경우, 지료에 관한 협의나 법원의 **지료결정이 없으면** 乙은 **지료연체를 주장하지 못한다.**

③ 지료를 연체한 甲이 丙에게 **지상권을 양도**한 경우, 乙은 **지료약정이 등기된 때에** 만 연체사실로 丙에게 **대항할 수 있다.**

④ 乙의 토지를 양수한 丁은 甲의 乙에 대한 지료연체액을 합산하여 2년의 지료가 **연체되면** 지상권소멸을 **청구할 수 있다.**

⑤ 甲이 戊에게 **지상권을 목적으로 하는 저당권**을 설정한 경우, **지료연체를 원인으로** 하는 乙의 **지상권소멸청구**는 戊에게 **통지한 후 상당한 기간이 경과함으로써** 효력 이 생긴다.

06 乙은 甲과의 지상권설정계약으로 甲 소유의 X토지에 지상권을 취득한 후, 그 지상에 Y 건물을 완성하여 소유권을 취득하였다. 다음 설명 중 옳은 것을 모두 고른 것은? (다툼이 있으면 판례에 따름)　제34회

> ㄱ. 乙은 지상권을 유보한 채 **Y건물 소유권만을** 제3자에게 **양도할 수 있다.**
> ㄴ. 乙은 Y건물 소유권을 유보한 채 **지상권만을** 제3자에게 **양도할 수 있다.**
> ㄷ. 지료지급약정이 있음에도 乙이 **3년분의 지료를 미지급**한 경우, 甲은 지상권 **소멸** 을 **청구할 수 있다.**

① ㄱ　　　　　　　② ㄷ　　　　　　　③ ㄱ, ㄴ
④ ㄴ, ㄷ　　　　　　⑤ ㄱ, ㄴ, ㄷ

07 지상권에 관한 설명으로 옳은 것을 모두 고른 것은? (다툼이 있으면 판례에 따름) 제31회

> ㄱ. **지료의 지급**은 지상권의 **성립요소이다.**
> ㄴ. **기간만료로** 지상권이 소멸하면 지상권자는 **갱신청구권을 행사할 수 있다.**
> ㄷ. **지료체납 중** 토지소유권이 **양도**된 경우, **양도 전·후를 통산하여 2년에 이르면** 지상권소멸청구를 할 수 있다.
> ㄹ. **채권담보**를 위하여 토지에 저당권과 함께 **무상의 담보지상권을 취득한 채권자는** 특별한 사정이 없는 한 제3자가 토지를 불법점유하더라도 **임료상당의 손해배상 청구를 할 수 없다.**

① ㄴ   ② ㄱ, ㄷ   ③ ㄴ, ㄹ   ④ ㄷ, ㄹ   ⑤ ㄱ, ㄷ, ㄹ

08 지상권에 관한 설명으로 틀린 것을 모두 고른 것은? (다툼이 있으면 판례에 따름) 제32회

> ㄱ. **담보목적**의 지상권이 설정된 경우 피담보**채권이** 변제로 소멸하면 그 지상권도 소멸한다.
> ㄴ. 지상권자의 **지료지급 연체가** 토지소유권의 **양도 전후에 걸쳐 이루어진 경우,** 토지 양수인은 **자신에 대한 연체기간이 2년 미만이더라도** 지상권의 **소멸을 청구할 수 있다.**
> ㄷ. **분묘기지권을 시효취득한 자**는 토지소유자가 **지료를 청구한 날부터의** 지료를 지급할 의무가 있다.

① ㄱ   ② ㄴ   ③ ㄷ   ④ ㄱ, ㄴ   ⑤ ㄴ, ㄷ

09 분묘기지권에 관한 설명으로 옳은 것을 모두 고른 것은? (다툼이 있으면 판례에 따름) 제35회

> ㄱ. 분묘기지권은 봉분 등 외부에서 분묘의 존재를 인식할 수 있는 형태를 갖추고 **등기하여야** 성립한다.
> ㄴ. **토지소유자의 승낙을 얻어 분묘를 설치**함으로써 분묘기지권을 취득한 경우, 설치할 당시 토지소유자와의 **합의에 의하여 정한 지료지급의무의 존부나 범위의 효력은** 그 토지의 **승계인에게는 미치지 않는다.**
> ㄷ. 자기 소유 토지에 분묘를 설치한 사람이 그 **토지를 양도하면서** 분묘를 이장하겠다는 특약을 하지 않음으로써 **분묘기지권을 취득한 경우,** 분묘기지권자는 특별한 사정이 없는 한 분묘기지권이 **성립한 때부터 지료를 지급할 의무가** 있다.

① ㄱ   ② ㄷ   ③ ㄱ, ㄴ   ④ ㄴ, ㄷ   ⑤ ㄱ, ㄴ, ㄷ

key point 법정지상권

1. **저당물의 경매** ⇨ **설정당시 동일인 소유** ⇨ **공동저당 후 신축 X**

2. 관습법상 법정지상권 ⇨ 처분당시 동일인 소유, 배제특약이 없을 것

3. **일괄매매** ⇨ **법정지상권 X, 관습법상 법정지상권 X**

4. **법정지상권이 발생한 경우**
   ① 등기 없이도 발생 O
   ② 건물과 법정지상권 ⇨ **각각 분리 처분 O**
   ③ 법정지상권자 ⇨ 등기 X ⇨ 주장 O
   ④ 건물양수인 ⇨ 등기 O ⇨ 주장 O
   ⑤ **건물철거청구 X**
   ⑥ **지료결정 X** ⇨ **소멸청구 X**
   ⑦ **지료결정 O** ⇨ **소멸청구 O**

10 법정지상권에 관한 다음 설명 중 틀린 것은? 법원행시 2009

① 미등기건물을 그 대지와 **함께 매수**한 사람이 그 대지에 관하여만 소유권이전등기를 넘겨받고 건물에 대하여는 그 등기를 이전받지 못하고 있다가 대지에 설정된 저당권의 실행으로 대지가 경매되어 다른 사람의 소유로 된 경우에는 **법정지상권이 성립될 여지가 없다.**

② 동일인의 소유에 속하는 토지 및 그 지상 건물에 관하여 **공동저당권이 설정된 후** 그 지상 건물이 철거되고 새로 건물이 **신축된 경우**에도 저당물의 경매로 인하여 토지와 그 신축건물이 다른 소유자에 속하게 되면 그 신축건물을 위한 **법정지상권이 성립한다.**

③ 토지에 **저당권을 설정할 당시** 토지의 지상에 건물이 존재하고 있었고 그 양자가 **동일 소유자에게 속하였다가** 그 후 저당권의 실행으로 토지가 낙찰되기 전에 건물이 제3자에게 양도된 경우 건물을 양수한 제3자는 **법정지상권을 취득한다.**

④ 저당권설정 당사자간의 **특약**으로 저당목적물인 토지에 대하여 법정지상권을 **배제하는 약정**을 하더라도 그 특약은 **효력이 없다.**

⑤ 건물의 소유자는 **건물과 법정지상권 중 어느 하나만을 처분하는 것도 가능**하다.

11 법정지상권 또는 관습법상 법정지상권에 관한 설명 중 **틀린** 것은? (다툼이 있는 경우 판례에 의함)

법무사 2011

① **동일인 소유의 건물이 있는 토지에만 저당권을 설정한 후** 그 건물을 **철거하고 다시 신축한 경우**, 저당권의 실행으로 소유자가 달라지게 되면 법정지상권이 **발생한다.**

② 근저당권이 설정된 **나대지** 소유자가 근저당권자의 동의를 얻어 그 지상에 건물을 신축하였다가 그 근저당권의 실행에 의하여 토지만이 제3자에게 낙찰된 경우 건물소유자는 낙찰자에 대하여 **법정지상권을 취득한다.**

③ **무허가 또는 미등기건물**을 소유하기 위한 관습법상의 법정지상권도 **성립할 수 있다.**

④ 법정지상권의 경우 당사자 사이에 지료에 관한 협의가 있었다거나 법원에 의하여 **지료가 결정되었다는 아무런 입증이 없다면**, 법정지상권자가 지료를 지급하지 않았다고 하더라도 **지료지급을 지체한 것으로는 볼 수 없다.**

⑤ 관습법상의 **법정지상권**은 이를 취득할 당시의 토지소유자나 이로부터 소유권을 전득한 제3자에게 대하여도 **등기 없이** 위 지상권을 **주장할 수 있다.**

12 법정지상권이 성립되는 경우를 모두 고른 것은?

제22회

> ㄱ. **저당권이 설정된 토지 위에 건물이 축조**된 후, 토지의 경매로 인하여 토지와 그 건물이 다른 소유자에게 속하게 된 경우
> ㄴ. 토지에 **저당권이 설정될 당시** 지상에 건물이 존재하고 있었고 그 양자가 **동일 소유자에게 속하였다가** 그 후 저당권의 실행으로 토지가 매각되기 전에 건물이 제3자에게 양도된 경우
> ㄷ. **토지에 저당권이 설정될 당시** 그 지상에 건물이 **토지 소유자에 의하여 건축 중**이었고, 건물의 규모, 종류가 외형상 예상할 수 있는 정도까지 건축이 진전된 후 저당권의 실행으로 토지가 매각된 경우
> ㄹ. 동일인 소유의 토지와 건물에 관하여 **공동저당권이 설정된 후** 그 건물이 철거되고 제3자 소유의 건물이 **새로이 축조**된 다음, 토지에 관한 저당권의 실행으로 토지와 건물의 소유자가 달라진 경우

① ㄱ, ㄴ   ② ㄴ, ㄷ   ③ ㄷ, ㄹ
④ ㄱ, ㄷ   ⑤ ㄴ, ㄹ

13 甲에게 법정지상권 또는 관습법상 법정지상권이 인정되는 경우를 모두 고른 것은? 제33회

> ㄱ. 乙 소유의 토지 위에 乙의 승낙을 얻어 신축한 丙 소유의 건물을 甲이 매수한 경우
> ㄴ. 乙 소유의 토지 위에 甲과 乙이 건물을 공유하면서 토지에만 저당권을 설정하였다가, 그 실행을 위한 경매로 丙이 토지소유권을 취득한 경우
> ㄷ. 甲이 乙로부터 乙 소유의 미등기건물과 그 대지를 함께 매수하고 대지에 관해서만 소유권이전등기를 한 후, 건물에 대한 등기 전 설정된 저당권에 의해 대지가 경매되어 丙이 토지소유권을 취득한 경우

① ㄱ   ② ㄴ   ③ ㄱ, ㄷ
④ ㄴ, ㄷ   ⑤ ㄱ, ㄴ, ㄷ

14 저당물의 경매로 토지와 건물의 소유자가 달라지는 경우에 성립하는 법정지상권에 관한 설명으로 옳은 것을 모두 고른 것은? (다툼이 있으면 판례에 따름) 제35회

> ㄱ. 토지에 관한 저당권설정 당시 해당 토지에 일시사용을 위한 가설건축물이 존재하였던 경우, 법정지상권은 성립하지 않는다.
> ㄴ. 토지에 관한 저당권설정 당시 존재하였던 건물이 무허가건물인 경우, 법정지상권은 성립하지 않는다.
> ㄷ. 지상건물이 없는 토지에 저당권을 설정받으면서 저당권자가 신축 개시 전에 건축을 동의한 경우, 법정지상권은 성립하지 않는다.

① ㄴ   ② ㄷ   ③ ㄱ, ㄴ
④ ㄱ, ㄷ   ⑤ ㄱ, ㄴ, ㄷ

15 관습법상 법정지상권에 관한 다음 설명 중 틀린 것은? 감평사 2017 재구성

① 관습법상 법정지상권이 성립하려면 토지와 건물이 처분될 당시에 동일인의 소유에 속하였어야 한다.
② 강제경매에 있어 관습법상 법정지상권이 인정되기 위해서는 매각대금 완납시를 기준으로 해서 토지와 그 지상건물이 동일인의 소유에 속하여야 한다.
③ 관습법상 법정지상권은 당사자 간의 특약으로 배제할 수 있다.
④ 건물소유자가 토지소유자와 사이에 건물의 소유를 목적으로 하는 토지임대차계약을 체결한 경우에는 관습법상 법정지상권을 포기한 것으로 본다.
⑤ 토지와 건물의 소유자가 토지만을 타인에게 증여한 후 구 건물을 철거하고 다시 신축하기로 합의한 경우, 관습법상 법정지상권을 포기한 것으로 볼 수 없다.

16 甲은 자신의 토지와 그 지상건물 중 건물만을 乙에게 매도하고 건물철거 등의 약정 없이 건물의 소유권이전등기를 해 주었다. 乙은 이 건물을 다시 丙에게 매도하고 소유권이전등기를 마쳐주었다. 다음 설명 중 틀린 것은? (다툼이 있으면 판례에 따름)   제28회

① 乙은 관습법상의 법정지상권을 **등기 없이 취득한다.**

② 甲은 丙에게 토지의 사용에 대한 **부당이득반환청구를 할 수 있다.**

③ 甲이 丁에게 **토지를 양도**한 경우, 乙은 丁에게는 관습법상의 **법정지상권을 주장할 수 없다.**

④ 甲의 丙에 대한 **건물철거 및 토지인도청구**는 신의성실의 원칙상 **허용될 수 없다.**

⑤ **만약 丙이 경매에 의하여 건물의 소유권을 취득한 경우**라면, 특별한 사정이 없는 한 丙은 등기 없이도 관습법상의 법정지상권을 취득한다.

17 甲은 X토지와 그 지상에 Y건물을 소유하고 있으며, 그 중에서 Y건물을 乙에게 매도하고 乙명의로 소유권이전등기를 마쳐주었다. 그 후 丙은 乙의 채권자가 신청한 강제경매에 의해 Y건물의 소유권을 취득하였다. 乙과 丙의 각 소유권취득에는 건물을 철거한다는 등의 조건이 없다. 이에 관한 설명으로 **틀린** 것은? (다툼이 있으면 판례에 따름)   주택사 2020

① 丙은 **등기 없이** 甲에게 관습법상 **법정지상권을 주장할 수 있다.**

② 甲은 丙에 대하여 Y건물의 **철거** 및 X토지의 인도를 청구할 수 **없다.**

③ 丙은 Y건물을 **개축한 때에도** 甲에게 관습법상 **법정지상권을 주장할 수 있다.**

④ 甲은 법정지상권에 관한 **지료가 결정되지 않았더라도** 乙이나 丙의 2년 이상의 지료지급지체를 이유로 **지상권소멸을 청구할 수 있다.**

⑤ 만일 丙이 관습법상 법정지상권을 **등기하지 않고 Y건물만을 丁에게 양도한 경우,** 丁은 甲에게 관습법상 **법정지상권을 주장할 수 없다.**

08	지역권

key point

1. **지역권** ⇨ **배타적 점유 X**

   ① 유상, 무상 가능

   ② 기간제한 X ⇨ 영구 O

   ③ **지역권에 기한 반환청구 X** ⇨ 방해제거청구, 방해예방청구 O

2. **지역권 시효취득**

   ① 계속되고 표현된 경우에 한하여 가능

   ② 통로개설 O ⇨ 통행지역권 시효취득 가능

   ③ **통행지역권을 시효취득** ⇨ **승역지 소유자에게 손해 보상 O**

   ④ 불법점유자 ⇨ 시효취득 X

3. **요역지** ⇨ **반드시 1필** ⇨ 토지의 일부를 **위하여** 지역권설정 X

4. **승역지** ⇨ **1필의 일부도 가능** ⇨ 토지의 일부 **위**에 지역권설정 O

5. **지역권의 부종성, 수반성**

   ① 요역지 소유권 이전 ⇨ 지역권 이전

   ② **요역지와 분리** ⇨ **지역권만을 양도 X, 저당권의 목적 X**

   ③ 요역지의 지상권자, 전세권자 ⇨ 지역권 행사 O

6. **지역권의 불가분성**

   ① **유리**한 경우 ⇨ **1인**에게 생긴 사유 ⇨ **효력 O**

   ② **불리**한 경우 ⇨ **전원**에게 생긴 사유 ⇨ **효력 O**

---

01 저당권의 객체가 될 수 <u>없는</u> 권리는?   제22회

① 지역권   ② 어업권   ③ 전세권

④ 지상권   ⑤ 광업권

02 지역권에 관한 설명으로 **틀린** 것은?   제20회, 제25회 유사

① **토지의 일부를 위한** 지역권은 **인정되지 않는다.**

② 요역지의 **불법점유자**는 지역권을 **시효취득할 수 없다.**

③ 지역권은 **요역지와 분리하여** 저당권의 목적이 **될 수 있다.**

④ 지역권의 이전을 위해서 **지역권의 이전등기가 필요한 것은 아니다.**

⑤ 요역지의 **공유자 1인**은 자신의 지분에 관하여 **지역권을 소멸시킬 수 없다.**

03 지역권에 관한 설명으로 **틀린** 것은? (다툼이 있으면 판례에 따름) 제31회

① **요역지의 소유권이 양도**되면 **지역권**은 원칙적으로 **이전되지 않는다.**

② **공유자의 1인이** 지역권을 **취득**한 때에는 다른 공유자도 이를 **취득한다.**

③ 점유로 인한 **지역권취득기간의 중단**은 지역권을 행사하는 **모든** 공유자에 대한 사유가 **아니면 그 효력이 없다.**

④ 어느 토지에 대하여 **통행지역권을 주장하려면** 그 토지의 통행으로 편익을 얻는 **요역지가 있음을 주장·증명해야 한다.**

⑤ 승역지에 관하여 **통행지역권을 시효취득**한 경우, 특별한 사정이 없는 한 요역지 소유자는 **승역지 소유자에게** 승역지의 사용으로 입은 **손해를 보상해야 한다.**

04 지역권에 관한 설명으로 <u>틀린</u> 것은? 제24회

① 토지의 **불법점유자**는 통행지역권을 **시효취득할 수 없다.**

② 승역지의 점유가 침탈된 때에도 **지역권자**는 승역지의 **반환을 청구할 수 없다.**

③ **승역지**는 1필의 토지이어야 하지만, **요역지**는 1필의 토지일부라도 무방하다.

④ **요역지의 전세권자**는 특별한 사정이 없으면 **지역권을 행사할 수 있다.**

⑤ **공유자의 1인이** 지역권을 **취득**한 때에는 다른 공유자도 이를 **취득한다.**

05 지역권에 관한 설명으로 **틀린** 것은? 제26회

① 1필의 **토지 일부**를 **승역지**로 하여 지역권을 **설정할 수 있다.**

② 요역지의 **공유자 1인이** 지역권을 **취득**한 때에는 다른 공유자도 이를 **취득한다.**

③ 지역권은 **요역지와 분리하여** 양도하지 **못한다.**

④ 요역지의 소유자는 지역권에 필요한 부분의 토지소유권을 지역권설정자에게 위기 (委棄)하여 공작물의 설치나 수선의무의 부담을 면할 수 있다.

⑤ 지역권자에게는 **방해제거청구권과 방해예방청구권**이 **인정된다.**

06 지역권에 관한 설명으로 **틀린** 것은? 제32회

① **지역권은 요역지와 분리하여** 따로 양도하거나 다른 권리의 목적으로 **하지 못한다.**

② 1필의 **토지의 일부**에는 **지역권을 설정할 수 없다.**

③ 요역지의 **공유자 중 1인이** 지역권을 **취득**한 경우, 요역지의 **다른 공유자도** 지역권을 **취득한다.**

④ **지역권에 기한** 승역지 **반환청구권은 인정되지 않는다.**

⑤ **계속**되고 **표현**된 지역권은 **시효취득**의 대상이 될 수 있다.

07 지역권에 관한 설명으로 **틀린** 것은? 제27회

① 지역권은 **요역지와 분리하여 양도할 수 없다.**

② 요역지와 분리하여 **지역권만을 저당권의 목적으로 할 수 없다.**

③ 승역지 공유자 중 **1인은** 자신의 지분만에 대해서 **지역권을 소멸시킬 수 없다.**

④ 요역지 공유자 중 **1인은** 자신의 지분만에 대해서 **지역권을 소멸시킬 수 있다.**

⑤ 지역권은 **계속**되고 **표현**된 것에 한하여 **시효취득**의 대상이 된다.

08 지역권에 관한 설명으로 **옳은** 것은? (다툼이 있으면 판례에 따름) 제33회

① **요역지는** 1필의 토지 **일부라도 무방하다.**

② **요역지의 소유권이 이전**되어도 특별한 사정이 없는 한 **지역권은 이전되지 않는다.**

③ 지역권의 존속기간을 **영구무한**으로 약정할 수는 **없다.**

④ 지역권자의 승역지를 권원 없이 점유한 자에게 그 **반환을 청구할 수 있다.**

⑤ 요역지공유자의 **1인은** 지분에 관하여 그 토지를 위한 지역권을 **소멸하게 하지 못한다.**

09 지역권에 관한 설명으로 **틀린** 것은? (다툼이 있으면 판례에 따름) 제28회

① **지상권자는** 인접한 토지에 통행지역권을 **시효취득할 수 없다.**
② 승역지에 수개의 용수지역권이 설정된 때에는 **후순위의** 지역권자는 **선순위의** 지역권자의 용수를 **방해하지 못한다.**
③ 지역권은 **요역지와 분리하여** 양도하거나 다른 권리의 목적으로 하지 **못한다.**
④ 요역지가 수인의 공유인 경우에 그 **1인에** 의한 지역권 **소멸시효의 정지는** 다른 공유자를 위하여 **효력이 있다.**
⑤ 토지공유자의 **1인은** 지분에 관하여 그 토지를 위한 지역권을 **소멸하게 하지 못한다.**

10 지역권에 관한 설명으로 **틀린** 것은? (다툼이 있으면 판례에 따름) 제29회

① 지역권은 **요역지와 분리하여** 양도하거나 처분하지 **못한다.**
② **공유자의 1인은** 다른 공유자의 동의 없이 **지역권을 설정할 수 없다.**
③ 소유권에 기한 **소유물반환청구권에** 관한 규정은 **지역권에 준용된다.**
④ **통행지역권을 주장하는 사람은** 통행으로 편익을 얻는 **요역지가 있음을 주장·증명하여야 한다.**
⑤ 자기 소유의 토지에 도로를 개설하여 타인에게 영구적으로 사용하도록 약정하고 대금을 수령하는 것은 지역권설정에 관한 합의이다.

11 지역권에 관한 설명으로 **틀린** 것은? (다툼이 있으면 판례에 따름) 제30회

① **요역지는 1필의 토지여야** 한다.
② **요역지의 지상권자는** 자신의 용익권 범위 내에서 **지역권을 행사할 수 있다.**
③ **공유자 중 1인이** 지역권을 **취득한** 때에는 다른 공유자도 지역권을 **취득한다.**
④ 요역지의 **불법점유자는** 통행지역권을 **시효취득할 수 없다.**
⑤ **통행지역권을 시효취득**하였다면, 특별한 사정이 없는 한 요역지 소유자는 도로 설치로 인해 **승역지 소유자가 입은 손실을 보상하지 않아도 된다.**

12 지역권에 관한 설명으로 **틀린** 것은? (다툼이 있으면 판례에 따름) 제34회

① 지역권은 **요역지와 분리하여 양도할 수 없다.**

② **공유자 중 1인이** 지역권을 **취득**한 때에는 다른 공유자도 이를 **취득한다.**

③ **통행지역권을 주장하는 자는** 통행으로 편익을 얻는 **요역지가 있음을 주장·증명해야 한다.**

④ 요역지의 **불법점유자도** 통행지역권을 **시효취득할 수 있다.**

⑤ 지역권은 **계속**되고 **표현**된 것에 한하여 **시효취득할 수 있다.**

13 지역권에 관한 설명으로 **틀린** 것은? 제35회

① 지역권은 **요역지와 분리하여 양도할 수 없다.**

② 지역권은 **표현된 것이 아니더라도 시효취득할 수 있다.**

③ **요역지의 소유권이 이전되면** 다른 약정이 없는 한 **지역권도 이전된다.**

④ 요역지의 공유자 1인은 그 토지 지분에 관한 지역권을 **소멸시킬 수 없다.**

⑤ **공유자의 1인이** 지역권을 **취득**한 때에는 **다른 공유자도** 지역권을 **취득한다.**

09 전세권

key point

1. **용익물권성과 담보물권성**
   ① 존속기간 중 ⇨ 용익물권
   ② 기간만료 ⇨ 용익물권 소멸 ⇨ 전세금반환 ⇨ 담보물권

2. **전세금**
   ① 반드시 지급 O ⇨ **기존의 채권으로 갈음 O**
   ② **소유자가 변경 ⇨ 전세금반환의무자는 신소유자**

3. **전세권의 처분**
   ① 원칙 ⇨ 자유 ⇨ 소유자 동의 없이 양도, 저당권설정, 전전세, 임대차 가능
   ② 양도금지특약은 가능

4. **유지수선의무 ⇨ 전세권자 ⇨ 필요비청구 X**

5. **건물전세권 적용 O, 토지전세권 적용 X**
   ① **최단기간(1년)**
   ② **법정갱신 ⇨ 기간약정 X ⇨ 등기 없이도 효력 O**

6. **건물 전세권 ⇨ 지상권, 토지임차권에 효력 O**

7. **전세권소멸시 ⇨ 동시이행관계**

8. **건물의 일부에 대한 전세권**
   ① 건물의 경락대금 전부에 대한 우선변제권 O
   ② **건물 전부에 대한 경매권 X**

9. **전세권을 목적으로 저당권이 설정된 후 전세권이 소멸한 경우**
   ① **전세권 자체에 대한 경매 X**
   ② 전세금반환채권을 압류하여 우선변제 O

10. **전세금반환채권과 전세권의 분리 양도**
    ① 전세권을 **존속**시키기로 하면서 전세금반환채권만 양도 ⇨ **허용 X**
    ② 전세권이 **소멸**하는 조건으로 전세금반환채권만 양도 ⇨ **허용 O**

01 전세권에 관한 설명으로 틀린 것은? 제21회

① **토지전세권**의 **최단존속기간**은 3년이다.

② 전세권이 성립한 후 전세목적물의 **소유권이 이전**되면, **전세금반환채무도 신소유자에게 이전된다.**

③ **전세금의 지급**은 전세권의 **성립요소이다.**

④ 구분소유권의 객체가 될 수 없는 건물의 **일부**에 대한 **전세권자**는 건물 **전체의 경매를 신청할 수 없다.**

⑤ **전세목적물의 인도**는 전세권의 **성립요건이 아니다.**

02 전세권에 관한 설명으로 틀린 것은? 제27회

① 전세금의 지급은 반드시 현실적으로 수수되어야 하고, **기존의 채권으로 갈음할 수 없다.**

② 전세권은 **용익물권적 성격과 담보물권적 성격**을 겸비하고 있다.

③ 건물 **일부**에 대한 **전세권자**는 건물 **전부의 경매를 청구할 수 없다.**

④ **채권담보의 목적으로 전세권을 설정한 경우**, 그 설정과 동시에 목적물을 인도하지 않았으나 장래 **전세권자의 사용·수익을 완전히 배제하는 것이 아니라면**, 그 전세권은 **유효하다.**

⑤ 채권담보목적의 전세권의 경우 채권자와 전세권설정자 및 제3자의 합의가 있으면 전세권의 명의를 그 제3자로 하는 것도 가능하다.

03 甲은 乙에게 자신의 토지에 전세권을 설정해 주고, 丙은 乙의 전세권 위에 저당권을 취득하였다. 그 후 전세권의 존속기간이 만료되었다. 다음 중 옳은 것은? 제20회

① 전세권 설정등기의 **말소등기가 없으면**, 전세권의 **용익물권적 권능은 소멸하지 않는다.**

② 丙은 **전세권 자체**에 대해 **저당권을 실행할 수 있다.**

③ 甲은 乙로부터 전세권설정등기의 **말소등기에 필요한 서류를 반환받기 전까지는 전세금반환을 거절할 수 있다.**

④ **丙이 전세금반환채권을 압류한 경우**에도 丙은 전세금반환채권에 대해 **우선변제권을 행사할 수 없다.**

⑤ 만약 乙이 丁에게 전세금반환채권을 양도하였다면, **전세권이전등기가 없더라도** 丁은 **우선변제권을 행사할 수 있다.**

04 전세권에 관한 설명으로 틀린 것은? 제23회

① 전전세의 존속기간은 원 전세권의 범위를 넘을 수 없다.

② 전세권이 침해된 경우, 전세권자는 점유보호청구권을 행사할 수 있다.

③ 전세권 양도금지특약은 이를 등기하여야 제3자에게 대항할 수 있다.

④ 전세권을 목적으로 한 저당권은 전세권 존속기간이 만료되더라도 그 전세권 자체에 대하여 저당권을 실행할 수 있다.

⑤ 타인의 토지 위에 건물을 신축한 자가 그 건물에 전세권을 설정한 경우, 전세권은 건물의 소유를 목적으로 하는 토지임차권에도 그 효력이 미친다.

05 甲은 자기소유의 X건물에 대하여 乙에게 전세권을 설정해 주었다. 다음 중 옳은 설명을 모두 고른 것은? 제17회

> ㄱ. 乙이 甲의 동의 없이 丙에게 전세권을 양도한 경우, 甲은 丙에게 전세금을 반환해야 한다.
>
> ㄴ. 乙은 전세권 존속 중에도 장래 전세권이 소멸하는 경우에 전세금반환청구권이 발생하는 것을 조건으로 그 장래의 조건부채권을 丙에게 양도할 수 있다.
>
> ㄷ. 전세기간 중 乙의 동의 없이 甲이 X건물을 丙에게 양도한 경우, 乙에 대한 전세금반환의무는 丙이 부담한다.
>
> ㄹ. 丙의 저당권의 목적인 乙의 전세권이 기간만료로 소멸하면, 丙은 그 전세권 자체에 대하여 저당권을 실행할 수 없다.

① ㄱ ② ㄴ, ㄷ ③ ㄱ, ㄹ

④ ㄴ, ㄷ, ㄹ ⑤ ㄱ, ㄴ, ㄷ, ㄹ

06 전세권에 관한 설명으로 옳은 것은? 제26회

① 원전세권자가 소유자의 동의 없이 전전세를 하면 원전세권은 소멸한다.

② 건물에 대한 전세권이 법정갱신되는 경우 그 존속기간은 2년으로 본다.

③ 제3자가 불법점유하는 건물에 대해 용익목적으로 전세권을 취득한 자는 제3자를 상대로 건물의 인도를 청구할 수 있다.

④ 전세권자는 특약이 없는 한 목적물의 현상을 유지하기 위해 지출한 필요비의 상환을 청구할 수 있다.

⑤ 전전세권자는 원전세권이 소멸하지 않은 경우에도 전전세의 목적부동산에 대해 경매를 신청할 수 있다.

07 전세권에 관한 설명으로 **틀린** 것은?

① 건물의 사용·수익을 목적으로 하는 전세권에는 **상린관계에 관한 규정이 준용되지 않는다.**

② 전세권자는 그의 점유가 침해당한 때에는 **점유보호청구권을 행사할 수 있다.**

③ **설정행위로 금지하지 않으면** 전세권자는 **전세권을 타인에게 양도할 수 있다.**

④ 전세권설정자가 **전세금의 반환을 지체하면** 전세권자는 그 목적물의 **경매를 청구할 수 있다.**

⑤ 전세권자가 그 목적물의 성질에 의하여 **정하여진 용도에 따라 목적물을 사용·수익하지 않으면** 전세권설정자는 **전세권의 소멸을 청구할 수 있다.**

---

key point

1. **건물** ⇨ **부속물**매수청구권
2. **토지** ⇨ **지상물**매수청구권

---

08 甲은 乙 소유 단독주택의 일부인 X부분에 대해 전세권을 취득하였다. 다음 설명 중 **틀린** 것은? (다툼이 있으면 판례에 의함)

① 甲은 **설정행위로 금지되지 않는 한** 전세권을 제3자에게 **양도할 수 있다.**

② 甲의 전세권의 존속기간이 만료한 경우, 甲은 **지상물매수를 청구할 수 있다.**

③ 甲의 전세권 **존속기간이 만료**한 경우, 전세권의 **용익물권적 권능은 소멸한다.**

④ 甲은 **주택 전부에 대하여** 후순위 권리자보다 전세금의 **우선변제를 받을 권리가 있다.**

⑤ 乙이 전세금의 반환을 지체한 경우, 甲은 X부분이 아닌 **나머지 주택부분에 대하여 경매를 청구할 수 없다.**

09 甲은 그 소유 X건물의 일부에 관하여 乙명의의 전세권을 설정하였다. 다음 설명 중 **틀린** 것은? (다툼이 있으면 판례에 따름) 제30회

① 乙의 전세권이 **법정갱신**되는 경우, **그 존속기간은 1년**이다.

② 존속기간 만료시 乙이 전세금을 반환받지 못하더라도 乙은 전세권에 기하여 **X 건물 전체에 대한 경매를 신청할 수는 없다.**

③ **존속기간 만료시** 乙은 특별한 사정이 없는 한 **전세금반환채권을** 타인에게 **양도할 수 있다.**

④ 甲이 X건물의 **소유권을 丙에게 양도한 후** 존속기간이 만료되면 乙은 **甲에 대하여 전세금반환**을 **청구할 수 없다.**

⑤ 乙은 특별한 사정이 없는 한 전세목적물의 현상유지를 위해 지출한 **통상필요비의 상환**을 甲에게 **청구할 수 없다.**

10 전세권에 관한 설명으로 **틀린** 것은? (다툼이 있으면 판례에 따름) 제32회

① **전세금의 지급**은 전세권 **성립의 요소**이다.

② 당사자가 주로 **채권담보의 목적을 갖는 전세권을 설정**하였더라도 장차 전세권자의 목적물에 대한 **사용수익권을 완전히 배제하는 것이 아니라면** 그 **효력은 인정된다.**

③ 건물전세권이 **법정갱신**된 경우 전세권자는 전세권갱신에 관한 **등기없이도** 제3자에게 전세권을 **주장할 수 있다.**

④ 전세권의 존속기간 중 전세목적물의 **소유권이 양도**되면, 그 **양수인이 전세권설정자의 지위를 승계한다.**

⑤ 건물의 **일부**에 대한 **전세**에서 전세권설정자가 전세금의 반환을 지체하는 경우, 전세권자는 전세권에 기하여 **건물 전부에 대해서 경매청구할 수 있다.**

11 전세권에 관한 설명으로 옳은 것은? (다툼이 있으면 판례에 따름) 제28회

① 전세금은 반드시 현실적으로 수수되어야만 하므로 **기존의 채권으로** 전세금의 지급에 **갈음할 수 없다.**

② 건물전세권이 **법정갱신**된 경우, 전세권자는 이를 **등기해야** 그 목적물을 취득한 제3자에게 **대항할 수 있다.**

③ 토지전세권의 **존속기간을 약정하지 않은 경우,** 각 당사자는 6개월이 경과해야 상대방에게 전세권의 **소멸통고를 할 수 있다.**

④ 건물 전세권자와 인지(隣地)소유자 사이에는 **상린관계에 관한 규정이 준용되지 않는다.**

⑤ **존속기간의 만료**로 전세권이 소멸하면, 전세권의 **용익물권적 권능은 소멸한다.**

12 甲은 자신의 X건물에 관하여 乙과 전세금 1억원으로 하는 전세권설정계약을 체결하고 乙 명의로 전세권설정등기를 마쳐주었다. 이에 관한 설명으로 **틀린** 것은? (다툼이 있으면 판례에 따름) 제31회

① 전세권존속기간을 15년으로 정하더라도 그 **기간은 10년으로 단축된다.**

② 乙이 甲에게 전세금으로 지급하기로 한 1억원은 현실적으로 수수될 필요 없이 乙의 甲에 대한 **기존의 채권으로** 전세금에 **갈음할 수도 있다.**

③ 甲이 X건물의 소유를 위해 그 대지에 지상권을 취득하였다면, 乙의 전세권의 효력은 그 **지상권에 미친다.**

④ 乙의 전세권이 **법정갱신**된 경우, 乙은 전세권갱신에 관한 **등기 없이도** 甲에 대하여 갱신된 전세권을 **주장할 수 있다.**

⑤ **합의한** 전세권 **존속기간이 시작되기 전에** 乙 앞으로 **전세권설정등기가 마쳐진 경우,** 그 등기는 특별한 사정이 없는 한 **무효로 추정된다.**

13 전세권에 관한 설명으로 옳은 것은? (다툼이 있으면 판례에 따름)　　　제34회

① 전세권설정자의 **목적물 인도는** 전세권의 **성립요건이다.**

② 타인의 토지에 있는 **건물에 전세권을 설정한 경우,** 전세권의 효력은 그 건물의 소유를 목적으로 한 **지상권에 미친다.**

③ 전세권의 **사용·수익 권능을 배제하고 채권담보만을 위해** 전세권을 설정하는 것은 **허용된다.**

④ **전세권설정자는** 특별한 사정이 없는 한 목적물의 **현상을 유지하고** 그 통상의 관리에 속한 **수선을 해야 한다.**

⑤ 건물전세권이 **법정갱신**된 경우, 전세권자는 이를 **등기해야** 제3자에게 대항할 수 있다.

14 토지전세권에 관한 설명으로 옳은 것은? (다툼이 있으면 판례에 따름)　　　제33회

① 토지전세권을 처음 설정할 때에는 **존속기간에 제한이 없다.**

② 토지전세권의 존속기간을 1년 미만으로 정한 때에는 **1년으로 한다.**

③ 토지전세권의 설정은 갱신할 수 있으나 그 기간은 **갱신한 날로부터 10년을 넘지 못한다.**

④ 토지전세권자에게는 토지임차인과 달리 **지상물매수청구권이 인정될 수 없다.**

⑤ 토지전세권설정자가 존속기간 만료 전 6월부터 1월 사이에 갱신거절의 통지를 하지 않은 경우, 특별한 사정이 없는 한 동일한 조건으로 **다시 전세권을 설정한 것으로 본다.**

15 전세권에 관한 설명으로 틀린 것은?　　　제35회

① **전세금의 반환은** 전세권말소등기에 필요한 서류를 **교부하기 전에 이루어져야 한다.**

② **전세권자는** 전세권설정자에 대하여 **통상의 수선에 필요한 비용**의 상환을 **청구할 수 없다.**

③ 전전세한 목적물에 불가항력으로 인한 손해가 발생한 경우, 그 손해가 전전세하지 않았으면 면할 수 있는 것이었던 때에는 전세권자는 그 책임을 부담한다.

④ 대지와 건물을 소유한 자가 건물에 대해서만 전세권을 설정한 후 대지를 제3자에게 양도한 경우, 제3자는 **전세권설정자에 대하여** 대지에 대한 **지상권을 설정한 것으로 본다.**

⑤ 타인의 토지에 지상권을 설정한 자가 그 위에 건물을 신축하여 그 건물에 전세권을 설정한 경우, 그 건물소유자는 전세권자의 동의 없이 지상권을 소멸하게 하는 행위를 할 수 없다.

10 유치권

key point 유치권

1. 우선변제권 X ⇨ 물상대위성 X
2. **유치권**에 기한 반환청구권 X ⇨ **점유권**에 기한 반환청구권 O

01 담보물권이 가지는 특성(통유성) 중에서 유치권에 인정되는 것을 모두 고른 것은? 제31회

ㄱ. 부종성	ㄴ. 수반성
ㄷ. 불가분성	ㄹ. **물상대위성**

① ㄱ, ㄴ 　　　　② ㄱ, ㄹ 　　　　③ ㄷ, ㄹ
④ ㄱ, ㄴ, ㄷ 　　　⑤ ㄴ, ㄷ, ㄹ

02 유치권자에게 인정되지 <u>않는</u> 권리는? 　　　　제19회

① 경매권
② 비용상환청구권
③ 간이변제충당권
④ **유치권에 기한 반환청구권**
⑤ 유치물의 보존에 필요한 경우 그 사용권

key point

1. **유치권이 인정되는 채권**
   ① **수리비**채권
   ② **비용**상환청구권(필요비·유익비)
   ③ **공사대금**채권

2. **유치권이 부정되는 채권**
   ① **보증금**반환청구권, **권리금**반환청구권
   ② **매매대금**채권, **건축자재대금**채권, **외상대금**채권

03 임차인이 임차물에 관한 유치권을 행사하기 위하여 주장할 수 있는 피담보채권을 모두 고른 것은? 제27회

> ㄱ. **보증금**반환청구권
> ㄴ. **권리금**반환청구권
> ㄷ. **필요비**상환채무의 불이행으로 인한 **손해배상청구권**
> ㄹ. **원상회복약정**이 있는 경우 **유익비**상환청구권

① ㄱ   ② ㄷ   ③ ㄱ, ㄷ
④ ㄴ, ㄹ   ⑤ ㄱ, ㄴ, ㄹ

04 유치권 성립을 위한 견련관계가 인정되는 경우를 모두 고른 것은? (다툼이 있으면 판례에 따름) 제32회

> ㄱ. 임대인과 임차인 사이에 건물명도시 권리금을 반환하기로 약정을 한 때, **권리금 반환청구권**을 가지고 건물에 대한 유치권을 주장하는 경우
> ㄴ. 건물의 임대차에서 임차인의 임차**보증금반환청구권**으로써 임차인이 그 건물에 유치권을 주장하는 경우
> ㄷ. 가축이 타인의 농작물을 먹어 발생한 손해에 관한 배상청구권에 기해 그 타인이 그 가축에 대한 유치권을 주장하는 경우

① ㄱ   ② ㄴ   ③ ㄷ
④ ㄱ, ㄷ   ⑤ ㄴ, ㄷ

05 甲의 X건물을 임차한 乙은 X건물을 보존·개량하기 위해 丙으로부터 건축자재를 외상으로 공급받아 수리를 완료하였다. 그 후 임대차가 종료하였지만 수리비를 상환받지 못한 乙은 X건물을 점유하고 있다. 다음 설명 중 틀린 것은? 제25회

① 乙이 丙에게 **외상대금**을 지급하지 않으면 丙은 X건물에 대해 **유치권을 행사할 수 있다.**

② 乙은 甲이 **수리비**를 상환할 때까지 X건물에 대해 **유치권을 행사할 수 있다.**

③ 乙은 **甲의 승낙 없이** X건물을 **제3자에게 담보로 제공할 수 없다.**

④ 乙은 수리비를 상환받기 위하여 X건물을 **경매할 수 있다.**

⑤ 만약 X**건물을** 甲으로부터 **양수한** 丁이 乙에게 X건물의 반환을 청구한 경우, 乙은 유치권으로 대항할 수 있다.

---

key point

1. **유치권** ⇨ **법정담보물권** ⇨ **임의규정**

2. **도급계약과 유치권**
   ① 도급인 소유 ⇨ 유치권 O
   ② **수급인 소유** ⇨ **유치권 X**

3. **채권의 변제기 도래 X** ⇨ **유치권 성립 X**

4. **유치권자의 점유**
   ① 불법점유자 ⇨ 유치권 X
   ② 유치권자 ⇨ 적법한 점유자로 추정 O
   ③ 제3자를 직접점유로 하는 간접점유 ⇨ 유치권 O
   ④ **채무자를 직접점유로 하는 간접점유** ⇨ **유치권 X**

5. **보존에 필요한 사용**
   ① 채무자의 승낙 없이도 가능
   ② 불법행위책임 X, 부당이득반환 O

6. **유치권 행사** ⇨ **채권의 소멸시효는 진행**

06 유치권에 관한 설명으로 **틀린** 것은? (다툼이 있으면 판례에 따름) 감평사 2021

① 건물의 임차인이 임대인에게 지급한 **임차보증금반환채권은** 그 **건물에 관하여 생긴 채권이 아니다.**

② **임대인이 건물시설을 하지 않아** 임차인이 건물을 임차목적대로 사용하지 못하였음을 이유로 하는 **손해배상청구권은** 그 **건물에 관하여 생긴 채권이다.**

③ **수급인의 재료와 노력으로 건축**되었고 독립한 건물에 해당되는 기성부분에 대하여는 특별한 사정이 없는 한 **수급인은 유치권을 가질 수 없다.**

④ 채권자가 **채무자를 직접점유자로 하여 간접점유**하는 경우에는 **유치권이 성립하지 않는다.**

⑤ 유치권자가 점유침탈로 유치물의 **점유를 상실**한 경우, **유치권은** 원칙적으로 **소멸한다.**

07 유치권에 관한 설명으로 **옳은** 것은? (다툼이 있으면 판례에 따름) 감평사 2015

① 채권자가 **불법으로 점유**를 취득한 경우에도 **유치권이 성립한다.**

② 채권자가 유치권을 행사하면 **채권의 소멸시효는 중단된다.**

③ 건물임차인은 **권리금**반환청구권에 기하여 임차건물에 대하여 **유치권을 주장할 수 없다.**

④ 유치권에는 우선변제적 효력이 없으므로, 유치권자는 채권의 **변제를 받기 위하여** 유치물을 **경매할 수 없다.**

⑤ 유치권을 행사하는 자가 유치물의 **보존에 필요한 범위 내에서** 유치물인 주택에 거주하며 **사용하였다면**, 특별한 사정이 없는 한 차임에 상당한 **이득을 소유자에게 반환할 의무가 없다.**

08 민법상 유치권에 관한 설명으로 **틀린** 것은? 제23회

① **물상대위가 인정되지 않는다.**

② 유치권의 성립을 **배제하는 특약**은 **유효**하다.

③ 유치권은 채무자 이외의 **제3자 소유물에도 성립할 수 있다.**

④ **채무자가 유치물을 직접 점유하고 있는 경우**, 채권자는 자신의 간접점유를 이유로 **유치권을 행사할 수 없다.**

⑤ **건축자재를 매도한 자는** 그 자재로 건축된 건물에 대해 자신의 **대금채권**을 담보하기 위하여 **유치권을 행사할 수 있다.**

09 유치권에 관한 설명으로 **틀린** 것은? (다툼이 있으면 판례에 따름) 제31회

① 유치권이 인정되기 위한 유치권자의 점유는 **직접점유이든 간접점유이든 관계없다.**

② 유치권자와 유치물의 소유자 사이에 **유치권을 포기하기로 특약**한 경우, 제3자는 **특약의 효력을 주장할 수 없다.**

③ 유치권자는 채권의 **변제를 받기 위하여** 유치물을 **경매할 수 있다.**

④ 채무자는 **상당한 담보를 제공**하고 **유치권의 소멸을 청구**할 수 있다.

⑤ 임차인은 임대인과의 약정에 의한 **권리금반환채권**으로 임차건물에 **유치권을 행사할 수 없다.**

10 민법상 유치권에 관한 설명으로 **틀린** 것은? (다툼이 있으면 판례에 따름) 제34회

① 유치권자는 유치물에 대한 **경매권이 있다.**

② 유치권 발생을 **배제하는 특약은 무효이다.**

③ 건물신축공사를 도급받은 수급인이 사회통념상 **독립한 건물이 되지 못한 정착물을 토지에 설치한 상태에서 공사가 중단된 경우**, 그 토지에 대해 **유치권을 행사할 수 없다.**

④ 유치권은 피담보채권의 **변제기가 도래하지 않으면 성립할 수 없다.**

⑤ 유치권자는 **선량한 관리자의 주의로** 유치물을 **점유해야 한다.**

11 민법상 유치권에 관한 설명으로 **틀린** 것은? (다툼이 있으면 판례에 따름) 제35회

① **권리금**반환청구권은 유치권의 피담보채권이 **될 수 없다.**

② 유치권의 행사는 **피담보채권 소멸시효의 진행에 영향을 미치지 않는다.**

③ 공사대금채권에 기하여 유치권을 행사하는 자가 스스로 유치물인 **주택에 거주하며 사용**하는 것은 특별한 사정이 없는 한 유치물의 **보존에 필요한 사용에 해당한다.**

④ 유치권에 의한 경매가 목적부동산 위의 부담을 소멸시키는 법정매각조건으로 실시된 경우, 그 경매에서 **유치권자는** 일반채권자보다 **우선하여 배당을 받을 수 있다.**

⑤ 건물신축공사를 도급받은 수급인이 사회통념상 **독립한 건물이 되지 못한 정착물을 토지에 설치한 상태에서 공사가 중단된 경우**, 수급인은 그 정착물에 대하여 **유치권을 행사할 수 없다.**

12 유치권에 관한 설명으로 옳은 것은?   제23회

① 유치권자가 **제3자와의 점유매개관계에 의해** 유치물을 **간접점유**하는 경우, **유치권은 소멸하지 않는다.**

② 유치권자는 **매수인(경락인)**에 대해서도 피담보채권의 **변제를 청구할 수 있다.**

③ 유치권을 행사하는 동안에는 **피담보채권의 소멸시효가 진행하지 않는다.**

④ 유치권자는 유치물로부터 생기는 **과실을 수취하여** 이를 다른 채권자보다 먼저 자신의 **채권변제에 충당할 수 없다.**

⑤ **유치권자가** 유치물인 **주택에 거주하며 이를 사용**하는 경우, 특별한 사정이 없는 한 채무자는 **유치권소멸을 청구할 수 있다.**

13 유치권의 소멸사유가 <u>아닌</u> 것은?   제24회

① 혼동   ② 점유의 상실

③ 유치물의 멸실   ④ **제3자에게의 유치물 보관**

⑤ 채무자 아닌 유치물 소유자의 변제

14 유치권의 소멸사유가 <u>아닌</u> 것은?   제28회

① 포기   ② 점유의 상실

③ 목적물의 전부멸실   ④ 피담보채권의 소멸

⑤ **소유자의 목적물 양도**

15 민법상 유치권에 관한 설명으로 옳은 것은? (다툼이 있으면 판례에 따름)   제33회

① 유치권자는 유치물에 대한 **경매신청권이 없다.**

② 유치권자는 유치물의 **과실인 금전을 수취하여** 다른 채권보다 먼저 피담보채권의 **변제에 충당할 수 있다.**

③ 유치권자는 **채무자의 승낙 없이** 유치물을 **담보로 제공할 수 있다.**

④ 채권자가 **채무자를 직접점유자로 하여 간접점유하는 경우**에도 유치권은 **성립한다.**

⑤ 유치권자는 유치물에 관해 지출한 **필요비를** 소유자에게 상환 **청구할 수 없다.**

16 X물건에 대한 甲의 유치권 성립에 영향을 미치지 <u>않는</u> 것은? (다툼이 있으면 판례에 따름)

① X의 **소유권자가 甲인지 여부**

② X에 관하여 생긴 채권의 **변제기가 도래하였는지 여부**

③ X에 대한 甲의 점유가 **채무자를 매개로 한 간접점유가 아닌 한, 직접점유인지 간접점유인지 여부**

④ X에 대한 甲의 점유가 **불법행위**에 의한 것인지 **여부**

⑤ X에 관하여 생긴 채권에 기한 **유치권을 배제하기로 한** 채무자와의 **약정**이 있었는지 **여부**

17 유치권에 관한 설명으로 옳은 것은?

① 목적물에 대한 **점유를 취득한 뒤** 그 목적물에 관하여 **성립한 채권**을 담보하기 위한 **유치권은 인정되지 않는다.**

② 채권자가 **채무자를 직접점유자로 하여 간접점유하는 경우**에도 유치권은 **성립할 수 있다.**

③ 유치권자가 점유를 침탈당한 경우 점유보호청구권과 **유치권에 기한 반환청구권을 갖는다.**

④ 유치권자는 유치물의 **보존에 필요**하더라도 채무자의 승낙 없이는 유치물을 **사용할 수 없다.**

⑤ 임대차종료 후 법원이 임차인의 **유익비**상환청구권에 **유예기간을 인정한 경우**, 임차인은 기간 내에는 유익비상환청구권을 담보하기 위해 임차목적물을 **유치할 수 없다.**

key point

> 1. 경매등기(압류의 효력이 발생) 전에 성립한 유치권 ⇨ 경락인에게 대항 O
> 2. **경매등기(압류의 효력이 발생) 후에 성립한 유치권** ⇨ 경락인에게 **대항 X, 소멸**

18 甲은 X건물에 관하여 생긴 채권을 가지고 있다. 乙의 경매신청에 따라 X건물에 압류의 효력이 발생하였고, 丙은 경매절차에서 X건물의 소유권을 취득하였다. 다음 중 甲이 丙에게 유치권을 행사할 수 있는 경우를 모두 고른 것은? (다툼이 있으면 판례에 따름)　제29회

> ㄱ. X건물에 위 **압류의 효력이 발생한 후에** 甲이 X건물의 **점유**를 이전받은 경우
> ㄴ. X건물에 위 **압류의 효력이 발생한 후에** 甲의 피담보채권의 **변제기가 도래**한 경우
> ㄷ. X건물에 위 **압류의 효력이 발생하기 전에** 甲이 **유치권을 취득**하였지만, 乙의 저당권이 甲의 유치권보다 먼저 성립한 경우
> ㄹ. X건물에 위 **압류의 효력이 발생하기 전에** 甲이 **유치권을 취득**하였지만, 乙의 가압류등기가 甲의 유치권보다 먼저 마쳐진 경우

① ㄱ, ㄴ　　　　　　② ㄴ, ㄷ　　　　　　③ ㄷ, ㄹ
④ ㄱ, ㄴ, ㄹ　　　　⑤ ㄱ, ㄷ, ㄹ

19 甲은 자신이 점유하고 있는 건물에 관하여 乙을 상대로 유치권을 주장하고 있다. 다음 설명 중 틀린 것은?　제27회

① 甲이 건물의 수급인으로서 **소유권을 갖는다면**, 甲의 유치권은 인정되지 않는다.
② 甲이 건물의 점유에 관하여 **선관주의의무를 위반**하면, 채무자 乙은 유치권의 **소멸을 청구할 수 있다.**
③ 甲은 유치권의 행사를 위해 자신의 점유가 **불법행위로 인한 것이 아님을 증명해야 한다.**
④ **채무자 乙이** 건물을 **직접점유**하고 이를 매개로 하여 甲이 간접점유를 하고 있는 경우, **甲의 유치권이 인정되지 않는다.**
⑤ 丙이 건물의 점유를 침탈하였더라도 甲이 점유물반환청구권을 행사하여 **점유를 회복하면**, 甲의 유치권은 되살아난다.

key point 부동산의 일부에 대한 유치권

1. 점유한 부동산의 **일부**에 대해서만 **유치권이 성립**
2. 공사대금**채권은 전부**가 유치권에 의해 **담보**

20 甲은 乙과의 계약에 따라 乙소유의 구분건물 201호, 202호 전체를 수리하는 공사를 완료하였지만, 乙이 공사대금을 지급하지 않자 甲이 201호만을 점유하고 있다. 다음 설명 중 옳은 것은? (다툼이 있으면 판례에 따름)   제28회

① 甲의 유치권은 乙소유의 구분건물 201호, 202호 **전체의 공사대금을 피담보채권으로 하여 성립한다.**

② 甲은 乙소유의 구분건물 201호, 202호 **전체에 대해 유치권에 의한 경매를 신청할 수 있다.**

③ 甲은 201호에 대한 경매절차에서 매각대금으로부터 **우선변제를 받을 수 있다.**

④ 甲이 **乙의 승낙 없이** 201호를 丙에게 **임대한 경우,** 乙은 **유치권의 소멸을 청구할 수 없다.**

⑤ 甲이 **乙의 승낙 없이** 201호를 丙에게 **임대한 경우,** 丙은 乙에 대해 **임대차의 효력을 주장할 수 있다.**

11	저당권

key point

저당권 ⇨ 점유 X ⇨ 반환청구권 X, 과실수취권 X

01 저당권자에게 인정되지 **않는** 것은?　　　　　　　　　제21회

① 물상대위권　　　　　　　　② 우선변제권
③ **저당물반환청구권**　　　　　④ 피담보채권의 처분권
⑤ 저당물방해배제청구권

02 토지를 점유할 수 있는 물권을 모두 고른 것은?　　　　제33회

ㄱ. 전세권	ㄴ. 지상권
ㄷ. **저당권**	ㄹ. 임차권

① ㄱ　　　　　　② ㄱ, ㄴ　　　　　③ ㄱ, ㄹ
④ ㄷ, ㄹ　　　　⑤ ㄱ, ㄴ, ㄷ

03 1필의 토지의 일부를 객체로 할 수 **없는** 권리는?　　　　제33회

① **저당권**　　　　② 전세권　　　　③ 지상권
④ 임차권　　　　⑤ 점유권

04 물권에 관한 설명으로 옳은 것은? (다툼이 있으면 판례에 따름)　제35회

① 관습법에 의한 물권은 인정되지 않는다.
② 저당권은 법률규정에 의해 성립할 수 없다.
③ 부동산 물권변동에 관해서 공신의 원칙이 인정된다.
④ 1필 토지의 **일부**에 대해서는 **저당권이 성립할 수 없다.**
⑤ 물건의 집단에 대해서는 하나의 물권이 성립하는 경우가 없다.

key point

저당권의 피담보채권의 범위 ⇨ 원본, 이자, 위약금, 실행비용, 1년분의 지연이자

05 저당권의 피담보채권의 범위에 속하지 <u>않는</u> 것은?   제29회

① 원본
② 위약금
③ 저당권의 실행비용
④ **저당목적물의 하자로 인한 손해배상금**
⑤ 원본의 이행기일을 경과한 후의 1년분의 지연배상금

06 甲은 乙에 대한 금전채권을 담보하기 위해 乙의 X토지에 저당권을 취득하였고, 그 후 丙이 X토지에 대하여 저당권을 취득하였다. 다음 설명 중 옳은 것은? (다툼이 있으면 판례에 의함)   제25회

① 甲은 **저당권을 피담보채권과 분리하여** 제3자에게 **양도할 수 있다.**
② 乙이 甲에게 이행기에 **피담보채무 전부를 변제하면** 甲 명의의 저당권은 **말소등기를 하지 않아도 소멸한다.**
③ 저당권등기는 **효력존속요건이므로** 甲 명의의 저당권등기가 **불법말소**되면 甲의 **저당권은 소멸한다.**
④ 甲명의의 **저당권등기가 불법말소된 후** 丙의 **경매**신청으로 X토지가 제3자에게 매각되더라도 甲의 저당권등기는 **회복될 수 있다.**
⑤ 만약 **甲명의 저당권등기가 무효**인 경우, **丙의 저당권이 존재하더라도** 甲과 乙은 **甲명의의 저당권등기를** 다른 채권의 담보를 위한 저당권등기로 **유용할 수 있다.**

07 저당권에 관한 설명으로 틀린 것은?   제28회

① **지상권**은 **저당권의 객체**가 될 수 **있다.**
② **저당권**은 그 담보한 **채권과 분리하여** 타인에게 **양도할 수 있다.**
③ 저당권으로 담보한 **채권이** 시효완성으로 **소멸하면 저당권도 소멸**한다.
④ 저당권의 효력은 특별한 사정이 없는 한 **저당부동산의 종물에도 미친다.**
⑤ 저당물의 **제3취득자가** 그 부동산에 **유익비를 지출**한 경우, 저당물의 경매대가에서 **우선상환을 받을 수 있다.**

08 甲은 乙에게 1억원을 대여하면서 乙 소유의 Y건물에 저당권을 취득하였다. 다음 설명 중 옳은 것을 모두 고른 것은? (다툼이 있으면 판례에 따름) 제34회

> ㄱ. 乙이 甲에게 피담보채권 **전부를 변제**한 경우, 甲의 저당권은 **말소등기를 하지 않아도 소멸한다.**
> ㄴ. 甲은 Y건물의 소실로 인하여 乙이 취득한 **화재보험금청구권**에 대하여 **물상대위권을 행사할 수 있다.**
> ㄷ. 甲은 **저당권을** 피담보채권과 **분리하여** 제3자에게 **양도하지 못한다.**

① ㄱ   ② ㄷ   ③ ㄱ, ㄴ
④ ㄴ, ㄷ   ⑤ ㄱ, ㄴ, ㄷ

---

key point

1. **물상대위성**
   ① 유치물이 멸실, 소실된 경우 ⇨ **유치권** ⇨ **물상대위 X**
   ② 저당물이 멸실·훼손·공용징수된 경우 ⇨ **보험금, 손해배상금, 수용보상금** ⇨ **물상대위 O**
   ③ 저당물이 매매, 임대차된 경우 ⇨ **매매대금, 차임** ⇨ **물상대위 X**
   ④ 저당권설정자가 **수령하기 전 압류** 또는 공탁 ⇨ 특정
   ⑤ **반드시 저당권자 스스로 압류할 필요 X**
2. **저당권의 효력이 미치는 목적물의 범위**
   ① 부합물, 종물, 종된 권리 O
   ② 과실 X ⇨ 저당부동산을 **압류한 후에** 발생하는 **과실 O**

---

09 저당권의 성립 및 효력에 관한 설명으로 **틀린 것은?** 제23회 재구성

① **장래의 특정한 채권**은 저당권의 피담보채권이 **될 수 있다.**
② 물상대위권 행사를 위한 압류는 그 권리를 행사하는 **저당권자에 의해서만 가능하다.**
③ **저당부동산에 대해 지상권을 취득한 제3자**는 저당권자에게 피담보채권을 **변제하고** 저당권의 **소멸을 청구할 수 있다.**
④ 원본의 반환이 **2년간 지체**된 경우 채무자는 원본 및 지연배상금의 **전부를 변제하여야** 저당권등기의 **말소를 청구할 수 있다.**
⑤ 저당권이 설정된 나대지에 건물이 축조된 경우, 토지와 건물이 **일괄경매**되더라도 저당권자는 그 **건물의 매수대금**으로부터 **우선변제 받을 수 없다.**

10 저당권의 물상대위에 관한 설명으로 옳은 것은?　　　　　제27회

① 대위할 물건이 **제3자**에 의하여 **압류**된 경우에는 **물상대위성이 없다.**

② **전세권을 저당권의 목적으로 한 경우** 저당권자에게 **물상대위권이 인정되지 않는다.**

③ **저당권설정자에게** 대위할 물건이 **인도된 후**에 저당권자가 그 물건을 **압류**한 경우 **물상대위권을 행사할 수 있다.**

④ 저당권자는 저당목적물의 소실로 인하여 저당권설정자가 취득한 **화재보험금청구권**에 대하여 **물상대위권을 행사할 수 있다.**

⑤ 저당권이 설정된 토지가 공익사업을 위한 토지 등의 취득 및 보상에 관한 법률에 따라 **협의취득**된 경우, 저당권자는 그 **보상금**에 대하여 **물상대위권을 행사할 수 있다.**

11 저당권의 효력이 미치는 목적물의 범위에 관한 설명으로 틀린 것은?　　　　　제32회

① 당사자는 **설정계약으로** 저당권의 효력이 **종물에 미치지 않는 것으로 정할 수 있다.**

② 저당권의 목적토지가 「공익사업을 위한 토지 등의 취득 및 보상에 관한 법률」에 따라 **협의취득**된 경우, 저당권자는 그 **보상금청구권**에 대해 **물상대위권을 행사할 수 없다.**

③ 건물 소유를 목적으로 토지를 임차한 자가 그 토지 위에 소유하는 건물에 저당권을 설정한 경우 건물 소유를 목적으로 한 **토지 임차권에도 저당권의 효력이 미친다.**

④ 저당목적물의 변형물인 금전에 대해 이미 **제3자가 압류**한 경우 저당권자는 **물상대위권을 행사할 수 없다.**

⑤ **저당부동산에 대한 압류 이후의** 저당권설정자의 저당부동산에 관한 **차임채권**에도 **저당권의 효력이 미친다.**

12 법률이나 규약에 특별한 규정 또는 별도의 약정이 없는 경우, 저당권의 효력이 미치는 것을 모두 고른 것은?　　　　　제27회

> ㄱ. 저당권의 목적인 건물에 증축되어 **독립적 효용이 없는 부분**
> ㄴ. **건물의 소유를 목적으로 한** 토지임차인이 **건물에 저당권**을 설정한 경우의 **토지임차권**
> ㄷ. 구분건물의 **전유부분**에 관하여 **저당권**이 설정된 후, 전유부분의 소유자가 취득하여 전유부분과 일체가 된 **대지사용권**

① ㄱ　　　　　　② ㄷ　　　　　　③ ㄱ, ㄴ

④ ㄴ, ㄷ　　　　　⑤ ㄱ, ㄴ, ㄷ

13 저당권에 관한 설명으로 옳은 것은? (다툼이 있으면 판례에 따름) 제29회

① **저당권은** 그 담보한 **채권과 분리하여** 타인에게 **양도할 수 있다.**

② **저당물의 소유권을 취득한 제3자는** 그 저당물의 경매에서 **경매인이 될 수 없다.**

③ **건물저당권의 효력은** 특별한 사정이 없는 한 그 건물의 소유를 목적으로 한 **지상권에도 미친다.**

④ 저당부동산에 대한 압류가 있으면 **압류 이전의** 저당권설정자의 저당부동산에 관한 **차임채권에도 저당권의 효력이 미친다.**

⑤ 저당부동산의 **제3취득자는** 부동산의 **보존·개량을 위해 지출한 비용을** 그 부동산의 경매대가에서 **우선 변제받을 수 없다.**

14 법률상 특별한 규정이나 당사자 사이에 다른 약정이 없는 경우, 저당권의 효력이 미치는 것을 모두 고른 것은? (다툼이 있으면 판례에 따름) 제30회

> ㄱ. **저당권 설정 이전의** 저당부동산의 **종물로서** 분리·반출되지 않은 것
> ㄴ. **저당권 설정 이후의** 저당부동산의 **부합물로서** 분리·반출되지 않은 것
> ㄷ. 저당부동산에 대한 **압류 이전에** 저당부동산으로부터 **발생한** 저당권설정자의 **차임채권**

① ㄴ　　　　　　　② ㄱ, ㄴ　　　　　　　③ ㄱ, ㄷ
④ ㄴ, ㄷ　　　　　　⑤ ㄱ, ㄴ, ㄷ

15 법률에 특별한 규정 또는 설정행위에 다른 약정이 없는 경우, 저당권의 우선변제적 효력이 미치는 것을 모두 고른 것은? (다툼이 있으면 판례에 따름) 제33회

> ㄱ. **토지에 저당권이 설정된 후** 그 토지 위에 완공된 **건물**
> ㄴ. **토지에 저당권이 설정된 후** 토지소유자가 그 토지에 매설한 **유류저장탱크**
> ㄷ. **저당토지가** 저당권 실행으로 **압류된 후** 그 토지에 관하여 발생한 저당권설정자의 **차임채권**
> ㄹ. **토지에 저당권이 설정된 후** 토지의 **전세권자가** 그 토지에 **식재하고 등기한 입목**

① ㄴ　　　　　　　② ㄱ, ㄹ　　　　　　　③ ㄴ, ㄷ
④ ㄱ, ㄷ, ㄹ　　　　⑤ ㄴ, ㄷ, ㄹ

key point 일괄경매

1. **나대지**에 저당권을 설정한 후 ⇨ **설정자가** 신축하고 **소유**
2. **건물대가** ⇨ **우선변제 X**
3. 토지만 경매 또는 일괄경매 ⇨ 저당권자 선택

16 토지저당권자의 일괄경매청구권에 대한 설명으로 옳은 것은? 제16회

① **건물**은 토지에 대한 **저당권 설정 당시 이미 존재하고 있어야 한다.**

② 저당권설정자가 건축하여 **제3자에게 양도한 건물**에 대하여도 **일괄경매를 청구할 수 있는 것이 원칙이다.**

③ 저당권설정자로부터 용익권을 설정받은 자가 건축한 건물이라도 **저당권설정자가 나중에 소유권을 취득**하였다면 **일괄경매청구가 허용된다.**

④ 저당권자는 **건물의 매각대금**에 대하여도 **우선변제를 받을 수 있다.**

⑤ 저당권자는 **일괄경매를 청구할 의무**가 있으므로 토지만 경매를 신청하는 것은 허용되지 않는다.

17 甲은 乙소유의 X토지에 저당권을 취득하였다. X토지에 Y건물이 존재할 때, 甲이 X토지와 Y건물에 대해 일괄경매를 청구할 수 있는 경우를 모두 고른 것은? (다툼이 있으면 판례에 따름) 제31회

ㄱ. 甲이 **저당권**을 취득하기 **전**, 이미 X토지 위에 **乙의 Y건물이 존재**한 경우
ㄴ. 甲이 **저당권**을 취득한 **후**, 乙이 X토지 위에 **Y건물을 축조하여 소유**하고 있는 경우
ㄷ. 甲이 **저당권**을 취득한 **후**, 丙이 X토지에 지상권을 취득하여 Y건물을 축조하고 **乙이 그 건물의 소유권을 취득**한 경우

① ㄱ ② ㄴ ③ ㄱ, ㄷ
④ ㄴ, ㄷ ⑤ ㄱ, ㄴ, ㄷ

18 甲은 그 소유 나대지(X)에 乙에 대한 채무담보를 위해 乙명의의 저당권을 설정하였다. 이후 丙은 X에 건물(Y)을 신축하여 소유하고자 甲으로부터 X를 임차하여 Y를 완성한 후, Y에 丁명의의 저당권을 설정하였다. 다음 설명 중 틀린 것은? (다툼이 있으면 판례에 따름)
제30회

① 乙은 甲에 대한 **채권과 분리하여** 자신의 **저당권을** 타인에게 **양도할 수 없다.**

② 乙이 X에 대한 저당권을 실행하는 경우, Y에 대해서도 **일괄경매를 청구할 수 있다.**

③ 丁의 **Y에 대한 저당권 실행으로** 戊가 **경락을 받아** 그 대금을 완납하면, 특별한 사정이 없는 한 丙의 X에 관한 **임차권은** 戊에게 **이전된다.**

④ 丁의 **Y에 대한 저당권이** 실행되더라도 **乙의 저당권은** 소멸하지 않는다.

⑤ 甲이 X를 매도하는 경우, 乙은 그 **매매대금에 대해 물상대위권을 행사할 수 없다.**

19 저당권에 관한 설명으로 옳은 것은? (다툼이 있으면 판례에 따름)
제34회

① **전세권은** 저당권의 **객체가 될 수 없다.**

② 저당권 **설정은** 권리의 **이전적 승계에** 해당한다.

③ 민법 제365조에 따라 토지와 건물의 **일괄경매를 청구한** 토지 저당권자는 그 **건물의 경매대가에서 우선변제를 받을 수 있다.**

④ 건물 건축 개시 전의 **나대지에 저당권이 설정될** 당시 저당권자가 그 토지 소유자의 건물 건축에 동의한 경우, 저당토지의 임의경매로 인한 **법정지상권은 성립하지 않는다.**

⑤ 저당물의 **소유권을 취득한 제3자는** 그 저당물의 보존을 위해 **필요비를 지출**하더라도 특별한 사정이 없는 한 그 저당물의 경매대가에서 **우선상환을 받을 수 없다.**

key point

1. **경매시** ⇨ **저당권 소멸**
2. **제3취득자 보호** ⇨ 경매인 O, 대위변제권 O, **비용 최우선상환 O**
3. **후순위저당권자** ⇨ 제3취득자 X

20 하나의 부동산에 설정된 저당권과 용익물권의 관계에 관한 설명으로 **틀린** 것은?

감정평가사 2010

① **1번 저당권이 설정된 후 지상권이 설정**되고 그 후 2번 저당권이 설정된 경우, 2번 저당권 실행으로 목적물이 매각되더라도 **지상권은 소멸하지 않는다.**

② **전세권이 저당권보다 먼저 설정**된 경우, 저당권 실행 시 전세권자가 기한의 이익을 포기하고 **배당요구**를 하면 전세권은 목적물의 매각으로 **소멸한다.**

③ **지상권이 저당권보다 먼저 설정**된 경우, 저당권 실행으로 토지가 매각되더라도 지상권은 **소멸하지 않는다.**

④ **전세권이 저당권보다 후에 설정**된 경우, 전세권자가 목적물에 **유익비**를 지출하였다면 전세권자는 저당목적물의 매각대금에서 그 비용을 **우선상환받을 수 있다.**

⑤ **지상권이 저당권보다 후에 설정**된 경우, 지상권자는 저당권자에게 그 토지로 담보된 채권을 **변제하고** 저당권의 **소멸을 청구할 수 있다.**

21 저당부동산의 제3취득자에 관한 설명으로 옳은 것을 모두 고른 것은? (다툼이 있으면 판례에 따름)

제32회

ㄱ. 저당부동산에 대한 **후순위저당권자는** 저당부동산의 피담보채권을 변제하고 그 저당권의 소멸을 청구할 수 있는 **제3취득자에 해당하지 않는다.**

ㄴ. 저당부동산의 **제3취득자는** 부동산의 보존·개량을 위해 지출한 **비용을** 그 부동산의 경매대가에서 **우선상환을 받을 수 없다.**

ㄷ. 저당부동산의 **제3취득자는** 저당권을 실행하는 **경매에 참가하여 매수인이 될 수 있다.**

ㄹ. 피담보채권을 변제하고 저당권의 소멸을 청구할 수 있는 **제3취득자에는 경매신청 후에** 소유권, 지상권 또는 전세권을 **취득한 자도 포함된다.**

① ㄱ, ㄴ　　　　　② ㄱ, ㄹ　　　　　③ ㄴ, ㄷ
④ ㄱ, ㄷ, ㄹ　　　⑤ ㄴ, ㄷ, ㄹ

1. 용익권 ⇨ 최선순위저당권
2. 유치권 ⇨ 경매등기(압류의 효력 발생)

22 甲은 X건물에 1번 저당권을 취득하였고, 이어서 乙이 전세권을 취득하였다. 그 후 丙이 2번 저당권을 취득하였고, 경매신청 전에 X건물의 소유자의 부탁으로 비가 새는 X건물의 지붕을 수리한 丁이 현재 유치권을 행사하고 있다. 다음 설명 중 옳은 것은? 제24회

① 甲은 경매신청으로 戊가 X건물을 매수하면 X건물을 목적으로 하는 모든 권리는 소멸한다.

② 乙의 경매신청으로 戊가 X건물을 매수하면 甲의 저당권과 丁의 유치권을 제외한 모든 권리는 소멸한다.

③ 丙의 경매신청으로 戊가 X건물을 매수하면 **丁의 유치권을 제외한 모든 권리는 소멸한다.**

④ 丁의 경매신청으로 戊가 X건물을 매수하면 乙의 전세권을 제외한 모든 권리는 소멸한다.

⑤ 甲의 경매신청으로 戊가 X건물을 매수하면 乙의 전세권과 丁의 유치권을 제외한 모든 권리는 소멸한다.

key point 근저당권

1. **확정 전** ⇨ **부종성 X**

2. **채권최고액**
   ① **우선변제를 받을 수 있는 한도액 O**, 책임의 한도액 X
   ② 채권최고액 ⇨ 지연이자는 1년제한 없이 포함 O, **경매실행비용은 포함 X**

3. **경매신청으로 인한 근저당권의 피담보채권 확정시기**
   ① **근저당권자가 스스로 경매신청** ⇨ **경매신청시에 확정**
   ② **후순위권리자가 경매신청** ⇨ 선순위근저당권은 **경락대금 완납시에 확정**
   ③ 경매개시결정 후 경매신청이 취하 ⇨ 채무확정의 효과는 번복 X

4. **근저당권의 피담보채권이 확정된 후에 발생하는 채권**
   ① 확정된 후에 발생한 **새로운 채권** ⇨ 근저당권에 의해 **담보 X**
   ② 확정 후에 발생하는 **이자나 지연손해금채권** ⇨ 근저당권에 의하여 **담보 O**

5. **확정된 채권액이 채권최고액을 초과하는 경우**
   ① **채무자** ⇨ **확정된 채권액을 변제 O** ⇨ 근저당권의 말소청구 O
   ② **제3취득자, 물상보증인** ⇨ **최고액만을 변제 O** ⇨ 근저당권의 말소청구 O

23 근저당권에 관한 설명으로 **틀린** 것은?   제24회

① **채권최고액은** 저당목적물로부터 **우선변제를 받을 수 있는 한도액**을 의미한다.

② 채무자의 채무액이 채권최고액을 **초과**하는 경우, **물상보증인**은 채무자의 **채무 전액을 변제하지 않으면** 근저당권설정등기의 **말소를 청구할 수 없다.**

③ 근저당권의 피담보채권이 확정된 경우, **확정 이후에 새로운** 거래관계에서 발생하는 **채권**은 그 근저당권에 의하여 **담보되지 않는다.**

④ **근저당권자가 경매를 신청**한 경우, 그 근저당권의 피담보채권은 **경매를 신청한 때 확정**된다.

⑤ 근저당권의 **후순위 담보권자가 경매를 신청**한 경우, 근저당권의 피담보채권은 매수인이 **매각대금을 완납한 때 확정**된다.

24 근저당권에 관한 설명으로 **틀린** 것은? 감정평가사 2011

① 근저당권의 **목적물이 양도된 후** 피담보채무가 소멸한 경우, **근저당권설정자는** 근저당권설정등기의 **말소를 청구할 수 있다.**

② **채권최고액은** 저당목적물로부터 **우선변제를 받을 수 있는 한도액**을 의미한다.

③ **근저당권자가** 피담보채무의 불이행을 이유로 **경매신청**을 한 때에는 매수인이 매각대금을 **완납한 때**에 피담보채권은 **확정된다.**

④ 근저당권의 피담보채권이 **확정되기 전에 발생한 원본채권에 관하여** 확정 후에 발생하는 **이자나 지연손해금 채권**은 **채권최고액의 범위 내에서** 근저당권에 의하여 **담보된다.**

⑤ 확정된 피담보채권액이 채권최고액을 **초과**한 경우, **물상보증인은 채권최고액을** 변제하고 근저당권설정등기의 **말소를 청구할 수 있다.**

25 근저당권에 관한 설명으로 **틀린** 것은? (다툼이 있으면 판례에 따름) 제34회

① 채권최고액에는 피담보채무의 **이자가 산입된다.**

② 피담보채무 확정 전에는 **채무자를 변경할 수 있다.**

③ **근저당권자가** 피담보채무의 불이행을 이유로 **경매신청**을 한 경우, 특별한 사정이 없는 한 피담보채무액은 그 **신청시에 확정된다.**

④ **물상보증인은 채권최고액을 초과하는 부분의 채권액까지 변제할 의무를 부담한다.**

⑤ 특별한 사정이 없는 한, **존속기간이 있는** 근저당권은 **그 기간이 만료한 때** 피담보채무가 **확정된다.**

26 근저당권에 관한 설명으로 **틀린** 것은? 제20회

① 근저당권의 **실행비용**은 채권최고액에 **포함되지 않는다.**

② 피담보채권의 **이자**는 채권최고액에 **포함된 것으로 본다.**

③ **물상보증인은 채권최고액까지만 변제**하면 근저당권등기의 **말소를 청구할 수 있다.**

④ **근저당권자가** 피담보채무의 불이행을 이유로 **경매신청한 후에 새로운** 거래관계에서 발생한 **원본채권**은 그 근저당권에 의해 **담보되지 않는다.**

⑤ **근저당권자가** 피담보채무의 불이행을 이유로 **경매신청**을 하여 경매개시결정이 있은 후에 경매신청이 취하된 경우에는 **채무확정의 효과가 번복된다.**

27 2019. 8. 1. 甲은 乙에게 2억원(대여기간 1년, 이자 월 1.5%)을 대여하면서 乙 소유 X토지(가액 3억원)에 근저당권(채권최고액 2억 5천만원)을 취득하였고, 2020. 7. 1. 丙은 乙에게 1억원(대여기간 1년, 이자 월 1%)을 대여하면서 X토지에 2번 근저당권(채권최고액 1억 5천만원)을 취득하였다. 甲과 丙이 변제를 받지 못한 상황에서 丙이 2022. 6. 1. X토지에 관해 근저당권 실행을 위한 경매를 신청하면서 배당을 요구한 경우, 이에 관한 설명으로 옳은 것은? (다툼이 있으면 판례에 따름)　제33회

> ㄱ. 2022. 6. 1. **甲의 근저당권**의 피담보채권액은 **확정되지 않는다.**
> ㄴ. 甲에게 2022. 6. 1. 이후에 발생한 **지연이자는 채권최고액의 범위 내라도** 근저당권에 의해 **담보되지 않는다.**
> ㄷ. 甲이 한 번도 이자를 받은 바 없고 X토지가 3억원에 경매되었다면 **甲은** 경매대가에서 **3억원을 변제받는다.**

① ㄱ　　　　　　　　② ㄴ　　　　　　　　③ ㄱ, ㄷ
④ ㄴ, ㄷ　　　　　　⑤ ㄱ, ㄴ, ㄷ

28 근저당권에 관한 설명으로 옳은 것만을 모두 고른 것은?　감평사 2017

> ㄱ. 피담보채무의 **확정 전 채무자가 변경**된 경우, **변경 후의 채무자에 대한 채권만이** 당해 근저당권에 의하여 **담보된다.**
> ㄴ. 근저당권의 존속기간이나 결산기의 정함이 없는 경우, 근저당권설정자는 근저당권자를 상대로 **언제든지 해지**의 의사표시를 함~으로써 피담보채무를 **확정시킬 수 있다.**
> ㄷ. **근저당권자가** 피담보채무의 불이행을 이유로 **경매신청**을 한 경우, **경매신청시에** 근저당권이 **확정된다.**
> ㄹ. 선순위 근저당권의 확정된 피담보채권액이 채권최고액을 **초과**하는 경우, **후순위 근저당권자가** 선순위 근저당권의 **채권최고액을 변제하더라도** 선순위 근저당권의 **소멸을 청구할 수 없다.**

① ㄱ, ㄴ　　　　　　② ㄴ, ㄷ　　　　　　③ ㄴ, ㄹ
④ ㄱ, ㄷ, ㄹ　　　　⑤ ㄱ, ㄴ, ㄷ, ㄹ

29 근저당권에 관한 설명으로 <u>틀린</u> 것은? (다툼이 있으면 판례에 따름) 제31회

① 채무자가 아닌 **제3자도 근저당권을 설정할 수 있다.**

② 채권자가 아닌 **제3자 명의의 근저당권설정등기는** 특별한 사정이 없는 한 **무효이다.**

③ 근저당권에 의해 담보될 **채권최고액에** 채무의 **이자는 포함되지 않는다.**

④ 근저당권설정자가 적법하게 **기본계약을 해지하면** 피담보채권은 **확정된다.**

⑤ **근저당권자가** 피담보채무의 불이행을 이유로 **경매신청을** 한 경우에는 **경매신청 시에** 피담보채권액이 **확정된다.**

30 근저당권에 관한 설명으로 옳은 것을 모두 고른 것은? 제35회

> ㄱ. 채무자가 아닌 **제3자도** 근저당권을 **설정할 수 있다.**
> ㄴ. 피담보채무 **확정 전에는 채무자를 변경할 수 있다.**
> ㄷ. 근저당권에 의해 담보될 **채권최고액에** 채무의 **이자는 포함되지 않는다.**

① ㄱ   ② ㄷ   ③ ㄱ, ㄴ
④ ㄴ, ㄷ   ⑤ ㄱ, ㄴ, ㄷ

31 근저당권의 피담보채권이 확정되는 시기가 <u>아닌</u> 것은? 제19회

① 근저당채무자가 파산선고를 받은 때

② 기본계약상 결산기가 도래한 때

③ **근저당권자가 경매신청을 한 때**

④ 설정계약상 근저당권의 존속기간이 만료한 때

⑤ 근저당권자보다 **후순위의 전세권자가 경매신청을 한 때**

32 후순위 근저당권자의 신청으로 담보권 실행을 위한 경매가 이루어진 경우, 확정되지 않은 선순위 근저당권의 피담보채권이 확정되는 시기는? 제28회

① 경매개시결정이 있는 때

② 매수인이 **매각대금을 완납할 때**

③ 경매법원의 매각허가결정이 있는 때

④ 후순위 근저당권자가 **경매를 신청한 때**

⑤ 선순위 근저당권자가 경매개시된 사실을 알게 된 때

계약법

01 계약의 성립

key point

1. **합의에 의한 계약의 성립**
   ① 청약의 상대방 ⇨ 불특정 다수인 O
   ② 승낙의 상대방 ⇨ 반드시 특정인(청약자)
   ③ 청약 발신 후 ⇨ 청약자가 사망, 행위능력 상실 ⇨ 효력 O, 계약 성립 O
   ④ 청약 ⇨ 상대방에게 도달 ⇨ 철회 X ⇨ 철회권을 유보 O ⇨ 철회 O
   ⑤ 승낙기간을 정한 경우 ⇨ 승낙기간 내에 도달해야 성립
   ⑥ **격**지자 ⇨ 승낙기간 내에 도달 ⇨ **승**낙의 **발**신일에 성립
   ⑦ 연착된 승낙 ⇨ 성립 X ⇨ 새로운 청약 ⇨ 청약자가 승낙 ⇨ 성립
   ⑨ 사고로 인한 연착 ⇨ 성립 X ⇨ 연착통지 X ⇨ 성립
   ⑩ 승낙기간을 정하지 않은 경우 ⇨ 상당한 기간 내에 도달해야 성립
2. **기타 방법에 의한 계약의 성립**
   ① 의사**실현**에 의한 계약의 성립 ⇨ **사실이 있는 때** 성립
   ② 교차**청약**에 의한 계약의 성립 ⇨ 양 청약이 **모두 도달한 때** 성립

01 민법상 계약 성립에 관한 설명으로 **틀린** 것은? (다툼이 있으면 판례에 따름) 제29회

① **청약**은 **불특정** 다수인을 상대로 **할 수 있다.**
② **청약**은 특별한 사정이 없는 한 **철회하지 못한다.**
③ **격지자** 간의 계약은 다른 의사표시가 없으면 **승낙**의 통지를 **발송**한 때에 성립한다.
④ 청약자가 청약의 의사표시를 **발송한** 후 제한능력자가 되어도 청약의 **효력에 영향을 미치지 않는다.**
⑤ 청약자가 청약에 "**일정 기간 내에 이의를 제기하지 않으면 승낙한 것으로 본다.**"는 뜻을 표시한 경우, 이의 없이 **그 기간이 지나면 당연히 그 계약은 성립한다.**

02 계약의 성립과 내용에 관한 설명으로 **틀린** 것은? (다툼이 있으면 판례에 따름) 제35회

① **격지자** 간의 계약은 **승낙**의 통지를 **발송**한 때에 성립한다.

② 관습에 의하여 **승낙의 통지가 필요하지 않는 경우**, 계약은 승낙의 의사표시로 인정되는 **사실이 있는 때에 성립**한다.

③ 당사자간에 동일한 내용의 **청약이 상호교차**된 경우, **양 청약이** 상대방에게 **도달한 때**에 계약이 **성립한다.**

④ 승낙자가 청약에 대하여 **변경을 가하여 승낙**한 때에는 그 **청약의 거절과 동시에 새로 청약한 것**으로 본다.

⑤ **선시공·후분양**이 되는 아파트의 경우, 준공 전 그 외형·재질에 관하여 **분양광고에만 표현된 내용**은 특별한 사정이 없는 한 **분양계약의 내용이 된다.**

03 계약의 청약과 승낙에 관한 설명으로 옳은 것은? 제26회

① 격지자 간의 **청약**은 이를 자유로이 **철회할 수 있다.**

② 청약은 상대방 있는 의사표시이므로 **청약할 때 상대방이 특정되어야 한다.**

③ 청약자가 그 통지를 발송한 후 도달 전에 **사망**한 경우, **청약은 효력을 상실한다.**

④ **격지자** 간의 계약은 **승낙**의 통지가 **도달**한 때에 성립한다.

⑤ 승낙기간을 정하여 청약을 하였으나 **청약자가 승낙의 통지를 그 기간 내에 받지 못한 경우**, 원칙적으로 **청약은 효력을 상실한다.**

04 甲은 승낙기간을 2020. 5. 8.로 하여 자신의 X주택을 乙에게 5억원에 팔겠다고 하고, 그 청약은 乙에게 2020. 5. 1. 도달하였다. 이에 관한 설명으로 **틀린** 것은? (다툼이 있으면 판례에 따름) 제31회

① 甲의 **청약**은 乙에게 **도달한 때에** 그 효력이 생긴다.

② 甲이 청약을 발송한 후 **사망**하였다면, 그 **청약은 효력을 상실한다.**

③ 甲이 乙에게 "2020. 5. 8.까지 이의가 없으면 승낙한 것으로 본다"고 표시한 경우, 乙이 그 기간까지 이의하지 않더라도 **계약은 성립하지 않는다.**

④ 乙이 2020. 5. 15. **승낙한 경우**, 甲은 乙이 새로운 청약을 한 것으로 보고 이를 **승낙함으로써 계약을 성립시킬 수 있다.**

⑤ 乙이 5억원을 5천만원으로 잘못 읽어, 2020. 5. 8. **甲에게 5천만원에 매수한다는 승낙**이 도달하더라도 **계약은 성립하지 않는다.**

05 甲은 乙에게 우편으로 자기 소유의 X건물을 3억원에 매도하겠다는 청약을 하면서, 자신의 청약에 대한 회신을 2022. 10. 5.까지 해 줄 것을 요청하였다. 甲의 편지는 2022. 9. 14. 발송되어 2022. 9. 16. 乙에게 도달되었다. 이에 관한 설명으로 **틀린** 것을 모두 고른 것은? (다툼이 있으면 판례에 따름) 제33회

> ㄱ. 甲이 2022. 9. 23. 자신의 **청약을 철회한 경우**, 특별한 사정이 없는 한 甲의 **청약은 효력을 잃는다.**
> ㄴ. 乙이 2022. 9. 20. 甲에게 **승낙의 통지를 발송하여** 2022. 9. 22. 甲에게 **도달한 경우**, 甲과 乙의 계약은 2022. 9. 22.에 **성립한다.**
> ㄷ. 乙이 2022. 9. 27. 매매가격을 2억 5천만원으로 조정해 줄 것을 **조건으로 승낙한 경우**, 乙의 승낙은 청약의 거절과 동시에 **새로 청약한 것으로 본다.**

① ㄱ ② ㄴ ③ ㄱ, ㄴ
④ ㄴ, ㄷ ⑤ ㄱ, ㄴ, ㄷ

06 계약의 성립에 관한 설명으로 <u>틀린</u> 것은? 제22회, 제25회 유사

① 매매계약 체결 당시 **목적물과 대금이** 구체적으로 확정되지 않았더라도, **그 확정 방법과 기준이 정해져 있으면 계약이 성립할 수 있다.**

② 청약자가 "**일정한 기간 내에 이의를 하지 않으면 승낙한 것으로 본다.**"는 뜻을 표시하였더라도, **상대방은 이에 구속되지 않음이** 원칙이다.

③ **격지자**간의 계약에서 **청약은** 그 통지를 상대방에게 **발송한** 때에 효력이 발생한다.

④ 승낙기간이 지난 후에 승낙이 도착한 경우, 청약자는 이를 새로운 청약으로 보아 승낙할 수 있다.

⑤ 보증금의 수수는 임대차계약의 성립요건이 아니다.

07 계약에 관한 설명으로 **틀린** 것은? 제24회

① 계약을 **합의해지**하기 위해서는 **청약과 승낙**이라는 서로 대립하는 의사표시가 **합치**되어야 한다.

② 당사자 사이에 **동일한 내용의 청약이 서로 교차**된 경우, **양 청약이** 상대방에게 **도달한 때**에 계약은 성립한다.

③ 계약의 합의해제에 관한 청약에 대하여 상대방이 **조건을 붙여 승낙한 때**에는 그 **청약은 효력을 잃는다.**

④ 청약자가 '**일정한 기간 내에 회답이 없으면 승낙한 것으로 본다**'고 표시한 경우, 특별한 사정이 없으면 **상대방은 이에 구속된다.**

⑤ 청약자의 의사표시나 관습에 의하여 **승낙의 통지가 필요하지 않은 경우**, 계약은 승낙의 의사표시로 인정되는 **사실이 있는 때**에 성립한다.

08 계약의 성립에 관한 설명으로 **틀린** 것은? (다툼이 있으면 판례에 따름) 제28회

① **청약**은 그에 대한 승낙만 있으면 계약이 성립하는 **구체적 · 확정적 의사표시이어야 한다.**

② 아파트 **분양광고는 청약의 유인**의 성질을 갖는 것이 일반적이다.

③ 당사자 간에 **동일한 내용의 청약이 상호교차**된 경우, 양 청약이 상대방에게 **발송한 때**에 계약이 성립한다.

④ 승낙자가 청약에 대하여 **조건을 붙여 승낙**한 때에는 그 청약의 거절과 동시에 **새로 청약한 것으로 본다.**

⑤ 청약자가 **미리 정한 기간 내에 이의를 하지 아니하면 승낙한 것으로 본다**는 뜻을 청약시 표시하였더라도 이는 특별한 사정이 없는 한 **상대방을 구속하지 않는다.**

09 청약과 승낙에 의한 계약 성립에 관한 설명으로 **틀린** 것은? 제27회

① 청약과 승낙의 **주관적 · 객관적 합치**에 의해 계약이 성립한다.

② 승낙기간을 정한 계약의 청약은 청약자가 **그 기간 내에 승낙의 통지를 받지 못한 때**에는 원칙적으로 **그 효력을 잃는다.**

③ 계약의 본질적인 내용에 대하여 무의식적 **불합의**가 있는 경우, 계약을 **취소할 수 있다.**

④ **불특정 다수인**에 대하여도 **청약**이 가능하다.

⑤ **격지자** 간의 계약에서 **청약**은 그 통지가 상대방에게 **도달한 때**에 효력이 발생한다.

10 청약에 관한 설명으로 옳은 것은? (단, 특별한 사정은 없으며, 다툼이 있으면 판례에 따름)

제32회

① **불특정다수인**에 대한 청약은 **효력이 없다.**
② 청약이 상대방에게 **도달**하여 그 효력이 발생하더라도 청약자는 이를 **철회할 수 있다.**
③ 당사자간에 동일한 내용의 **청약이 상호교차된 경우,** 양 청약이 상대방에게 **발송된 때에** 계약이 성립한다.
④ 계약내용이 제시되지 않은 **광고는 청약에 해당한다.**
⑤ 하도급계약을 체결하려는 교섭당사자가 **견적서를 제출하는 행위는 청약의 유인에 해당한다.**

---

key point 계약의 유형

1. **매매, 교환, 임대차** ⇨ **쌍무, 유상, 낙성, 불요식계약**
2. 증여, 사용대차 ⇨ 편무, 무상, 낙성, 불요식계약
3. 쌍무계약 ⇨ 유상계약
4. **계약금계약** ⇨ **요물계약**

---

11 계약의 유형에 관한 설명으로 **틀린** 것은?

제26회

① **예약**은 채권**계약**이다.
② 전형계약 중 **쌍무**계약은 **유상**계약이다.
③ **교환**계약은 **요물**계약이다.
④ **매매**계약은 **쌍무**계약이다.
⑤ **임대차**계약은 **유상**계약이다.

---

12 계약의 유형에 관한 설명으로 옳은 것은?

제28회

① 부동산**매매**계약은 유상·**요물**계약이다.
② **중개**계약은 **민법상의 전형계약**이다.
③ 부동산**교환**계약은 **무상·계속적** 계약이다.
④ **증여**계약은 편무·**유상**계약이다.
⑤ **임대차**계약은 **쌍무·유상**계약이다.

13 계약의 종류와 그에 해당하는 예가 잘못 짝지어진 것은?   제31회

① **쌍무**계약 - **도급**계약
② **편무**계약 - **무상**임치계약
③ **유상**계약 - **임대차**계약
④ **무상**계약 - **사용대차**계약
⑤ **낙성**계약 - **현상광고**계약

14 계약의 유형에 관한 설명으로 옳은 것은?   제33회

① **매매**계약은 **요물**계약이다.
② **교환**계약은 **무상**계약이다.
③ **증여**계약은 **낙성**계약이다.
④ **도급**계약은 **요물**계약이다.
⑤ **임대차**계약은 **편무**계약이다.

15 민법상 계약에 관한 설명으로 옳은 것은?   제35회

① **매매**계약은 **요물**계약이다.
② **도급**계약은 **편무**계약이다.
③ **교환**계약은 **무상**계약이다.
④ **증여**계약은 **요식**계약이다.
⑤ **임대차**계약은 **유상**계약이다.

16 매매계약에 관한 설명으로 **틀린** 것은? (다툼이 있으면 판례에 따름) 제30회

① **매매**계약은 **요물**계약이다.

② 매매계약은 유상·쌍무계약이다.

③ 매도인의 담보책임은 무과실책임이다.

④ 타인의 권리도 매매의 대상이 될 수 있다.

⑤ 매매**계약**에 관한 **비용**은 특별한 사정이 없는 한 당사자 **쌍방이 균분하여 부담한다.**

17 민법상 매매계약에 관한 설명으로 **틀린** 것은? (다툼이 있으면 판례에 따름) 제34회

① 매매계약은 낙성·불요식계약이다.

② 타인의 권리도 매매의 목적이 될 수 있다.

③ 매도인의 담보책임 규정은 그 성질이 허용되는 한 교환계약에도 준용된다.

④ 매매**계약**에 관한 **비용**은 특약이 없는 한 **매수인이 전부 부담한다.**

⑤ 경매목적물에 하자가 있는 경우, 매도인은 물건의 하자로 인한 담보책임을 지지 않는다.

18 부동산의 교환계약에 관한 설명으로 옳은 것을 모두 고른 것은? 제32회

> ㄱ. **유상·쌍무**계약이다.
> ㄴ. 일방이 **금전의 보충지급을 약정**한 경우 그 금전에 대하여는 **매매대금에 관한** 규정을 **준용한다.**
> ㄷ. 다른 약정이 없는 한 각 당사자는 목적물의 하자에 대해 **담보책임을 부담한다.**
> ㄹ. 당사자가 자기 소유 목적물의 **시가를** 묵비하여 상대방에게 **고지하지 않은 경우,** 특별한 사정이 없는 한 **상대방의 의사결정에 불법적인 간섭을 한 것이다.**

① ㄱ, ㄴ   ② ㄷ, ㄹ   ③ ㄱ, ㄴ, ㄷ

④ ㄴ, ㄷ, ㄹ   ⑤ ㄱ, ㄴ, ㄷ, ㄹ

02 | 민법상 불능

key point 계약체결상 과실책임

① **원시적 불능** ▷ **무효**
② 이행하여야 할 자 ▷ 악의 또는 과실
③ **상대방** ▷ 선의, **무과실**
④ 신뢰이익배상 ▷ 이행이익을 한도

01 다음 중 계약체결상의 과실책임이 인정될 수 있는 것은? 　제23회

① 수량을 지정한 토지매매계약에서 **실제면적이 계약면적에 미달**하는 경우
② 토지에 대한 매매계약**체결** 전에 **이미** 그 토지 **전부가 공용수용**된 경우
③ 가옥 매매계약 **체결 후**, 제3자의 방화로 그 가옥이 전소한 경우
④ 유명화가의 그림에 대해 임대차계약을 **체결한 후**, 임대인의 과실로 그 그림이 파손된 경우
⑤ 저당권이 설정된 토지를 매수하여 이전등기를 마쳤으나, 후에 **저당권이 실행**되어 소유권을 잃게 된 경우

02 계약체결상의 과실책임에 관한 설명으로 옳은 것을 모두 고른 것은? (다툼이 있으면 판례에 따름) 　제35회 수정

> ㄱ. **계약이 의사의 불합치로 성립하지 않는다**는 사실을 알지 못하여 손해를 입은 당사자는 계약체결 당시 그 계약이 불성립될 수 있다는 것을 안 상대방에게 **계약체결상의 과실책임**을 물을 수 있다.
> ㄴ. 부동산 **수량지정** 매매에서 실제면적이 계약면적에 **미달하는 경우**, 그 부분의 원시적 불능을 이유로 **계약체결상의 과실책임**을 물을 수 없다.
> ㄷ. 계약체결 전에 이미 매매목적물이 전부 멸실된 사실을 **과실로 알지 못하여** 손해를 입은 계약당사자는 계약체결 당시 그 사실을 안 상대방에게 **계약체결상의 과실책임**을 물을 수 있다.

① ㄱ　　　　　　　　② ㄴ　　　　　　　　③ ㄱ, ㄷ
④ ㄴ, ㄷ　　　　　　　⑤ ㄱ, ㄴ, ㄷ

key point | 후발적 불능 ⇨ 매도인이 채무자

1. 채무불이행책임
   ① 채무자의 귀책사유로 불능
   ② 해제, 손해배상청구
2. 채무자위험부담주의(대가 X)
   ① **쌍방 귀책사유 없이 불능**
   ② 건물매매 ⇨ 천재지변, 제3자의 방화
   ③ 토지매매 ⇨ 수용
   ④ 양당사자 모두 의무 소멸 ⇨ 이미 지급된 계약금은 반환 O
3. 채권자위험부담주의(대가 O)
   ① 채권자의 귀책사유, 수령지체 중 불능
   ② 채무자는 의무 소멸, **채권자는 의무 존재**
   ③ **채무자가** 채무를 면함으로써 **얻은 이익** ⇨ **채권자에게 상환**

03 甲은 자기소유의 주택을 乙에게 매도하는 계약을 체결하였는데, 그 주택의 점유와 등기가 乙에게 이전되기 전에 멸실되었다. 다음 중 틀린 것은? 제22회

① 주택이 **태풍**으로 멸실된 경우, 甲은 乙에게 **대금지급을 청구할 수 없다.**
② 주택이 **태풍**으로 멸실된 경우, 甲은 이미 받은 **계약금을 반환할 의무가 없다.**
③ 甲의 **과실로** 주택이 전소된 경우, 乙은 계약을 **해제할 수 있다.**
④ 乙의 **과실로** 주택이 전소된 경우, 甲은 乙에게 **대금지급을 청구할 수 있다.**
⑤ 甲이 이행기에 이전등기에 필요한 서류를 제공하면서 주택의 인수를 최고하였으나 **乙이 이를 거절하던 중** 태풍으로 멸실된 경우, 甲은 乙에게 **대금지급을 청구할 수 있다.**

04 甲과 乙이 乙소유의 주택에 대한 매매계약을 체결하였는데, 주택이 계약체결 후 소유권 이전 및 인도 전에 소실되었다. 다음 설명 중 틀린 것은? 제27회

① 甲과 乙의 **책임 없는 사유로** 주택이 소실된 경우, 乙은 甲에게 **매매대금의 지급을 청구할 수 없다.**
② 甲과 乙의 **책임 없는 사유로** 주택이 소실된 경우, 乙이 **계약금**을 수령하였다면 甲은 그 **반환을 청구할 수 있다.**
③ 甲의 **과실로** 주택이 **소실**된 경우, 乙은 甲에게 **매매대금의 지급을 청구할 수 있다.**
④ 乙의 **과실로** 주택이 **소실**된 경우, 甲은 계약을 **해제할 수 있다.**
⑤ 甲의 **수령지체 중에** 甲과 乙의 책임 없는 사유로 주택이 **소실**된 경우, 乙은 甲에게 **매매대금의 지급을 청구할 수 없다.**

05 甲과 乙은 甲소유의 X토지에 대하여 매매계약을 체결하였으나 그 후 甲의 채무인 소유권 이전등기의무의 이행이 불가능하게 되었다. 다음 설명 중 옳은 것을 모두 고른 것은? (다툼이 있으면 판례에 따름) 제34회

> ㄱ. 甲의 채무가 **쌍방의 귀책사유 없이 불능**이 된 경우, 이미 **대금을 지급한** 乙은 그 대금을 부당이득법리에 따라 **반환청구할 수 있다.**
> ㄴ. 甲의 채무가 **乙의 귀책사유로 불능**이 된 경우, 특별한 사정이 없는 한 **甲은** 乙에 게 **대금지급을 청구할 수 있다.**
> ㄷ. **乙의 수령지체 중에** 쌍방의 귀책사유 없이 甲의 채무가 **불능**이 된 경우, **甲은** 乙에게 **대금지급을 청구할 수 없다.**

① ㄱ   ② ㄷ   ③ ㄱ, ㄴ
④ ㄴ, ㄷ   ⑤ ㄱ, ㄴ, ㄷ

06 甲은 X건물을 乙에게 매도하고 乙로부터 계약금을 지급받았는데, 그 후 甲과 乙의 귀책 사유 없이 X건물이 멸실되었다. 다음 설명 중 옳은 것을 모두 고른 것은? (다툼이 있으면 판례에 따름) 제35회

> ㄱ. **甲은** 乙에게 **잔대금의 지급을 청구할 수 있다.**
> ㄴ. **乙은** 甲에게 **계약금의 반환을 청구할 수 있다.**
> ㄷ. 만약 **乙의 수령지체 중에** 甲과 乙의 귀책사유 없이 X건물이 **멸실**된 경우, **乙은** 甲에게 **계약금의 반환을 청구할 수 있다.**

① ㄴ   ② ㄷ   ③ ㄱ, ㄴ
④ ㄱ, ㄷ   ⑤ ㄴ, ㄷ

07 甲은 자신의 토지를 乙에게 팔고 중도금까지 수령하였으나, 그 토지가 공용(재결)수용되는 바람에 乙에게 소유권을 이전할 수 없게 되었다. 다음 설명 중 옳은 것은? 제29회

① 乙은 매매계약을 **해제하고 전보배상**을 청구할 수 있다.
② 乙은 甲의 **수용보상금청구권의 양도를 청구할 수 있다.**
③ 乙은 이미 지급한 **중도금**을 부당이득으로 **반환청구할 수 없다.**
④ 乙은 **계약체결상의 과실**을 이유로 신뢰이익의 배상을 **청구할 수 있다.**
⑤ 乙이 매매대금 전부를 지급하면 **甲의 수용보상금청구권 자체가** 乙에게 **귀속한다.**

08 위험부담에 관한 설명으로 **틀린** 것은? (다툼이 있으면 판례에 따름)

① 후발적 불능이 당사자 **쌍방에게 책임없는** 사유로 생긴 때에는 **위험부담**의 문제가 발생한다.

② **편무계약**의 경우 원칙적으로 **위험부담**의 법리가 **적용되지 않는다.**

③ 당사자 일방이 **대상청구권을 행사하려면** 상대방에 대하여 **반대급부를 이행할 의무가 있다.**

④ 당사자 **쌍방의 귀책사유 없는** 이행불능으로 매매계약이 종료된 경우, 매도인은 이미 지급받은 **계약금을 반환하지 않아도 된다.**

⑤ 우리 민법은 **채무자위험부담주의를 원칙**으로 한다.

09 쌍무계약상 위험부담에 관한 설명으로 **틀린** 것은? (다툼이 있으면 판례에 따름)

① 계약당사자는 위험부담에 관하여 **민법 규정과 달리 정할 수 있다.**

② **채무자의 책임 있는 사유로** 후발적 불능이 발생한 경우, **위험부담의 법리가 적용된다.**

③ 매매목적물이 이행기 전에 **강제수용**된 경우, **매수인이 대상청구권을 행사하면 매도인은 매매대금 지급을 청구할 수 있다.**

④ 채권자의 **수령지체 중** 당사자 모두에게 책임 없는 사유로 불능이 된 경우, **채무자는 상대방의 이행을 청구할 수 있다.**

⑤ 당사자 일방의 채무가 **채권자의 책임 있는 사유로** 불능이 된 경우, **채무자는 상대방의 이행을 청구할 수 있다.**

03 동시이행항변권

1. 변제 ⇨ 담보물권 말소 ⇨ 동시이행 X
2. 이행불능 ⇨ 손해배상채무 ⇨ 동시이행 O
3. 권리금회수 방해로 인한 손해배상의무 ⇨ 동시이행 X
4. 임차권등기명령, 토지거래허가, 경매 무효 ⇨ 동시이행 X

01 동시이행관계에 있는 것을 모두 고르면? 제18회

> ㄱ. **담보목적의 가등기말소의무**와 피담보채무의 **변제**의무
> ㄴ. **임차권등기명령에 의한 임차권등기**가 된 경우, 임대인의 보증금반환의무와 임차인의 등기말소의무
> ㄷ. 계약**해제**로 인한 각 당사자의 **원상회복의무**
> ㄹ. **전세계약의 종료시 전세금반환의무**와 전세목적물 인도 및 전세권말소등기에 필요한 서류의 교부의무

① ㄱ, ㄴ   ② ㄴ, ㄹ   ③ ㄱ, ㄷ
④ ㄴ, ㄷ   ⑤ ㄷ, ㄹ

02 동시이행항변권에 관한 설명으로 틀린 것은? 제25회

① 계약**해제**로 인한 당사자 상호간의 **원상회복의무는 동시이행관계에 있다.**
② **구분소유적 공유관계가 해소되는 경우**, 공유지분권자 상호간의 지분이전등기의무는 **동시이행관계에 있다.**
③ **임차권등기명령**에 의해 등기된 임차권등기말소의무와 보증금반환의무는 **동시이행관계에 있다.**
④ 동시이행관계에 있는 어느 일방의 채권이 양도되더라도 그 **동일성이 인정**되는 한 **동시이행관계는 존속한다.**
⑤ 일방당사자가 **선이행의무**를 부담하더라도 **상대방의 채무이행이 곤란할 현저한 사유가 있는 경우**에는 동시이행항변권을 행사할 수 있다.

03 동시이행의 관계에 있는 것을 모두 고른 것은? (다툼이 있으면 판례에 따름) 　제31회

> ㄱ. **임대차 종료시** 임차보증금 반환의무와 임차물 반환의무
> ㄴ. 피담보채권을 **변제**할 의무와 **근저당권설정등기 말소의무**
> ㄷ. 매도인의 **토지거래허가** 신청절차에 협력할 의무와 매수인의 매매대금지급의무
> ㄹ. 토지임차인이 **건물매수청구권을 행사**한 경우, 토지임차인의 건물인도 및 소유권 이전등기의무와 토지임대인의 건물대금지급의무

① ㄹ　　　　　　　　　② ㄱ, ㄴ　　　　　　　　　③ ㄱ, ㄹ
④ ㄴ, ㄷ　　　　　　　　⑤ ㄱ, ㄷ, ㄹ

04 동시이행관계에 있는 것을 모두 고른 것은? (단, 이에 관한 특약은 없으며, 다툼이 있으면 판례에 따름) 　제32회

> ㄱ. 부동산의 **매매계약이 체결된 경우** 매도인의 소유권이전등기의무와 매수인의 잔대금지급의무
> ㄴ. **임대차 종료시** 임대인의 임차보증금 반환의무와 임차인의 임차물 반환의무
> ㄷ. 매도인의 **토지거래허가** 신청절차에 협력할 의무와 매수인의 매매대금지급의무

① ㄱ　　　　　　　　　② ㄴ　　　　　　　　　③ ㄷ
④ ㄱ, ㄴ　　　　　　　　⑤ ㄴ, ㄷ

05 특별한 사정이 없는 한 동시이행의 관계에 있는 경우를 모두 고른 것은? (다툼이 있으면 판례에 따름) 　제33회

> ㄱ. 임대차계약 종료에 따른 임차인의 임차목적물반환의무와 임대인의 **권리금 회수 방해로 인한 손해배상의무**
> ㄴ. 주택임대차보호법상 **임차권등기명령**에 따라 행해진 임차권등기의 말소의무와 임대차보증금 반환의무
> ㄷ. **구분소유적 공유관계의 해소**로 인하여 공유지분권자 상호간에 발생한 지분이전 등기의무

① ㄱ　　　　　　　　　② ㄷ　　　　　　　　　③ ㄱ, ㄴ
④ ㄴ, ㄷ　　　　　　　　⑤ ㄱ, ㄴ, ㄷ

06 동시이행의 항변권에 관한 설명으로 **틀린** 것은? 변리사 2011

① 쌍방의 채무가 **별개의 계약**에 기한 경우에는 **특약이 없는 한 동시이행의 항변권은 발생할 수 없다.**

② 동시이행관계에 있는 어느 일방의 채권이 양도되더라도 그 **동일성이 인정**되는 한 **동시이행관계는 존속한다.**

③ **동시이행관계에 있던** 채무 중 어느 한 채무의 **이행불능**으로 발생한 **손해배상채무**는 반대채무와 여전히 동시이행관계에 있다.

④ **가압류등기가 있는 부동산 매매계약**에서 특약이 없는 한 매도인이 소유권이전등기의무·가압류등기말소의무와 매수인의 대금지급의무는 **동시이행관계에 있다.**

⑤ 근저당권 실행을 위한 **경매가 무효**가 된 경우, **낙찰자의 채무자에 대한** 소유권이전등기 말소의무와 **근저당권자의 낙찰자에 대한** 배당금 반환의무는 **동시이행관계에 있다.**

07 동시이행의 관계에 있지 <u>않는</u> 것은? (다툼이 있으면 판례에 따름) 제29회

① 계약**해제**로 인한 당사자 쌍방의 **원상회복의무**

② **구분소유적 공유관계를 해소하기 위한** 공유지분권자 상호간의 지분이전등기의무

③ **전세권이 소멸**한 때에 전세권자의 목적물인도 및 전세권설정등기말소의무와 전세권설정자의 전세금반환의무

④ 근저당권 실행을 위한 **경매가 무효**인 경우, **낙찰자의 채무자에 대한** 소유권이전등기말소의무와 **근저당권자의 낙찰자에 대한** 배당금반환의무

⑤ 가등기담보에 있어 채권자의 **청산금지급의무와** 채무자의 목적부동산에 대한 **본등기 및 인도의무**

08 동시이행의 항변권에 관한 설명으로 **틀린** 것은? 제20회

① 쌍무계약이 **무효**가 되어 각 당사자가 서로 취득한 것을 반환하여야 할 경우, 각 당사자의 반환의무는 **동시이행관계에 있다.**

② 당사자 일방의 책임 있는 사유로 채무이행이 **불능**으로 되어 그 채무가 **손해배상채무**로 바뀌게 되면 **동시이행관계는 소멸한다.**

③ 채무자는 **상대방의 이행제공이 없는 한** 이행기에 채무를 이행하지 않더라도 **이행지체책임이 없다.**

④ **상대방이 이행을 제공한 때에는** 채무자는 **동시이행의 항변권을 행사할 수 없다.**

⑤ **선이행의무**를 부담하는 당사자 일방은 **상대방의 이행이 곤란할 현저한 사유가** 있으면 자기의 채무이행을 **거절할 수 있다.**

key point

1. 선이행의무 지체 중 ⇨ 상대방 변제기 도래 ⇨ 동시이행항변권 행사 O

2. 甲과 乙이 甲소유 부동산에 대하여 매매계약을 체결한 경우
   ① 甲이 이행제공 O ⇨ 乙은 동시이행항변권 X ⇨ 乙은 지체책임 O
   ② 甲이 이행제공 X ⇨ 乙은 동시이행항변권 O ⇨ 乙은 지체책임 X

3. 동시이행항변권의 존재의 효과
   ① 상계 X
   ② 지체책임 X

4. 동시이행항변권의 행사의 효과
   ① 법원이 직권으로 고려할 사항 X
   ② 동시이행항변권을 주장 O ⇨ 상환이행판결(상환급부판결, 원고일부승소판결)
   ③ 동시이행항변권을 주장 X ⇨ 단순이행판결(원고전부승소판결)

09 乙은 제3자의 가압류등기가 있는 甲소유의 부동산을 甲으로부터 매수하였다. 다음 설명 중 **틀린** 것은? (다툼이 있으면 판례에 의함) 제21회

① 甲의 소유권이전등기의무 및 **가압류등기의 말소의무**와 乙의 대금지급의무는 특별한 사정이 없는 한 **동시이행관계에 있다.**

② **甲은** 乙에 대한 **매매대금채권**을 자동채권으로 하여 상계적상에 있는 乙의 甲에 대한 대여금채권과 **상계할 수 없다.**

③ 甲의 乙에 대한 **매매대금채권**이 **전부명령**에 의해 압류채권자인 丙에게 이전된 경우, 乙은 丙의 대금청구에 대해 **동시이행항변권을 행사할 수 없다.**

④ 甲이 소유권이전에 필요한 등기서류를 교부하였는데 乙이 그 수령을 거절한 경우, 후에 **甲이 재차 이행의 제공 없이** 乙에게 대금지급을 청구하면 **乙은 동시이행항변권을 행사할 수 있다.**

⑤ **乙이** 대금채무를 **선이행하기로 약정**했더라도 그 이행을 지체하는 동안 **甲의 채무의 이행기가 도래**하였다면, 특별한 사정이 없는 한 甲과 乙의 채무는 **동시이행관계에 있다.**

10 임대인 甲은 임차인 乙에게 임대차기간의 만료와 동시에 임대주택의 명도를 요구하고 있다. 다음 중 **틀린** 것은?　　　제23회

① 甲이 보증금채무를 **이행제공하지 않는 한**, 乙은 주택의 **명도를 거절할 수 있다.**

② 乙이 **동시이행항변권에 기하여** 주택을 **사용·수익**하는 경우, 甲은 乙에게 **불법점유**를 이유로 손해배상책임을 물을 수 **없다.**

③ 乙이 **동시이행항변권에 기하여** 주택을 **사용·수익**하더라도 그로 인하여 실질적으로 얻은 이익이 있으면 **부당이득**으로 甲에게 **반환하여야 한다.**

④ 甲이 보증금채무를 이행제공하였음에도 乙이 주택을 명도하지 않은 경우, **甲이** 그 후 보증금채무의 **이행제공 없이** 명도청구를 하더라도 **乙은 동시이행항변권을 행사할 수 있다.**

⑤ 乙이 甲에게 변제기가 도래한 대여금 채무를 지고 있다면, 乙은 甲에 대한 보증금채권을 자동채권으로 하여 甲의 乙에 대한 대여금채권과 **상계할 수 있다.**

11 동시이행의 항변권에 관한 설명으로 옳은 것은?　　　제26회

① **동시이행관계에 있는** 쌍방의 채무 중 어느 한 채무가 **이행불능**이 되어 **손해배상채무**로 바뀌는 경우, **동시이행의 항변권은 소멸한다.**

② 임대차 종료 후 보증금을 반환받지 못한 임차인이 **동시이행의 항변권에 기하여** 임차목적물을 **점유**하는 경우, **불법점유로 인한 손해배상책임을 진다.**

③ 동시이행의 **항변권은 당사자의 주장이 없어도** 법원이 **직권으로 고려할 사항이다.**

④ 채권자의 이행청구소송에서 채무자가 주장한 **동시이행의 항변이 받아들여진 경우**, 채권자는 **전부 패소판결**을 받게 된다.

⑤ **선이행의무자가** 이행을 지체하는 동안에 **상대방의 채무의 변제기가 도래한 경우**, 특별한 사정이 없는 한 쌍방의 의무는 **동시이행관계가 된다.**

12 동시이행의 항변권에 관한 설명으로 **틀린** 것은? (다툼이 있으면 판례에 따름) 제35회

① 서로 이행이 완료된 쌍무계약이 **무효**로 된 경우, 당사자 사이의 반환의무는 **동시이행관계에 있다.**

② **구분소유적 공유관계가 해소**된 경우, 공유지분권자 상호간의 지분이전등기의무는 **동시이행관계에 있다.**

③ 동시이행의 항변권이 붙어 있는 채권은 특별한 사정이 없는 한 이를 자동채권으로 하여 **상계하지 못한다.**

④ 양 채무의 **변제기가 도래**한 쌍무계약에서 **수령지체에 빠진 자는** 이후 **상대방이** 자기 채무의 **이행제공 없이** 이행을 청구하는 경우, **동시이행의 항변권을 행사할 수 있다.**

⑤ 채무를 담보하기 위해 채권자 명의의 소유권이전등기가 된 경우, 피담보채무의 **변제**의무와 그 소유권이전등기의 **말소의무는 동시이행관계에 있다.**

13 동시이행의 항변권에 관한 설명으로 **틀린** 것은? (다툼이 있으면 판례에 따름) 변리사 2021

① 부동산 **매매계약**에서 매수인이 **부가가치세**를 부담하기로 약정한 경우, 특별한 사정이 없는 한 부가가치세를 포함한 매매대금 전부와 부동산의 소유권이전등기의무는 **동시이행관계에 있다.**

② **선이행의무자가** 이행을 **지체하는 동안 상대방의 채무가 이행기에 도래한 경우,** 특별한 사정이 없는 한 양 당사자의 의무는 **동시이행관계에 있다.**

③ **구분소유적 공유관계가** 전부 **해소된 경우,** 공유지분권자 상호간의 지분이전등기의무는 **동시이행관계에 있다.**

④ 동시이행항변권에 따른 **이행지체책임 면제의 효력은** 그 항변권을 **행사·원용하여야 발생한다.**

⑤ 동시이행의 관계에 있는 쌍방의 채무 중 어느 한 채무가 **이행불능**이 됨으로 인하여 발생한 **손해배상채무도** 여전히 다른 채무와 **동시이행관계에 있다.**

| 04 | 제3자를 위한 계약 |

key point

1. **제3자** ⇨ 계약당사자 X
   ① **해제권(원상회복청구), 취소권 X**
   ② **손해배상청구권 O**
2. **선의의 제3자 보호규정** ⇨ **적용 X**
3. **요약자와 낙약자 관계**(보상관계, 기본관계) ⇨ **계약의 효력에 영향 O**
4. **요약자와 수익자 관계**(대가관계) ⇨ **계약의 효력에 영향 X**
5. **제3자가 수익의 의사표시를 한 후**
   ① 당사자의 **합의로 변경** 또는 **소멸 X**
   ② **요약자(채권자)는** 제3자의 동의 없이도 **취소하거나 해제 O**

01 甲은 자기소유의 주택을 乙에게 매도하는 계약을 체결하면서 대금은 乙이 丙에게 지급하기로 하는 제3자를 위한 계약을 체결하였다. 다음 중 **틀린** 것은?(다툼이 있으면 판례에 의함)
제22회, 제24회 유사

① 乙이 丙에게 상당한 기간을 정하여 대금수령 여부의 확답을 **최고**하였음에도 **그 기간 내에 확답을 받지 못한 경우**, 丙이 대금수령을 **거절한 것으로 본다.**

② 乙이 丙에게 대금을 지급한 후 **계약이 무효**가 된 경우, **乙은** 특별한 사정이 없는 한 **丙에게 대금반환을 청구할 수 있다.**

③ 계약이 乙의 **기망**으로 체결된 경우, **丙은** 이를 이유로 계약을 **취소할 수 없다.**

④ 丙이 乙에게 대금수령의 의사표시를 한 후 甲과 乙이 계약을 **합의해제**하더라도 특별한 사정이 없는 한 **丙에게는 효력이 없다.**

⑤ 丙이 乙에게 대금수령의 의사표시를 하였으나 乙이 대금을 지급하지 않은 경우, **丙은 乙에게 손해배상을 청구할 수 있다.**

02 甲은 자신의 X부동산을 乙에게 매도하면서 대금채권을 丙에게 귀속시키기로 하고, 대금 지급과 동시에 소유권이전등기를 해 주기로 했다. 그 후 丙은 乙에게 수익의 의사를 표시 하였다. 이에 관한 설명으로 옳은 것은? (다툼이 있으면 판례에 따름) 제31회

① 甲과 乙은 특별한 사정이 없는 한 계약을 **합의해제할 수 있다.**

② 乙이 대금지급의무를 불이행한 경우, 丙은 계약을 **해제할 수 있다.**

③ 甲이 乙의 채무불이행을 이유로 계약을 해제한 경우, **丙은 乙에 대하여 손해배상을 청구할 수 있다.**

④ 甲이 소유권이전등기를 **지체하는 경우, 乙은 丙에 대한 대금지급을 거절할 수 없다.**

⑤ 乙이 甲의 채무불이행을 이유로 계약을 해제한 경우, 乙은 이미 지급한 **대금의 반환을 丙에게 청구할 수 있다.**

03 甲은 그 소유의 토지를 乙에게 매도하면서 甲의 丙에 대한 채무변제를 위해 乙이 그 대금 전액을 丙에게 지급하기로 하는 제3자를 위한 계약을 乙과 체결하였고, 丙도 乙에 대해 수익의 의사표시를 하였다. 다음 설명 중 틀린 것은? (다툼이 있으면 판례에 따름)

제34회

① 乙은 **甲과 丙 사이의 채무부존재의 항변으로 丙에게 대항할 수 없다.**

② 丙은 乙의 채무불이행을 이유로 甲과 乙 사이의 계약을 **해제할 수 없다.**

③ 乙이 甲의 채무불이행을 이유로 계약을 해제한 경우, 특별한 사정이 없는 한 乙은 이미 이행한 급부의 **반환을 丙에게 청구할 수 있다.**

④ 甲이 乙의 채무불이행을 이유로 계약을 해제하면, **丙은 乙에게 채무불이행으로 인해 자신이 입은 손해의 배상을 청구할 수 있다.**

⑤ 甲은 **丙의 동의 없이도 乙의 채무불이행을 이유로 계약을 해제할 수 있다.**

04 매도인 甲과 매수인 乙사이에 매매대금을 丙에게 지급하기로 하는 제3자를 위한 계약을 체결하였고, 丙이 乙에게 수익의 의사표시를 하였다. 다음 설명 중 옳은 것은? (다툼이 있으면 판례에 따름) 제35회

① 乙의 대금채무 불이행이 있는 경우, 甲은 丙의 동의 없이 乙과의 계약을 해제할 수 없다.

② 乙의 기망행위로 甲과 乙의 계약이 체결된 경우, 丙은 사기를 이유로 그 계약을 취소할 수 있다.

③ 甲과 丙의 법률관계가 무효인 경우, 특별한 사정이 없는 한 乙은 丙에게 대금 지급을 거절할 수 있다.

④ 乙이 매매대금을 丙에게 지급한 후에 甲과 乙의 계약이 취소된 경우, 乙은 丙에게 부당이득반환을 청구할 수 있다.

⑤ 甲과 乙이 계약을 체결할 때 丙의 권리를 변경시킬 수 있음을 유보한 경우, 甲과 乙은 丙의 권리를 변경시킬 수 있다.

05 세3자를 위한 계약에 관한 설명으로 옳은 것은? 제27회

① 제3자는 계약체결 당시에 현존하고 있어야 한다.

② 요약자의 채무불이행을 이유로 제3자는 요약자와 낙약자의 계약을 해제할 수 있다.

③ 낙약자는 요약자와의 계약에 기한 동시이행의 항변으로 제3자에게 대항할 수 없다.

④ 제3자의 수익의 의사표시 후 특별한 사정이 없는 한, 계약당사자의 합의로 제3자의 권리를 변경시킬 수 없다.

⑤ 낙약자가 상당한 기간을 정하여 제3자에게 수익 여부의 확답을 최고하였음에도 그 기간 내에 확답을 받지 못한 때에는 제3자가 수익의 의사를 표시한 것으로 본다.

06 제3자를 위한 계약에 관한 설명으로 틀린 것은? (다툼이 있으면 판례에 따름) 제28회

① 수익자는 계약의 해제권이나 해제를 원인으로 한 원상회복청구권이 없다.

② 수익의 의사표시를 한 수익자는 낙약자에게 직접 그 이행을 청구할 수 있다.

③ 낙약자는 요약자와의 계약에서 발생한 항변으로 수익자에게 대항할 수 없다.

④ 채무자와 인수인의 계약으로 체결되는 병존적 채무인수는 제3자를 위한 계약으로 볼 수 있다.

⑤ 계약당사자가 제3자에 대하여 가진 채권에 관하여 그 채무를 면제하는 계약도 제3자를 위한 계약에 준하는 것으로서 유효하다.

07 제3자를 위한 계약에 관한 설명으로 **틀린** 것은? (다툼이 있으면 판례에 따름) 제29회

① 제3자가 하는 **수익의 의사표시의 상대방은 낙약자**이다.

② 낙약자는 **기본관계에 기한 항변으로** 제3자에게 **대항할 수 없다.**

③ 낙약자의 채무불이행이 있으면, **요약자**는 수익자의 동의 없이 계약을 **해제할 수 있다.**

④ **수익자는** 계약의 해제를 원인으로 한 **원상회복청구권이 없다.**

⑤ **수익자는** 요약자의 제한행위능력을 이유로 계약을 **취소하지 못한다.**

08 제3자를 위한 유상 · 쌍무계약에 관한 설명으로 옳은 것은? (다툼이 있으면 판례에 따름) 제33회

① 제3자를 위한 **계약의 당사자는** 요약자, 낙약자, **수익자이다.**

② **수익자는** 계약체결 당시 **특정되어 있어야 한다.**

③ **수익자는** 제3자를 위한 계약에서 발생한 **해제권을 가지는 것이** 원칙이다.

④ 낙약자는 특별한 사정이 없는 한 요약자와의 **기본관계에서 발생한 항변으로써** 수익자의 청구에 **대항할 수 있다.**

⑤ **요약자는** 특별한 사정이 없는 한 **수익자의 동의 없이** 낙약자의 이행불능을 이유로 계약을 **해제할 수 없다.**

09 甲(요약자)과 乙(낙약자)은 丙을 수익자로 하는 제3자를 위한 계약을 체결하였다. 다음 설명 중 **틀린** 것은? (다툼이 있으면 판례에 따름) 제30회

① 甲은 **대가관계의 부존재를 이유로** 자신이 기본관계에 기하여 乙에게 부담하는 **채무의 이행을 거부할 수 없다.**

② 甲과 乙 간의 계약이 **해제**된 경우, 乙은 丙에게 급부한 것이 있더라도 **丙을 상대로 부당이득반환을 청구할 수 없다.**

③ 丙이 수익의 의사표시를 한 후 甲이 **乙의 채무불이행**을 이유로 계약을 해제하면, **丙은 乙에게** 그 채무불이행으로 자기가 입은 **손해의 배상을 청구할 수 있다.**

④ 甲과 乙 간의 계약이 甲의 **착오로 취소된 경우,** 丙은 착오취소로써 대항할 수 없는 **제3자의 범위에 속한다.**

⑤ 수익의 의사표시를 한 **丙은 乙에게 직접** 그 이행을 **청구할 수 있다.**

10 제3자를 위한 계약에 관한 설명으로 **틀린** 것은? (다툼이 있으면 판례에 따름)

① **제3자의 권리는** 그 제3자가 채무자에 대해 수익의 의사표시를 하면 **계약의 성립 시에 소급하여 발생한다.**

② **제3자는** 채무자의 채무불이행을 이유로 그 계약을 **해제할 수 없다.**

③ 채무자에게 수익의 의사표시를 한 **제3자는** 그 **채무자에게** 그 채무의 이행을 **직접 청구할 수 있다.**

④ **채무자는** 상당한 기간을 정하여 계약이익의 향수 여부의 확답을 제3자에게 **최고 할 수 있다.**

⑤ 채무자와 인수인의 계약으로 체결되는 **병존적 채무인수는 제3자를 위한 계약으로 볼 수 있다.**

05	**계약해제**

> **key point** 해제
>
> 1. **이행지체** ⇨ **최고 후 해제 O**
> 2. 채무자가 이행거절의사를 명백히 표시 ⇨ 즉시 해제 O
> 3. 채무자가 **이행거절의사를** 명백히 표시 ⇨ **적법 철회** ⇨ **최고 후 해제 O**
> 4. **당사자가 수인** ⇨ **불가분성**
>   ① 전원 ⇨ 전원 ⇨ 행사
>   ② 1인 소멸 ⇨ 소멸

01 최고 없이도 해제권을 행사할 수 있는 경우가 <u>아닌</u> 것은?

① 매수인의 대금지급이 **지체**된 때

② 매도인의 **과실로** 계약목적물인 별장이 **소실**된 때

③ 당사자가 **약정한 해제권**의 유보사실이 발생한 때

④ 이행기가 도래하지 않은 상태에서 매도인이 소유권이전의 **거부의사를 명확히 표시** 한 때

⑤ 매매의 목적부동산에 설정된 저당권의 실행으로 매수인이 **소유권을 취득할 수 없게 된 때**

02 乙이 최고 없이 해제(해지)할 수 있는 경우를 모두 고른 것은? 제21회

> ㄱ. 乙이 丙소유의 토지임을 알고서 甲으로부터 그 토지를 매수하였으나 **甲의 귀책사유로 소유권이전이 불가능**하게 된 경우
>
> ㄴ. 乙로부터 부동산을 매수한 甲이 매매대금 채무의 이행기 전에 그 **채무를 이행하지 않을 의사를 명백히 표시한** 경우
>
> ㄷ. 저당권이 설정된 부동산의 매도인 甲이 매수인 乙에게 특정일까지 저당권설정등기의 말소를 약속하였으나 **이를 이행하지 않은 채 그 기일이 지난 경우**
>
> ㄹ. 임차인 甲이 乙에게 전대한 후 전대차보증금의 중도금을 수수하면서, 전대차보증금의 반환을 담보하기 위해 甲이 담보물을 제공하기로 약정하였으나 **이를 이행하지 않은 경우**

① ㄱ, ㄴ   ② ㄱ, ㄷ   ③ ㄴ, ㄷ
④ ㄴ, ㄹ   ⑤ ㄷ, ㄹ

03 계약해제에 관한 설명으로 틀린 것은? 제20회

① 당사자 일방이 채무를 이행하지 않겠다는 의사를 **명백히 표시**하였다가 이를 **적법하게 철회**했더라도 그 상대방은 **최고 없이** 계약을 **해제할 수 있다.**

② **토지거래허가**를 요하는 계약의 당사자는 토지거래허가신청절차에 협력할 의무를 부담하지만, **협력의무불이행을 이유로** 그 계약을 일방적으로 **해제할 수 없다.**

③ 채무자의 책임 있는 사유로 채무의 **이행이 불능**으로 된 경우, 채권자는 **최고 없이** 계약을 **해제할 수 있다.**

④ 법정해제권을 배제하는 약정이 없으면, **약정해제권의 유보는 법정해제권의 성립에 영향을 미칠 수 없다.**

⑤ 당사자가 **수인인 경우**에 해제는 그 **전원으로부터** 또는 **전원에 대하여 해야 한다.**

04 계약해제·해지에 관한 설명으로 **틀린** 것은? (다툼이 있으면 판례에 따름) 제31회

① 계약의 해지는 **손해배상청구에 영향을 미치지 않는다.**

② 채무자가 불이행 의사를 **명백히 표시**하더라도 이행기 도래 전에는 **최고 없이 해제할 수 없다.**

③ **이행불능**으로 계약을 **해제**하는 경우, 채권자는 동시이행관계에 있는 자신의 급부를 제공할 필요가 없다.

④ **일부 이행불능**의 경우, **계약목적을 달성할 수 없으면** 계약 **전부의 해제가 가능하다.**

⑤ 계약당사자 일방 또는 쌍방이 **여러 명**이면, 해지는 특별한 사정이 없는 한 그 **전원으로부터 또는 전원에게 해야 한다.**

---

key point

1. 해제 ⇨ 소급 소멸
   ① 미이행채무 ⇨ **소멸**
   ② 등기 ⇨ **소급 무효**
   ③ 채무자가 받은 것이 **금전**인 때 ⇨ 받은 날로부터 **이자**(법정이자)
   ④ 채무자가 받은 것이 **물건**인 때 ⇨ **과실도** 반환

2. 해제와 제3자 보호
   ① 완전한 권리를 취득한 자
   ② **부동산에 등기, 등록한 자** ⇨ **제3자 보호 O**
   ③ 채권을 양수, 압류, 가압류한 자 ⇨ 제3자 보호 X
   ④ **해제 후 선의의 제3자** ⇨ **제3자 보호 O**

3. 채무불이행 ⇨ **손해배상청구권 발생** ⇨ 이행이익배상 원칙

4. 합의해제
   ① **이자 X, 손해배상청구 X**
   ② 묵시적으로 가능

05 계약의 해제에 관한 설명으로 **틀린** 것은?　　　　　　　　　　　　　제26회

① 계약이 **합의해제**된 경우, 특약이 없는 한 반환할 금전에 그 받은 날로부터 **이자**를 붙여 지급할 의무가 **없다**.

② 계약의 상대방이 **여럿**인 경우, 해제권자는 그 **전원에 대하여** 해제권을 **행사하여야 한다**.

③ 매매계약의 **해제**로 인하여 양 당사자가 부담하는 **원상회복의무는 동시이행의 관계에 있다**.

④ 성질상 일정한 기간 내에 이행하지 않으면 그 목적을 달성할 수 없는 계약에서 당사자 일방이 그 시기에 이행하지 않으면 **해제의 의사표시가 없더라도 해제의 효과가 발생한다**.

⑤ **매매대금채권이 양도된 후** 매매계약이 **해제**된 경우, **그 양수인**은 해제로 권리를 침해당하지 않는 **제3자에 해당하지 않는다**.

06 이행지체로 인한 계약의 해제에 관한 설명으로 **틀린** 것은? (다툼이 있으면 판례에 따름)　　　　　　　　　　　　　제28회

① 이행의 **최고**는 반드시 미리 일정 **기간을 명시하여** 최고하여야 하는 것은 **아니다**.

② 계약의 **해제**는 손해배상의 **청구에 영향을 미치지 않는다**.

③ 당사자 일방이 **정기행위**를 일정한 시기에 이행하지 않으면 상대방은 이행의 **최고 없이 계약을 해제할 수 있다**.

④ 당사자의 쌍방이 **수인**인 경우, 계약의 해제는 그 **1인에 대하여 하더라도 효력이 있다**.

⑤ 쌍무계약에서 당사자의 일방이 이행을 제공하더라도 상대방이 채무를 이행할 수 없음이 명백한지의 여부는 계약해제시를 기준으로 판단하여야 한다.

07 계약해제에 관한 설명으로 **틀린** 것은?　　　　　　　　　　　　　제25회

① 계약이 적법하게 **해제된 후**에도 착오를 원인으로 그 계약을 **취소할 수 있다**.

② 계약을 **합의해제**한 경우에도 민법상 해제의 효과에 따른 **제3자 보호규정이 적용된다**.

③ 매도인의 **이행불능**을 이유로 매수인이 계약을 **해제**하려면 **매매대금의 변제제공을 하여야 한다**.

④ 토지매수인으로부터 그 토지 위에 신축된 **건물을 매수한** 자는 **토지매매계약의 해제**로 인하여 보호받는 **제3자에 해당하지 않는다**.

⑤ 공유자가 공유토지에 대한 매매계약을 체결한 경우, 특별한 사정이 없는 한 공유자 중 1인은 다른 공유자와 별개로 자신의 지분에 관하여 매매계약을 해제할 수 있다.

08 부동산의 매매계약이 합의해제된 경우에 관한 설명으로 **틀린** 것은? (다툼이 있으면 판례에 따름)　　　　　　　　　　　　　　　　　　　제31회

① 특별한 사정이 없는 한 채무불이행으로 인한 **손해배상을 청구할 수 있다.**

② 매도인은 원칙적으로 수령한 대금에 **이자**를 붙여 반환할 필요가 **없다.**

③ 매도인으로부터 매수인에게 이전되었던 **소유권은 매도인에게 당연히 복귀한다.**

④ 합의해제의 소급효는 법정해제의 경우와 같이 **제3자의 권리를 해하지 못한다.**

⑤ **매도인이** 잔금기일 경과 후 해제를 주장하며 수령한 **대금을 공탁하고 매수인이 이의 없이 수령한 경우,** 특별한 사정이 없는 한 **합의해제된 것으로 본다.**

09 합의해제에 관한 설명으로 **틀린** 것은? (다툼이 있으면 판례에 따름)　　　　제32회

① 부동산매매계약이 합의해제된 경우, 다른 약정이 없는 한 매도인은 수령한 대금에 **이자**를 붙여 반환할 필요가 **없다.**

② 당사자 쌍방은 자기 채무의 **이행제공 없이 합의에 의해** 계약을 **해제할 수 있다.**

③ 합의해제의 소급효는 법정해제의 경우와 같이 **제3자의 권리를 해하지 못한다.**

④ 계약이 합의해제된 경우 다른 사정이 없는 한, 합의해제시에 채무불이행으로 인한 **손해배상을 청구할 수 있다.**

⑤ **매도인이** 잔금기일 경과 후 해제를 주장하며 수령한 **대금을 공탁하고 매수인이 이의 없이 수령한 경우,** 특별한 사정이 없는 한 **합의해제된 것으로 본다.**

10 계약해제에 관한 설명으로 **틀린** 것은? (다툼이 있으면 판례에 따름)　　　제29회

① 매도인의 책임 있는 사유로 **이행불능**이 되면 매수인은 **최고 없이** 계약을 **해제할 수 있다.**

② 계약이 **합의해제**된 경우, 다른 사정이 없으면 채무불이행으로 인한 **손해배상을 청구할 수 없다.**

③ 매도인이 매매계약을 적법하게 **해제**하였더라도, 매수인은 계약해제의 효과로 발생하는 불이익을 면하기 위하여 착오를 원인으로 그 계약을 **취소할 수 있다.**

④ 계약상대방이 **수인**인 경우, 특별한 사정이 없는 한 **그 중 1인에 대하여 한 계약의 해제는 효력이 없다.**

⑤ 매도인은 다른 약정이 없으면 **합의해제**로 인하여 반환할 금전에 그 받은 날로부터 **이자를 가산하여야 할 의무가 있다.**

11 합의해제·해지에 관한 설명으로 **틀린** 것은? (다툼이 있으면 판례에 따름) 제30회

① 계약을 합의해제할 때에 **원상회복**에 관하여 **반드시 약정해야 하는 것은 아니다.**

② 계약이 합의해제된 경우, 다른 사정이 없는 한 채무불이행으로 인한 **손해배상을 청구할 수 없다.**

③ 합의해지로 인하여 반환할 금전에 대해서는 특약이 없더라도 그 받은 날로부터 **이자를 가산해야 한다.**

④ 계약의 합의해제에 관한 청약에 대하여 상대방이 **변경을 가하여 승낙**한 때에는 그 **청약은 효력을 잃는다.**

⑤ 합의해제의 경우에도 법정해제의 경우와 마찬가지로 **제3자의 권리를 해하지 못한다.**

12 甲의 건물에 대한 甲과 乙 사이의 매매계약의 해제에 관한 설명으로 **옳은** 것은? (다툼이 있으면 판례에 의함) 제22회

① 계약 성립 후 건물에 **가압류가 되었다는 사유만으로도** 乙은 甲의 계약위반을 이유로 계약을 **해제할 수 있다.**

② 甲의 소유권이전등기의무의 **이행불능을 이유로** 계약을 **해제**하기 위해서는 乙은 그와 동시이행관계에 있는 **잔대금을 제공하여야 한다.**

③ 甲의 귀책사유로 인한 이행지체를 이유로 **계약을 해제**한 乙이 계약이 존속함을 전제로 甲에게 계약상 의무이행을 구하는 경우, 甲은 그 **이행을 거절할 수 있다.**

④ 乙의 중도금 지급 채무불이행을 이유로 매매계약이 적법하게 **해제된 경우**, 乙은 착오를 이유로 계약을 **취소할 수 없다.**

⑤ 甲이 소의 제기로써 계약해제권을 행사한 후 그 소를 취하하면 해제의 효력도 소멸한다.

13 계약해제의 소급효로부터 보호될 수 있는 제3자에 해당하는 자는? 　　　제23회

① 계약해제 전, 계약상의 **채권을 양수**하여 이를 피보전권리로 하여 처분금지가처분 결정을 받은 채권자

② 계약해제 전, 해제대상인 계약상의 **채권 자체를 압류 또는 전부(轉付)**한 채권자

③ 해제대상 매매계약에 의하여 채무자명의로 이전등기된 **부동산을 가압류** 집행한 가압류채권자

④ 주택의 **임대권한을 부여받은 매수인**으로부터 매매계약이 해제되기 전에 주택을 임차한 후, **대항요건을 갖추지 않은** 임차인

⑤ 해제대상 매매계약의 매수인으로부터 목적 부동산을 증여받은 후 **소유권이전 등기를 마치지 않은** 수증자

14 계약해제시 보호되는 제3자에 해당하지 <u>않는</u> 자를 모두 고른 것은? 　　　제30회

> ㄱ. 계약해제 전 그 계약상의 **채권을 양수**하고 이를 피보전권리로 하여 처분금지가 처분결정을 받은 채권자
> ㄴ. 매매계약에 의하여 매수인 명의로 이전등기된 **부동산을** 계약해제 전에 **가압류** 집행한 자
> ㄷ. 계약해제 전 그 계약상의 **채권을 압류**한 자

① ㄱ　　　　　　　② ㄱ, ㄴ　　　　　　　③ ㄱ, ㄷ
④ ㄴ, ㄷ　　　　　　⑤ ㄱ, ㄴ, ㄷ

15 매도인 甲과 매수인 乙 사이의 X주택에 관한 계약이 적법하게 해제된 경우, 해제 전에 이 해관계를 맺은 자로서 '계약해제로부터 보호되는 제3자'에 해당하지 않는 자는? (다툼이 있으면 판례에 따름) 　　　제35회

① 乙의 소유권이전등기**청구권을 압류한 자**

② 乙의 책임재산이 된 **X주택을 가압류한 자**

③ 乙명의로 소유권이전등기가 된 X주택에 관하여 **저당권을 취득한 자**

④ 乙과 매매예약에 따라 소유권이전등기청구권보전을 위한 **가등기를 마친 자**

⑤ 乙명의로 소유권이전등기가 된 X주택에 관하여 주택임대차보호법상 **대항요건을 갖춘 자**

16 甲소유의 X토지와 乙소유의 Y주택에 대한 교환계약에 따라 각각 소유권이전등기가 마쳐진 후 그 계약이 해제되었다. 계약해제의 소급효로부터 보호되는 제3자에 해당하지 <u>않는</u> 자를 모두 고른 것은? 제27회

> ㄱ. 계약의 해제 전 乙로부터 X토지를 매수하여 **소유권이전등기**를 경료한 자
>
> ㄴ. 계약의 해제 전 乙로부터 X토지를 매수하여 그에 기한 소유권이전청구권보전을 위한 **가등기**를 마친 자
>
> ㄷ. 계약의 해제 전 甲으로부터 Y주택을 임차하여 주택임대차보호법상의 **대항력을 갖춘** 임차인
>
> ㄹ. 계약의 해제 전 X토지 상의 乙의 신축건물을 매수한 자

① ㄴ   ② ㄷ   ③ ㄹ
④ ㄱ, ㄴ   ⑤ ㄷ, ㄹ

17 계약해제에 관한 설명으로 <u>틀린</u> 것은? 제24회

① 계약을 **해제하면** 계약은 **처음부터** 없었던 것으로 된다.

② 계약이 **합의해제**된 경우, 당사자 일방이 상대방에게 손해배상을 하기로 하는 등 **특별한 사정이 없으면** 채무불이행으로 인한 **손해배상을 청구할 수 없다.**

③ **계약해제의 효과로 반환할 이익의 범위는** 특별한 사정이 없으면 이익의 현존 여부나 선의·악의를 불문하고 **받은 이익의 전부**이다.

④ 해제된 계약으로부터 생긴 법률효과에 기초하여 **해제 후** 말소등기 전에 양립할 수 없는 새로운 이해관계를 맺은 **제3자는 그 선의·악의를 불문하고** 해제에 의하여 **영향을 받지 않는다.**

⑤ 중도금을 지급한 부동산매수인도 **약정해제사유가 발생하면** 계약을 **해제할 수 있다.**

18 甲은 자신의 X토지를 乙에게 매도하고 소유권이전등기를 마쳐주었으나, 乙은 변제기가 지났음에도 매매대금을 지급하지 않고 있다. 이에 관한 설명으로 <u>틀린</u> 것을 모두 고른 것은? (다툼이 있으면 판례에 따름) 제33회

> ㄱ. 甲은 특별한 사정이 없는 한 별도의 **최고 없이** 매매계약을 **해제할 수 있다.**
> ㄴ. 甲은 적법하게 매매계약을 **해제**한 경우, X토지의 **소유권은 등기와 무관하게** 계약이 없었던 상태로 **복귀한다.**
> ㄷ. 乙이 X토지를 丙에게 **매도하고** 그 소유권이전**등기를 마친** 후 甲이 乙을 상대로 적법하게 매매계약을 **해제**하였다면, **丙은** X토지의 **소유권을 상실한다.**

① ㄱ   ② ㄴ   ③ ㄷ
④ ㄱ, ㄷ   ⑤ ㄴ, ㄷ

19 乙은 甲소유 X토지를 매수하고 계약금을 지급한 후 X토지를 인도받아 사용·수익하고 있다. 다음 설명 중 <u>틀린</u> 것은? (다툼이 있으면 판례에 따름) 제35회

① 계약이 **채무불이행으로 해제**된 경우, 乙은 甲에게 X토지와 그 **사용이익을 반환할 의무가 있다.**

② 계약이 **채무불이행으로 해제**된 경우, 甲은 乙로부터 받은 **계약금에 이자를 가산하여 반환할 의무를 진다.**

③ 甲이 乙의 중도금 지급채무 불이행을 이유로 계약을 **해제한 이후**에도 乙은 착오를 이유로 계약을 **취소할 수 있다.**

④ 만약 甲의 채권자가 **X토지를 가압류하면**, 乙은 이를 이유로 계약을 **즉시 해제할 수 있다.**

⑤ 만약 乙명의로 소유권이전등기가 된 후 계약이 **합의해제** 되면, X토지의 **소유권은** 甲에게 **당연히 복귀한다.**

20 매매계약의 법정해제에 관한 설명으로 옳은 것을 모두 고른 것은? (다툼이 있으면 판례에 따름) 제34회

> ㄱ. 일방 당사자의 계약위반을 이유로 한 상대방의 계약해제 의사표시에 의해 계약이 **해제되었음**에도 상대방이 계약이 존속함을 전제로 계약상 의무의 이행을 구하는 경우, 특별한 사정이 없는 한 계약을 위반한 당사자도 당해 계약이 상대방의 해제로 소멸되었음을 들어 그 **이행을 거절할 수 있다.**
>
> ㄴ. 계약해제로 인한 **원상회복의 대상에는** 매매대금은 물론 이와 관련하여 그 **계약의 존속을 전제로 수령한 지연손해금도 포함된다.**
>
> ㄷ. **과실상계는** 계약해제로 인한 원상회복의무의 이행으로서 이미 지급한 급부의 반환을 구하는 경우에는 **적용되지 않는다.**

① ㄱ   ② ㄴ   ③ ㄱ, ㄷ
④ ㄴ, ㄷ   ⑤ ㄱ, ㄴ, ㄷ

06 | 계약금

1. **계약금계약 ⇨ 요물계약, 종된 계약**
   ① **약정한 계약금이 완납 O ⇨ 성립 O**
   ② 매매계약이 무효, 취소 ⇨ 계약금계약의 효력도 소멸

2. **특약이 없는 한 ⇨ 해약금으로서의 성질 O**
   ① 해약금에 의한 해제 ⇨ **이행의 착수하기 전(중도금지급 전)까지만 가능**
   ② 매수인 ⇨ 계약금을 포기하고 해제 O
   ③ 매도인 ⇨ 계약금의 배액을 상환해야 해제 O ⇨ 제공 O, **공탁 X**
   ④ **중도금지급기일 전에 중도금지급 ⇨ 이행의 착수 O**
   ⑤ **토지거래허가, 소송제기 ⇨ 이행의 착수 X**
   ⑥ **해약금에 의한 해제 ⇨ 원상회복의무 X, 손해배상 X**

3. **위약금특약 O ⇨ 손해배상액의 예정으로서의 성질 O**

01 계약금에 관한 설명으로 **틀린** 것은? (다툼이 있으면 판례에 따름) 제28회

① **계약금 포기에 의한 계약해제**의 경우, 상대방은 채무불이행을 이유로 **손해배상을 청구할 수 없다.**

② 계약금계약은 계약에 부수하여 행해지는 **종된 계약**이다.

③ 계약금을 **위약금**으로 하는 당사자의 **특약**이 있으면 계약금은 **위약금의 성질**이 있다.

④ 계약금을 포기하고 행사할 수 있는 해제권은 당사자의 **합의로 배제할 수 있다.**

⑤ 매매계약시 **계약금의 일부만을 먼저 지급하고 잔액은 나중에 지급하기로 한 경우,** 매도인은 실제 받은 일부 금액의 배액을 상환하고 매매계약을 **해제할 수 있다.**

02 계약금에 관한 설명으로 옳은 것은? (다툼이 있으면 판례에 따름) 변리사 2022

① 계약금을 수령한 매도인이 계약금의 배액을 상환하고 계약을 해제하려는 경우, 매수인이 이를 수령하지 않으면 **공탁하여야** 해제의 효력이 발생한다.

② 매수인이 자신이 지급한 계약금을 포기하고 계약을 해제하기 전에, 매도인이 매수인에 대하여 매매계약의 이행을 최고하고 매매잔대금의 지급을 구하는 **소송을 제기**하였다면 이는 **이행에 착수한 것으로 보아야 한다.**

③ **토지거래허가구역 내**의 토지에 관하여 매매계약을 체결하고 계약금만 주고받은 상태에서 **토지거래허가를 받은 경우**, 매도인은 자신이 수령한 **계약금의 배액을 상환하여** 매매계약을 **해제할 수 있다.**

④ 당사자 일방의 **귀책사유로 인한 법정해제권을 행사**하는 경우, **특별한 사정이 없는 한** 계약금은 **위약금으로서 상대방에게 귀속된다.**

⑤ 계약당사자가 계약금에 기한 해제권을 **배제하기로 하는 약정**을 하더라도, 각 당사자는 **계약금에 기한 해제권을 행사할 수 있다.**

03 계약금에 관한 설명으로 틀린 것은? 제26회

① 계약금은 별도의 약정이 없는 한 **해약금으로 추정**된다.

② 매매해약금에 관한 민법규정은 임대차에도 적용된다.

③ **해약금**에 기해 계약을 **해제**하는 경우에는 **원상회복의 문제가 생기지 않는다.**

④ **토지거래허가구역 내** 토지에 관한 매매계약을 체결하고 계약금만 지급한 상태에서 **거래허가를 받은 경우**, 다른 약정이 없는 한 매도인은 **계약금의 배액을 상환하고** 계약을 **해제할 수 없다.**

⑤ 계약금만 수령한 매도인이 매수인에게 계약의 이행을 최고하고 매매잔금의 지급을 청구하는 **소송을 제기한 경우**, 다른 약정이 없는 한 매수인은 **계약금을 포기하고** 계약을 **해제할 수 있다.**

04 甲은 자신의 X토지를 乙에게 매도하는 계약을 체결하고 乙로부터 계약금을 수령하였다. 이에 관한 설명으로 틀린 것은? (다툼이 있으면 판례에 따름)   제31회

① 乙이 지급한 계약금은 **해약금으로 추정한다.**

② 甲과 乙이 계약금을 **위약금으로 약정**한 경우, **손해배상액의 예정으로 추정한다.**

③ 乙이 중도금 지급기일 전 **중도금을 지급**한 경우, 甲은 **계약금 배액을 상환하고 해제할 수 없다.**

④ **만약** 乙이 甲에게 **약정한 계약금의 일부만 지급한 경우**, 甲은 **수령한 금액의 배액을 상환**하고 계약을 해제할 수 없다.

⑤ **만약** X토지가 **토지거래허가구역** 내에 있고 매매계약에 대하여 **허가를 받은 경우**, 甲은 **계약금 배액**을 상환하고 해제할 수 없다.

05 甲은 자신의 토지를 乙에게 매도하면서 계약금을 수령한 후, 중도금과 잔금은 1개월 후에 지급받기로 약정하였다. 다음 설명 중 틀린 것은?   제27회

① 甲과 乙 사이에 계약금을 **위약금으로 하는 특약도 가능**하다.

② 甲과 乙 사이에 계약금계약은 매매계약의 **종된 계약**이다.

③ 乙은 **중도금지급 후**에는 특약이 없는 한 **계약금을 포기**하고 계약을 해제할 수 없다.

④ 乙의 **해약금에 기한 해제권 행사**로 인하여 발생한 **손해**에 대하여 甲은 그 **배상을 청구할 수 있다.**

⑤ 甲과 乙 사이에 **해약금에 기한 해제권을 배제하기로 하는 약정**을 하였다면 더 이상 그 **해제권을 행사할 수 없다.**

06 甲은 자신의 X부동산에 관하여 매매대금 3억원, 계약금 3천만원으로 하는 계약을 乙과 체결하였다. 다음 설명 중 틀린 것은? (다툼이 있으면 판례에 따름)   제29회

① 乙이 **계약금의 전부를 지급하지 않으면**, 계약금계약은 **성립하지 않는다.**

② 乙이 계약금을 지급하였더라도 정당한 사유 없이 **잔금지급을 지체한 때**에는 甲은 **손해배상을 청구할 수 있다.**

③ 甲과 乙 사이의 **매매계약이 무효이거나 취소되더라도 계약금계약의 효력은 소멸하지 않는다.**

④ 乙이 甲에게 지급한 계약금 3천만원은 **증약금으로서의 성질**을 가진다.

⑤ 乙이 계약금과 **중도금을 지급**한 경우, 특별한 사정이 없는 한 甲은 **계약금의 배액을 상환**하여 계약을 해제할 수 없다.

07 계약금에 관한 설명으로 옳은 것을 모두 고른 것은? 제30회

> ㄱ. 계약금은 **별도의 약정이 없는 한** 해약금의 성질을 가진다.
> ㄴ. 매수인이 **이행기 전에 중도금을 지급한 경우**, 매도인은 특별한 사정이 없는 한 **계약금의 배액을 상환하여** 계약을 **해제할 수 없다.**
> ㄷ. 매도인이 계약금의 배액을 상환하여 계약을 해제하는 경우, 그 **이행의 제공을 하면 족하고** 매수인이 이를 수령하지 않더라도 **공탁까지 할 필요는 없다.**

① ㄱ   ② ㄱ, ㄴ   ③ ㄱ, ㄷ
④ ㄴ, ㄷ   ⑤ ㄱ, ㄴ, ㄷ

08 甲은 2023. 9. 30. 乙에게 자신 소유의 X부동산을 3억원에 매도하되, 계약금 2천만원은 계약 당일, 중도금 2억원은 2023. 10. 30., 잔금 8천만원은 2023. 11. 30.에 지급받기로 하는 매매계약을 체결하고, 乙로부터 계약 당일 계약금 전액을 지급받았다. 다음 설명 중 옳은 것을 모두 고른 것은? (특별한 사정은 없으며, 다툼이 있으면 판례에 따름) 제34회

> ㄱ. 乙이 2023. 10. 25. **중도금 2억원을 甲에게 지급한 경우**, 乙은 2023. 10. 27. **계약금을 포기**하더라도 계약을 **해제할 수 없다.**
> ㄴ. 乙이 2023. 10. 25. **중도금 2억원을 甲에게 지급한 경우**, 甲은 2023. 10. 27. **계약금의 배액을 상환**하더라도 계약을 **해제할 수 없다.**
> ㄷ. 乙이 계약 당시 **중도금 중 1억원의 지급에 갈음하여** 자신의 **丙에 대한 대여금채권을 甲에게 양도하기로 약정**하고 그 자리에 **丙도 참석하였다면**, 甲은 2023. 10. 27. **계약금의 배액을 상환**하더라도 계약을 **해제할 수 없다.**

① ㄱ   ② ㄷ   ③ ㄱ, ㄴ
④ ㄴ, ㄷ   ⑤ ㄱ, ㄴ, ㄷ

07 매도인의 담보책임

1. 매수인이 '악의'인 때에도 담보책임이 인정되는 경우(선악불문)
　① **전부타인권리** ⇨ **해제권**
　② **일부타인권리** ⇨ **대금감액청구권**
　③ **저당권·전세권의 행사** ⇨ **해제권과 손해배상청구권**

2. 대금감액청구권이 인정되는 경우
　① 일부타인권리 ⇨ 선의 악의 불문
　② 수량부족·일부멸실 ⇨ 선의

3. 제척기간(1년)
　① 제척기간의 규정이 없는 경우 ⇨ 전부타인권리, 저당권·전세권의 행사
　② **선의** ⇨ **안 날**로부터 1년

01 甲이 1만m² 토지를 乙에게 매도하는 계약을 체결하였다. 다음 설명 중 옳은 것은?

제18회 유사, 제20회 유사, 제22회

① 토지 **전부가 丙의 소유**이고 甲이 이를 乙에게 이전할 수 없는 경우, **악의인 乙은 계약을 해제할 수 없다.**

② 토지의 **2천m²가 丙의 소유**이고 甲이 이를 乙에게 이전할 수 없는 경우, **악의인 乙은 대금감액을 청구할 수 없다.**

③ 토지의 **2천m²가** 계약당시 **이미 포락으로 멸실**된 경우, **악의인 乙은 대금감액을 청구할 수 있다.**

④ 토지 위에 설정된 **지상권**으로 인하여 계약의 목적을 달성할 수 없는 경우, **악의인 乙도** 계약을 **해제할 수 있다.**

⑤ 토지 위에 설정된 **저당권의 실행**으로 乙이 그 토지의 소유권을 취득할 수 없게 된 경우, **악의인 乙은** 계약의 **해제**뿐만 아니라 **손해배상**도 청구할 수 **있다.**

02 권리의 하자에 대한 매도인의 담보책임과 관련하여 '악의의 매수인에게 인정되는 권리'로 옳은 것을 모두 고른 것은? 제33회

> ㄱ. 권리의 **전부가 타인**에게 속하여 매수인에게 이전할 수 없는 경우 - 계약**해제권**
> ㄴ. 권리의 **일부가 타인**에게 속하여 그 권리의 일부를 매수인에게 이전할 수 없는 경우 - **대금감액청구권**
> ㄷ. 목적물에 설정된 **저당권의 실행**으로 인하여 매수인이 소유권을 취득할 수 없는 경우 - 계약**해제권**
> ㄹ. 목적물에 설정된 **지상권**에 의해 매수인의 권리행사가 제한되어 계약의 목적을 달성할 수 없는 경우 - 계약**해제권**

① ㄱ, ㄴ 　　② ㄱ, ㄹ 　　③ ㄴ, ㄷ
④ ㄷ, ㄹ 　　⑤ ㄱ, ㄴ, ㄷ

03 매도인의 담보책임에 관한 설명으로 옳은 것은? 제26회
① **타인의 권리를 매도**한 자가 그 전부를 취득하여 매수인에게 이전할 수 없는 경우, **악의의 매수인**은 계약을 **해제할 수 없다.**
② 저당권이 설정된 부동산의 매수인이 **저당권의 행사**로 그 소유권을 취득할 수 없는 경우, **악의의 매수인**은 특별한 사정이 없는 한 계약을 **해제하고 손해배상을 청구할 수 있다.**
③ 매매목적인 권리의 **전부가 타인**에게 속하여 권리의 전부를 이전할 수 없게 된 경우, 매도인은 선의의 매수인에게 **신뢰이익을 배상**하여야 한다.
④ 매매목적 부동산에 **전세권이 설정**된 경우, **계약의 목적달성 여부와 관계없이**, 선의의 매수인은 계약을 **해제할 수 있다.**
⑤ 권리의 **일부가 타인**에게 속한 경우, **선의의 매수인**이 갖는 손해배상청구권은 **계약한 날로부터** 1년 내에 행사되어야 한다.

04 매도인의 담보책임에 관한 설명으로 **틀린** 것은? 제17회

① 매매목적인 권리 **전부가 타인**에게 속한 경우, **악의의 매수인**은 **손해배상**을 청구할 수 **없다.**

② 매매목적인 권리 **전부가 타인**에게 속한 경우, 매도인이 손해배상책임을 진다면 그 배상액은 **이행이익 상당액**이다.

③ 매매목적인 권리 **일부가 타인**에게 속한 경우, **선의의 매수인**은 **계약한 날로부터** 1년 내에 권리를 행사해야 한다.

④ 건축목적으로 매매된 토지가 **관련법령상 건축허가를 받을 수 없는 경우**, 그 하자의 유무는 **계약성립시를 기준**으로 판단한다.

⑤ '**수량을 지정한 매매**'란 당사자가 매매목적물인 특정물이 일정수량을 가지고 있다는 것에 주안을 두고 **대금도 그 수량을 기준으로 정한 경우**를 말한다.

05 매도인의 담보책임에 관한 설명으로 **틀린** 것은? 제28회 재구성

① 건축의 목적으로 매수한 토지에 대해 **법적 제한**으로 건축허가를 받을 수 없어 건축이 불가능한 경우, 이는 **매매목적물의 하자에 해당한다.**

② **매도인이** 매매목적물에 하자가 있다는 사실을 **알면서** 이를 매수인에게 **고지하지 않고 담보책임 면제의 특약을 맺은 경우 그 책임을 면할 수 없다.**

③ 매매의 목적이 된 부동산에 **대항력을 갖춘 임대차**가 있는 경우, **선의의 매수인**은 그로 인해 **계약의 목적을 달성할 수 없음을 이유로** 계약을 **해제할 수 있다.**

④ 매매의 목적인 권리의 **일부가 타인**에게 속하고 잔존한 부분만이면 매수하지 아니하였을 경우, **악의의 매수인**은 그 사실을 안 날로부터 1년 내에 **해제권을 행사할 수 있다.**

⑤ 매매계약 당시에 그 목적물의 **일부가 멸실**된 경우, **선의의 매수인**은 **대금의 감액을 청구할 수 있다.**

06 부동산매매계약이 수량지정매매인데, 그 부동산의 실제면적이 계약면적에 미치지 못한 경우에 관한 설명으로 **틀린** 것은? (다툼이 있으면 판례에 따름) 제28회

① **선의**의 매수인은 **대금감액을 청구할 수 없다.**

② **악의**의 매수인은 손해배상을 청구할 수 **없다.**

③ 담보책임에 대한 권리행사기간은 매수인이 그 사실을 **안 날로부터 1년** 이내이다.

④ 미달부분의 원시적 불능을 이유로 **계약체결상의 과실책임**에 따른 책임의 이행을 구할 수 **없다.**

⑤ **잔존한 부분만이면 매수인이 이를 매수하지 않았을 경우, 선의**의 매수인은 계약 전부를 **해제할 수 있다.**

07 수량을 지정한 매매의 목적물의 일부가 멸실된 경우 매도인의 담보책임에 관한 설명으로 **틀린** 것은? (단, 이에 관한 특약은 없으며, 다툼이 있으면 판례에 따름) 제32회

① **수량을 지정한 매매란** 특정물이 일정한 수량을 가지고 있다는 데 주안을 두고 **대금도 그 수량을 기준으로 정한 경우를 말한다.**

② **악의**의 매수인은 대금감액과 손해배상을 청구할 수 **있다.**

③ **선의**의 매수인은 멸실된 부분의 비율로 **대금감액을 청구할 수 있다.**

④ **잔존한 부분만이면 매수하지 아니하였을 때**에는 **선의**의 매수인은 **계약전부를 해제할 수 있다.**

⑤ **선의**의 매수인은 일부멸실의 사실을 **안 날부터 1년** 내에 매도인의 담보책임에 따른 매수인의 권리를 행사해야 한다.

---

key point 하자담보책임(물건의 하자, 법률상 제한, 법률적 장애)

1. 선의 · 무과실
2. 안 날로부터 6월
3. 경매 ⇨ 적용 X
4. **토지에 대해 법령상의 제한으로 건물신축이 불가능 ⇨ 매매목적물의 하자**

08 甲은 乙로부터 X토지를 매수하여 상가용 건물을 신축할 계획이었으나, 법령상의 제한으로 그 건물을 신축할 수 없게 되었다. 또한 토지의 오염으로 통상적인 사용도 기대할 수 없었다. 다음 중 옳은 것은? 제23회 수정

① 토지에 대해 **법령상의 제한**으로 건물신축이 불가능하면 이는 **매매목적물의 하자에 해당한다.**

② X토지에 하자가 존재하는지의 여부는 언제나 **목적물의 인도시를 기준**으로 판단하여야 한다.

③ **甲이** 토지가 오염되어 있다는 사실을 계약체결시에 **알고** 있었더라도 乙에게 하자 **담보책임을 물을 수 있다.**

④ **甲이 선의 · 무과실인 경우,** 甲은 토지의 오염으로 인하여 **계약의 목적을 달성할 수 없더라도** 계약을 **해제할 수 없다.**

⑤ 甲은 토지의 오염사실을 **안 날로부터 1년** 내에는 언제든지 乙에 대하여 담보책임에 기한 손해배상을 청구할 수 있다.

---

key point 경매와 담보책임

1. **경매절차가 무효** ⇨ **담보책임 X**

2. **물건의 하자, 법률상 장애** ⇨ **담보책임 X**

3. **권리의 하자** ⇨ **담보책임 O**
   ① 1차적 책임 ⇨ 채무자
   ② 2차적 책임 ⇨ 채무자에게 자력이 없는 경우 ⇨ 채권자

---

09 甲은 경매절차에서 저당목적물인 乙 소유의 X토지를 매각받고, 그 소유권이전등기가 경료되었다. 다음 중 틀린 것은? 제23회

① 甲은 X토지의 물건의 하자를 이유로 **담보책임을 물을 수 없음이 원칙이다.**

② 채무자 乙이 **권리의 하자를 알고 고지하지 않았다면** 甲은 乙에게 **손해배상을 청구할 수 있다.**

③ 경매절차가 **무효**인 경우, 甲은 **담보책임을 물을 수 없다.**

④ 담보책임이 인정되는 경우, 甲은 **乙의 자력 유무를 고려함이 없이** 곧바로 **배당채권자에게** 대금의 전부 또는 일부의 상환을 **청구할 수 있다.**

⑤ 만약 乙이 물상보증인인 경우, 담보책임으로 인해 매매계약이 해제되면 그 대금 반환채무는 乙이 부담한다.

10 乙명의로 소유권이전등기청구권보전의 가등기가 마쳐진 甲소유의 X건물에 대하여 丙이 경매를 신청하였다. 그 경매절차에서 매각대금을 완납한 丁명의로 X건물의 소유권이전 등기가 마쳐졌고, 매각대금이 丙에게 배당되었다. 다음 설명 중 틀린 것은? 제29회

① X건물 자체에 하자가 있는 경우, 丁은 甲에게 하자담보책임을 물을 수 없다.

② 경매절차가 무효인 경우, 丁은 甲에게 손해배상을 청구할 수 있다.

③ 경매절차가 무효인 경우, 丁은 丙에게 부당이득반환을 청구할 수 있다.

④ 丁이 소유권을 취득한 후 乙이 가등기에 기한 본등기를 마친 경우, 丁은 X건물에 관한 계약을 해제할 수 있다.

⑤ 丁이 소유권을 취득한 후 乙이 가등기에 기한 본등기를 마친 경우, 丁은 甲이 자력이 없는 때에는 丙에게 배당금의 반환을 청구할 수 있다.

11 불특정물의 하자로 인해 매도인의 담보책임이 성립한 경우, 매수인의 권리로 규정된 것을 모두 고른 것은? 제31회

ㄱ. 계약해제권	ㄴ. 손해배상청구권
ㄷ. 대금감액청구권	ㄹ. 완전물급부청구권

① ㄷ
② ㄱ, ㄷ
③ ㄴ, ㄹ
④ ㄱ, ㄴ, ㄹ
⑤ ㄱ, ㄴ, ㄷ, ㄹ

12 매매에 관한 설명으로 옳은 것을 모두 고른 것은? 노무사 2021

ㄱ. 당사자가 매매예약완결권의 행사기간을 약정하지 않은 경우, 완결권은 예약이 성립한 때로부터 10년 내에 행사되어야 하고, 그 기간을 지난 때에는 제척기간의 경과로 인하여 소멸한다.

ㄴ. 목적물이 일정한 면적을 가지고 있다는 데 주안을 두고 대금도 면적을 기준으로 정하여지는 아파트 분양계약은 특별한 사정이 없는 한 수량지정매매에 해당한다.

ㄷ. 건축목적으로 매매된 토지에 대하여 건축허가를 받을 수 없어 건축이 불가능한 경우, 이와 같은 법률적 제한 내지 장애는 권리의 하자에 해당한다.

ㄹ. 특정물매매에서 매도인의 하자담보책임이 성립하는 경우, 매수인은 매매계약 내용의 중요부분에 착오가 있더라도 이를 취소할 수 없다.

① ㄱ, ㄴ
② ㄱ, ㄹ
③ ㄴ, ㄷ
④ ㄱ, ㄷ, ㄹ
⑤ ㄴ, ㄷ, ㄹ

08 | 환매 및 예약완결권

1. 환매특약
   ① 매매계약과 동시 O
   ② 등기 O ⇨ 제3자에게 대항 O
   ③ 환매특약등기 O ⇨ 처분금지적 효력 X

2. 환매기간
   ① 부동산 ⇨ 기간약정 X ⇨ 5년
   ② 합의로 연장 X

3. 과실과 이자 ⇨ 상계 O

4. 매도인이 환매권을 행사 O ⇨ 등기 O ⇨ 권리취득 O

01 환매에 관한 설명으로 **틀린** 것은? (다툼이 있으면 판례에 따름)　　제27회

① 부동산에 대한 매매등기와 동시에 환매권 보류를 **등기하지 않더라도** 제3자에게 **대항할 수 있다.**

② **환매특약은** 매매계약과 **동시에** 하여야 한다.

③ **부동산**에 대한 환매기간을 **7년**으로 정한 때에는 **5년으로 단축된다.**

④ 환매등기가 경료된 **나대지**에 건물이 신축된 후 환매권이 행사된 경우, 특별한 사정이 없는 한, 그 건물을 위한 **관습법상의 법정지상권은 발생하지 않는다.**

⑤ 특별한 약정이 없는 한, **환매대금에는** 매수인이 부담한 **매매비용이 포함된다.**

02 부동산매매에서 환매특약을 한 경우에 관한 설명으로 **틀린** 것은?　　제30회

① 매매등기와 **환매특약등기가 경료된** 이후, 그 부동산 **매수인은** 그로부터 **다시 매수한 제3자에 대하여** 환매특약의 등기사실을 들어 **소유권이전등기절차 이행을 거절할 수 없다.**

② **환매기간**을 정한 때에는 다시 이를 **연장하지 못한다.**

③ 매도인이 환매기간 내에 환매의 의사표시를 하면 그는 그 **환매에 의한 권리취득의 등기를 하지 않아도** 그 부동산을 가압류 집행한 자에 대하여 **권리취득을 주장할 수 있다.**

④ **환매기간**에 관한 별도의 **약정이 없으면** 그 기간은 **5년**이다.

⑤ **환매특약은** 매매계약과 **동시에** 하여야 한다.

03 甲은 자기 소유 X토지를 3억원에 乙에게 매도하면서 동시에 환매할 권리를 보유하기로 약정하고 乙이 X토지에 대한 소유권이전등기를 마쳤다. 이에 관한 설명으로 **틀린** 것은? (다툼이 있으면 판례에 따름) 제32회

① 특별한 약정이 없는 한, 甲은 환매기간 내에 그가 **수령한 3억원과 乙이 부담한 매매비용을 반환하고** X토지를 **환매할 수 있다.**

② 甲과 乙이 **환매기간을 정하지 아니한 경우** 그 기간은 **5년**으로 한다.

③ **환매등기는** 乙 명의의 소유권이전등기에 대한 **부기등기의 형식으로 한다.**

④ 만일 甲의 **환매등기 후** 丙이 乙로부터 X토지를 **매수**하였다면, 乙은 환매등기를 이유로 丙의 X토지에 대한 **소유권이전등기청구를 거절할 수 있다.**

⑤ 만일 甲의 **환매등기 후** 丁이 X토지에 乙에 대한 채권을 담보하기 위하여 **저당권을 설정**하였다면, 甲이 적법하게 **환매권을 행사하여** X토지의 **소유권이전등기**를 마친 경우 丁의 **저당권은 소멸한다.**

04 부동산의 환매에 관한 설명으로 **틀린** 것은? (다툼이 있으면 판례에 따름) 제33회

① **환매특약은** 매매계약과 **동시에** 이루어져야 한다.

② **매매계약이 취소되어** 효력을 상실하면 그에 부수하는 **환매특약도 효력을 상실한다.**

③ 환매시 **목적물의 과실과 대금의 이자는** 특별한 약정이 없으면 이를 **상계한 것으로 본다.**

④ **환매기간을 정하지 않은 경우**, 그 기간은 **5년**으로 한다.

⑤ 환매기간을 정한 경우, **환매권의 행사로 발생한 소유권이전등기청구권은** 특별한 사정이 없는 한 그 **환매기간 내에 행사하지 않으면 소멸한다.**

05 민법상 환매에 관한 설명으로 **틀린** 것은? 제34회

① 환매권은 **양도할 수 없는** 일신전속권이다.

② 매매계약이 무효이면 환매특약도 무효이다.

③ 환매기간을 정한 경우에는 그 기간을 다시 연장하지 못한다.

④ 환매특약등기는 매수인의 권리취득의 등기에 부기하는 방식으로 한다.

⑤ 환매특약은 매매계약과 동시에 해야 한다.

> **key point** 예약완결권
>
> 1. 행사기간을 약정 O ⇨ 약정기간 내에 행사
> 2. 행사기간을 약정 X ⇨ 10년 내에 행사
> 3. **행사기간 내에 행사 X ⇨ 제척기간 경과로 소멸**

06 매매의 일방예약에 관한 설명으로 **틀린** 것은? (다툼이 있으면 판례에 따름) 제34회

① 일방예약이 성립하려면 본계약인 매매계약의 요소가 되는 내용이 확정되어 있거나 확정할 수 있어야 한다.

② 예약완결권의 행사기간 도과 전에 예약완결권자가 예약 목적물인 부동산을 **인도받은 경우, 그 기간이 도과**되더라도 **예약완결권은 소멸되지 않는다.**

③ 예약완결권은 당사자 사이에 **행사기간을 약정**한 때에는 **그 기간 내에 행사해야 한다.**

④ 상가에 관하여 매매예약이 성립한 이후 법령상의 제한에 의해 일시적으로 분양이 금지되었다가 다시 허용된 경우, 그 예약완결권 행사는 이행불능이라 할 수 없다.

⑤ 예약완결권 행사의 의사표시를 담은 소장 부본의 송달로써 예약완결권을 재판상 행사하는 경우, 그 행사가 유효하기 위해서는 그 **소장 부본이 제척기간 내에** 상대방에게 **송달되어야 한다.**

07 甲은 그 소유의 X부동산에 관하여 乙과 매매의 일방예약을 체결하면서 예약완결권은 乙이 가지고 20년 내에 행사하기로 약정하였다. 이에 관한 설명으로 옳은 것은? (다툼이 있으면 판례에 따름) 제33회

① 乙이 예약체결시로부터 1년 뒤에 예약완결권을 행사한 경우, 매매는 **예약체결시로 소급하여** 그 효력이 발생한다.

② 乙의 예약완결권은 형성권에 속하므로 甲과의 약정에도 불구하고 그 **행사기간은 10년으로 단축된다.**

③ 乙이 가진 **예약완결권은** 재산권이므로 특별한 사정이 없는 한 타인에게 **양도할 수 있다.**

④ 乙이 예약완결권을 **행사기간 내에 행사**하였는지에 관해 甲의 **주장이 없다면 법원은** 이를 고려할 수 없다.

⑤ 乙이 **예약완결권을 행사**하더라도 **甲의 승낙이 있어야** 비로소 매매계약은 그 효력이 발생한다.

09 | 임대차

구 분	비용상환청구권	부속물매수청구권	지상물매수청구권
행사주체	**모든** 임차인	**건물**임차인	**토지**임차인
채무불이행시	O	X	X
일시사용임대차	O	X	X
유치권 행사	O	X(동시이행)	X(동시이행)
규정의 성질	임의규정	편면적 강행규정	편면적 강행규정

key point 임차인의 비용상환청구권

1. **필요비** ⇨ **존속 중에도 청구 O**
2. **유익비** ⇨ **종료시** ⇨ 가치의 증가 **현존** 청구 O ⇨ **임대인의 선택**
3. 유익비 ⇨ 목적물의 객관적 가치가 증대 ⇨ 임차인의 주관적 영업목적 X
4. 비용상환청구 ⇨ 임대인이 목적물을 반환 받은 날로부터 6개월 이내에 행사
5. **채무불이행한 임차인, 일시사용임차인** ⇨ **비용상환청구 O**
6. **임차인이 수선의무를 부담한다는 특약** ⇨ **유효**
7. **원상복구약정** ⇨ **유익비포기특약** ⇨ **유효**

O1 임대인 · 임차인의 권리와 의무에 관한 설명 중 <u>틀린</u> 것은? (다툼이 있으면 판례에 의함)
제18회 재구성

① **통상의 임대차**에서 임대인은 특별한 사정이 없는 한 **임차인의 안전을 배려할 의무까지 부담하는 것은 아니다.**
② **필요비와 유익비**를 지출한 임차인은 임대인에게 **즉시** 그 상환을 청구할 수 있다.
③ 임대인은 특약이 없는 한 **임차인의 특별한 용도를 위한** 사용 · 수익에 적합한 구조를 유지하게 할 **의무까지는 없다.**
④ 목적물의 파손정도가 **손쉽게 고칠 수 있을 정도로 사소하여** 임차인의 사용 · 수익을 방해하지 아니한 경우에는 **임대인은 수선의무를 부담하지 않는다.**
⑤ 건물소유 목적의 토지임차권이 임대인의 **해지통고에 의하여 소멸한 경우**에도 임차인의 **지상물매수청구권이 인정된다.**

02 임대차에 관한 다음 설명 중 옳은 것은?   제15회 수정

① **임차인이 수선의무를 부담한다는 특약**은 **효력이 없다.**
② 임차인의 **비용상환청구**는 임대인이 목적물을 **반환받은 날로부터 6개월 내에** 행사하여야 한다.
③ 토지임대차에서 임차인소유 건물이 임대인이 임대한 토지 이외에 임차인 또는 제3자소유 토지 위에 **걸쳐서 건립되어 있는 경우**, 임차인은 **건물전부에 대하여 매수청구권을 행사할 수 있다.**
④ 임차인이 지출한 **필요비**는 계약이 **종료한 때** 비로소 상환청구를 할 수 있다.
⑤ **임차인은 보증금의 존재를 이유로 차임의 지급을 거절할 수 있으며** 차임의 연체에 따른 채무불이행책임도 부담하지 않는다.

03 임대인이 임대목적물을 반환받은 경우, 임차인이 지출한 필요비의 상환청구는 그 목적물을 반환받은 날로부터 (   ) 내에 하여야 한다. 빈칸에 들어갈 기간은?   제21회

① 1개월   ② 3개월   ③ 6개월
④ 1년   ⑤ 3년

04 임대차계약의 당사자가 아래의 권리에 관하여 임차인에게 불리한 약정을 하더라도 그 효력이 인정되는 것은?   제20회, 제23회

① 차임증감청구권   ② **필요비 및 유익비상환청구권**
③ 임차인의 지상물매수청구권   ④ 임차인의 부속물매수청구권
⑤ 기간의 약정이 없는 임대차의 해지통고

05 임대인과 임차인 사이의 약정으로 유효한 것은? (단, 일시사용을 위한 임대차가 아님을 전제로 함)   제29회

① 임대인의 **동의 없이** 임차권을 **양도할 수 있도록 하는 약정**
② 임차인의 과실 없는 임차물의 일부 멸실에 따른 **차임감액청구권을 배제하는 약정**
③ 건물 소유를 목적으로 하는 토지임대차에서 임차인의 **건물매수청구권을 배제하는 약정**
④ 건물 임대인으로부터 매수한 **부속물**에 대한 임차인의 **매수청구권을 배제하는 약정**
⑤ 기간의 약정이 없는 임대차에서 **임차인의 해지권을 배제하는 약정**

06 일시사용을 위한 임대차에서 인정되는 권리를 모두 고른 것은? 제25회

> ㄱ. 임차인의 **비용상환청구권**
> ㄴ. 임대인의 **차임증액청구권**
> ㄷ. 임차인의 **부속물매수청구권**
> ㄹ. 임차건물의 부속물에 대한 법정질권

① ㄱ   ② ㄹ   ③ ㄱ, ㄴ
④ ㄴ, ㄷ   ⑤ ㄷ, ㄹ

---

key point 건물임차인의 부속물매수청구권

1. 독립성, 동의 또는 매수
2. 건물의 객관적 편익에 제공 ○ ⇨ **임차인의 특수한 영업목적 X**
3. **채무불이행으로 해지, 일시사용** ⇨ **매수청구 X**
4. **편면적 강행규정** ⇨ 특별한 사정이 없는 한 ⇨ **배제특약 무효**

07 임차인(전차인 포함)의 부속물매수청구권에 관한 설명으로 **틀린** 것은? (다툼이 있으면 판례에 의함) 제19회

① 부속물매수청구권을 행사하려면 **임대차가 종료하여야 한다.**
② **일시 사용**을 위한 임대차에서는 **부속물매수청구권이 인정되지 않는다.**
③ 부속물매수청구권에 관한 규정은 **강행규정**이므로 이에 위반하는 약정으로 **임차인에게 불리한 것은 그 효력이 없다.**
④ **적법하게 전대**된 경우에는 전차인도 부속물매수청구권을 **행사할 수 있다.**
⑤ 건물의 사용에 객관적 편익을 가져오는 것이 아니더라도 **임차인의 특수목적에 사용하기 위해 부속된 것**은 부속물매수청구권의 **대상이 된다.**

08 임차인의 부속물매수청구권과 유익비상환청구권에 관한 설명으로 **틀린** 것은? (다툼이 있으면 판례에 따름)
제29회 수정

① 임차인의 지위와 분리하여 **부속물매수청구권만을 양도할 수 없다.**

② 임차목적물의 **구성부분**은 부속물매수청구권의 객체가 **될 수 없다.**

③ 임대차계약이 임차인의 **채무불이행으로 해지**된 경우, **부속물매수청구권은 인정되지 않는다.**

④ **부속물**은 임차인이 임대인의 **동의**를 얻어 부속하거나 임대인으로부터 **매수**한 것이어야 한다.

⑤ 건물임차인이 자신의 비용을 들여 **증축한 부분을 임대인 소유로 하기로 한 약정이 유효한 때**에도 임차인의 **유익비상환청구가 허용된다.**

09 임차인의 부속물매수청구권에 관한 설명으로 **틀린** 것은? (다툼이 있으면 판례에 따름)
제30회

① **토지** 내지 건물의 임차인에게 인정된다.

② 임대인으로부터 **매수한 물건**을 부속한 경우에도 인정된다.

③ **적법한 전차인**에게도 인정된다.

④ 이를 인정하지 않는 약정으로 **임차인에게 불리한 것은 그 효력이 없다.**

⑤ 오로지 **임차인의 특수목적을 위해** 부속된 물건은 **매수청구의 대상이 아니다.**

10 토지임차인에게 인정될 수 있는 권리가 <u>아닌</u> 것은?
제33회

① **부속물**매수청구권   ② 유익비상환청구권

③ 지상물매수청구권   ④ 필요비상환청구권

⑤ 차임감액청구권

11 임차인의 부속물매수청구권과 유익비상환청구권에 관한 설명으로 옳은 것은? 제27회

① **유익비**상환청구권은 **임대차종료시**에 행사할 수 있다.

② 부속된 물건이 임차물의 **구성부분으로 일체가 된 경우** 특별한 약정이 없는 한, **부속물매수청구의 대상이 된다.**

③ 임대차 기간 중에 **부속물매수청구권을 배제하는** 당사자의 **약정은 임차인에게 불리하더라도 유효**하다.

④ **일시사용**을 위한 것임이 명백한 임대차의 임차인은 **부속물의 매수를 청구할 수 있다.**

⑤ **유익비상환청구권**은 임대인이 목적물을 **반환받은 날로부터 1년** 내에 행사하여야 한다.

---

key point 토지임차인의 계약갱신청구권과 지상물매수청구권

1. **기간만료시** ⇨ 지상물이 현존 ⇨ **갱신청구 O** ⇨ 거절 ⇨ **매수청구**
2. **기간약정 없는 경우** ⇨ 임대인의 해지통고 ⇨ **갱신청구 없이** ⇨ **매수청구**
3. **채무불이행으로 해지** ⇨ **매수청구 X**, 건물철거 O
4. **지상물** ⇨ **현존**
5. 임차권등기 또는 건물등기 O ⇨ **대항력 O** ⇨ 새로운 소유자에게 매수청구 O
6. **걸쳐서 건립** ⇨ **전부 매수청구 X**
7. **편면적 강행규정** ⇨ 특별한 사정이 없는 한 ⇨ **배제특약 무효**

---

12 甲은 건물 소유의 목적으로 乙의 X토지를 임차하여 그 위에 Y건물을 신축한 후 사용하고 있다. 다음 설명 중 틀린 것은? (다툼이 있으면 판례에 의함) 제25회

① Y건물이 **무허가건물**이더라도 특별한 사정이 없는 한 甲의 **지상물매수청구권의 대상이 될 수 있다.**

② 甲의 **차임연체를 이유로** 乙이 임대차계약을 **해지**한 경우, 甲은 **지상물매수청구권을 행사할 수 없다.**

③ **임대차기간의 정함이 없는 경우**, 乙이 **해지통고**를 하면 甲은 **지상물매수청구권을 행사할 수 있다.**

④ **대항력을 갖춘** 甲의 임차권이 기간만료로 소멸한 후 乙이 X토지를 丙에게 양도한 경우, 甲은 丙을 **상대로 지상물매수청구권을 행사할 수 있다.**

⑤ 甲이 **Y건물에 근저당권을 설정**한 경우, 임대차기간이 만료하면 甲은 乙을 상대로 **지상물매수청구권을 행사할 수 없다.**

13 甲은 건물 소유를 목적으로 乙 소유의 X토지를 임차한 후, 그 지상에 Y건물을 신축하여 소유하고 있다. 위 임대차계약이 종료된 후, 甲이 乙에게 Y건물에 관하여 지상물매수청구권을 행사하는 경우에 관한 설명으로 틀린 것은? (다툼이 있으면 판례에 따름) 제34회

① 특별한 사정이 없는 한 Y건물이 **미등기 무허가건물**이라도 **매수청구권의 대상이 될 수 있다.**

② 임대차기간이 만료되면 甲이 Y건물을 **철거하기로 한 약정**은 특별한 사정이 없는 한 **무효이다.**

③ Y건물이 X토지와 제3자 소유의 토지 위에 **걸쳐서 건립**되었다면, 甲은 Y건물 **전체에 대하여 매수청구를 할 수 있다.**

④ 甲은 **차임연체를 이유로** 임대차계약이 **해지**된 경우, 甲은 **매수청구권을 행사할 수 없다.**

⑤ 甲이 적법하게 매수청구권을 행사한 후에도, Y건물의 점유·사용을 통하여 **X토지를 계속하여 점유·사용하였다면**, 甲은 乙에게 X토지 **임료 상당액의 부당이득반환의무를 진다.**

14 甲은 건물소유를 목적으로 乙 소유의 X토지를 임차하여 Y건물을 신축하고 보존등기를 마쳤다. 다음 중 틀린 것은? 제23회

① 임대차기간이 만료하였으나 **乙이 계약갱신을 원하지 않는 경우**, 甲은 상당한 가액으로 **건물매수를 청구할 수 있다.**

② 甲이 **2기의 차임액을 연체**하여 乙이 임대차계약을 **해지**한 경우, 甲은 乙에게 건**물매수를 청구할 수 없다.**

③ 甲의 건물매수청구가 적법한 경우, 乙의 대금지급이 있기까지는 **건물부지의 임료 상당액을 반환할 필요는 없다.**

④ 甲이 **Y건물에 설정한 저당권이 실행**되어 丙이 그 소유권을 취득한 경우, 특별한 사정이 없는 한 甲의 **토지임차권은 丙에게 이전된다.**

⑤ 甲이 乙의 동의 없이 토지임차권과 Y건물을 丙에게 **양도**한 경우, 원칙적으로 丙은 乙에게 임차권 취득으로써 **대항할 수 없다.**

15 건물소유를 목적으로 하는 토지임차인의 지상물매수청구권에 관한 설명으로 옳은 것은? (다툼이 있으면 판례에 따름) 제35회

① 지상 **건물을 타인에게 양도한 임차인도** 매수청구권을 **행사할 수 있다.**

② 임차인은 **저당권이 설정된 건물에** 대해서는 **매수청구권을 행사할 수 없다.**

③ **토지소유자가 아닌 제3자가 토지를 임대한 경우, 임대인은** 특별한 사정이 없는 한 매수청구권의 **상대방이 될 수 없다.**

④ **임대인이** 임차권 소멸 당시에 이미 **토지소유권을 상실**하였더라도 임차인은 **그에게 매수청구권을 행사할 수 있다.**

⑤ **기간의 정함이 없는** 임대차에서 임대인의 **해지통고에** 의하여 임차권이 소멸된 경우, 임차인은 **매수청구권을 행사할 수 없다.**

16 임차인 甲이 임대인 乙에게 지상물매수청구권을 행사하는 경우에 관한 설명으로 옳은 것은? (다툼이 있으면 판례에 따름) 제30회

① 甲의 매수청구가 유효하려면 **乙의 승낙을 요한다.**

② **건축허가를 받은 건물이 아니라면** 甲은 **매수청구를 하지 못한다.**

③ 甲 소유 건물이 乙이 임대한 토지와 제3자 소유의 토지 위에 **걸쳐서 건립된 경우,** 甲은 **건물 전체에 대하여 매수청구를 할 수 있다.**

④ 임대차가 甲의 **채무불이행** 때문에 기간 만료 전에 종료되었다면, 甲은 **매수청구를 할 수 없다.**

⑤ 甲은 **매수청구권의 행사에 앞서** 임대차계약의 **갱신을 청구할 수 없다.**

17 임차인의 권리에 관한 설명으로 옳은 것은? 제26회

① 임차물에 **필요비를** 지출한 임차인은 임대차 종료시 그 가액증가가 **현존한 때에 한하여** 그 상환을 청구할 수 있다.

② 건물임차인이 그 사용의 편익을 위해 임대인으로부터 **부속물을** 매수한 경우, **임대차 종료 전에도** 임대인에게 그 **매수를 청구할 수 있다.**

③ 건물소유를 목적으로 한 토지임대차를 등기하지 않았더라도, 임차인이 그 **지상 건물의 보존등기를 하면,** 토지임대차는 **제3자에 대하여 효력이 생긴다.**

④ 건물소유를 목적으로 한 토지임대차의 **기간이 만료된 경우,** 임차인은 **계약갱신의 청구 없이도** 매도인에게 **건물의 매수를 청구할 수 있다.**

⑤ **토지임대차가 묵시적으로 갱신**된 경우, **임차인은** 언제든지 **해지통고** 할 수 있으나, **임대인은 그렇지 않다.**

18 乙이 甲으로부터 건물의 소유를 목적으로 X토지를 10년간 임차하여 그 위에 자신의 건축물을 신축한 경우에 관한 설명으로 **틀린** 것은? (다툼이 있으면 판례에 따름)   제32회

① 특별한 사정이 없는 한 **甲이 X토지의 소유자가 아닌 경우에도** 임대차 **계약은 유효**하게 성립한다.

② 甲과 乙 사이에 **반대약정이 없으면** 乙은 甲에 대하여 **임대차등기절차에 협력할 것을 청구할 수 있다.**

③ 乙이 현존하는 **지상건물을 등기해도** 임대차를 등기하지 않은 때에는 **제3자에 대해 임대차의 효력이 없다.**

④ 10년의 임대차 기간이 경과한 때 乙의 **지상건물이 현존하는 경우** 乙은 임대차 계약의 **갱신을 청구할 수 있다.**

⑤ 乙의 **차임연체액이 2기의 차임액에 달하는 경우**, 특약이 없는 한 甲은 임대차 계약을 **해지할 수 있다.**

19 임대인과 임차인 모두에게 인정될 수 있는 권리는?   제24회

① 임차권   ② **계약해지권**

③ 보증금반환채권   ④ 비용상환청구권

⑤ 부속물매수청구권

20 건물전세권자와 건물임차권자 모두에게 인정될 수 있는 권리를 모두 고른 것은?   제30회

> ㄱ. **유익비**상환청구권
> ㄴ. **부속물**매수청구권
> ㄷ. 전세금 또는 차임의 **증감청구권**

① ㄷ   ② ㄱ, ㄴ   ③ ㄱ, ㄷ

④ ㄴ, ㄷ   ⑤ ㄱ, ㄴ, ㄷ

key point

차임증액청구 ➡ 법원이 차임증액을 결정 ➡ 증액청구시에 소급해서 효력발생

21 임대차의 차임에 관한 설명으로 **틀린** 것은? (다툼이 있으면 판례에 따름) 제31회

① 임차물의 **일부가** 임차인의 과실 없이 **멸실**되어 사용·수익할 수 없는 경우, 임차인은 **그 부분의 비율**에 의한 차임의 **감액을 청구할 수 있다.**

② **여럿이 공동으로 임차**한 경우, 임차인은 **연대하여** 차임지급의무를 **부담한다.**

③ 경제사정변동에 따른 임대인의 **차임증액청구에 대해 법원이 차임증액을 결정**한 경우, 그 **결정 다음날부터** 지연손해금이 발생한다.

④ 임차인의 **차임연체로** 계약이 **해지**된 경우, 임차인은 임대인에 대하여 **부속물매수를 청구할 수 없다.**

⑤ 연체차임액이 **1기의 차임액**에 이르면 건물임대인이 차임연체로 **해지할 수 있다는 약정은 무효이다.**

22 건물임대차계약상 보증금에 관한 설명으로 **틀린** 것을 모두 고른 것은? (다툼이 있으면 판례에 따름) 제33회

> ㄱ. 임대차계약에서 **보증금을 지급하였다는 사실**에 대한 **증명책임은 임차인이 부담한다.**
>
> ㄴ. 임대차계약이 종료하지 않은 경우, 특별한 사정이 없는 한 **임차인은** 보증금의 존재를 이유로 **차임의 지급을 거절할 수 없다.**
>
> ㄷ. 임대차 종료 후 보증금이 반환되지 않고 있는 한, 임차인의 목적물에 대한 점유는 적법점유이므로 **임차인이 목적물을 계속하여 사용·수익**하더라도 **부당이득 반환의무는 발생하지 않는다.**

① ㄱ   ② ㄴ   ③ ㄷ

④ ㄱ, ㄴ   ⑤ ㄴ, ㄷ

23 민법상 임대차계약에 관한 설명으로 **틀린** 것은? (다툼이 있으면 판례에 따름) 제34회

① 임대인이 목적물을 **임대할 권한이 없어도** 임대차계약은 **유효하게 성립한다.**

② 임차기간을 **영구로 정한 임대차약정은** 특별한 사정이 없는 한 **허용된다.**

③ 임차인은 특별한 사정이 없는 한 자신이 지출한 임차물의 보존에 관한 **필요비** 금액의 한도에서 차임의 지급을 거절할 수 있다.

④ 임대차가 **묵시의 갱신**이 된 경우, 전임대차에 대해 **제3자가 제공한 담보는** 원칙적으로 **소멸하지 않는다.**

⑤ 임대차 종료로 인한 **임차인의 원상회복의무에는** 임대인이 임대 당시의 부동산 용도에 맞게 다시 사용할 수 있도록 협력할 의무까지 포함된다.

10 임차권의 양도 및 전대

key point

1. **임대인의 동의 있는 양도**
   ① 임차권은 동일성을 유지하면서 양수인에게 이전
   ② **연체차임채무나 손해배상채무 ⇨ 양수인에게 당연히 이전 X**

2. **임대인의 동의 있는 전대**
   ① 전차인은 임대인에 대해 직접 의무를 부담 O, 직접 권리를 취득 X
   ② **합의해지 ⇨ 전대차는 소멸 X**
   ③ 임대인의 동의 O ⇨ 부속물매수청구 O

3. **임대인의 동의 없는 양도 및 전대**
   ① 무단양도 및 무단전대 ⇨ **계약은 유효**, 임대인에게 대항 X
   ② 임대인이 임대차계약을 해지 O ⇨ **지상물, 부속물 매수청구 X**
   ③ **임대차계약을 해지 X ⇨ 차임 상당의 손해배상청구 X**

01 乙은 甲소유의 건물 전체를 임차하고 있던 중 甲의 동의를 얻어 이를 다시 丙에게 전대 (轉貸)하였다. 다음 중 **틀린** 것은?   제21회

① 丙이 건물사용의 편익을 위하여 **甲의 동의를 얻어** 건물에 **물건을 부속했다면**, 丙은 전대차종료시 甲에게 그 **매수를 청구할 수 있다.**

② 丙이 건물의 **부속물을 甲으로부터 매수했다면**, 丙은 전대차종료시 甲에게 그 **매수를 청구할 수 있다.**

③ 임대차와 전대차가 **모두 종료한 후에** 丙이 건물을 반환하지 않고 사용하는 경우, 甲은 丙에게 차임상당의 **부당이득반환을 청구할 수 있다.**

④ 임대차와 전대차가 **모두 종료**한 경우, 丙이 甲에게 직접 건물을 반환하면 乙에 대한 **건물반환의무를 면한다.**

⑤ 甲이 乙과 임대차계약을 **합의해지하면** 丙의 **전차권도** 따라서 **소멸한다.**

02 건물임대인 甲의 동의를 얻어 임차인 乙이 丙과 전대차계약을 체결하고 그 건물을 인도해 주었다. 옳은 것을 모두 고른 것은? 제26회

> ㄱ. 甲과 乙의 **합의로** 임대차계약이 **종료**되어도 **丙의 권리는 소멸하지 않는다.**
> ㄴ. 전대차 종료시에 丙은 건물 사용의 편익을 위해 **乙의 동의를 얻어 부속한 물건의 매수를 甲에게 청구할 수 있다.**
> ㄷ. 임대차와 전대차 기간이 **모두 만료**된 경우, **丙은 건물을 甲에게 직접 명도**해도 乙에 대한 **건물명도의무를 면하지 못한다.**
> ㄹ. **乙의 차임연체액이 2기의 차임액에 달하여** 甲이 임대차계약을 **해지**하는 경우, 甲은 丙에 대해 그 사유의 **통지 없이도 해지로써 대항할 수 있다.**

① ㄱ, ㄷ   ② ㄱ, ㄹ   ③ ㄴ, ㄷ
④ ㄴ, ㄹ   ⑤ ㄷ, ㄹ

03 甲은 자기 소유 X창고건물 전부를 乙에게 월차임 60만원에 3년간 임대하였고, 乙은 甲의 동의를 얻어 X건물 전부를 丙에게 월차임 70만원에 2년간 전대하였다. 이에 관한 설명으로 **틀린** 것은? (단, 이에 관한 특약은 없으며, 다툼이 있으면 판례에 따름) 제32회

① 甲과 乙의 **합의로** 임대차 계약을 **종료**한 경우 丙의 권리는 소멸한다.
② **丙은 직접 甲에 대해** 월차임 60만원을 지급할 **의무를 부담한다.**
③ **甲은 乙에게** 월차임 60만원의 지급을 **청구할 수 있다.**
④ 甲에 대한 **차임연체액이 120만원에 달하여** 甲이 임대차 계약을 **해지한 경우,** 丙에게 그 사유를 **통지하지 않아도** 해지로써 丙에게 **대항할 수 있다.**
⑤ **전대차 기간이 만료한 경우 丙은 甲에게** 전전대차(前轉貸借)와 동일한 조건으로 **임대할 것을 청구할 수 없다.**

04 임차인 乙은 임대인 甲의 동의 없이 임차목적물을 丙에게 전대하였다. 甲·乙·丙의 법률 관계에 대한 다음 설명 중 **틀린 것은?** 제15회 추가

① 乙·丙 사이의 **전대차계약은 유효**하게 성립하며, 乙은 丙에 대하여 목적물 인도 의무와 담보책임을 진다.

② 丙은 乙에 대한 권리로 甲에게 **대항하지 못한다.**

③ 甲은 丙에 대하여 차임청구권은 없지만, 乙의 차임청구권을 **대위행사할 수 있다.**

④ **乙의 채무불이행으로 인하여** 임대차계약이 **해지된 경우**에도 乙은 甲에 대하여 **부속물매수청구권이 있다.**

⑤ 甲과 乙의 임대차관계가 **기간만료나 채무불이행 등으로 소멸하면** 丙의 **전차권도 소멸함이 원칙이다.**

05 乙은 건물을 소유할 목적으로 甲소유의 X토지를 임차한 후 甲의 동의를 받지 않고 X토지를 丙에게 전대하였다. 다음 중 **틀린 것은?** 제20회

① 乙은 丙에게 X토지를 인도하여 丙이 **사용·수익할 수 있도록 할 의무가 있다.**

② 甲은 乙과의 임대차계약이 존속하는 동안 丙에게 불법점유를 이유로 **손해배상을 청구할 수 없다.**

③ 甲은 乙과의 임대차계약이 존속하는 동안에는 丙에게 불법점유를 이유로 **부당이 득반환을 청구할 수 없다.**

④ 임대차기간 만료시에 丙이 신축한 건물이 X토지에 현존한 경우, 甲이 X토지의 임대를 원하지 않으면 **丙은 甲에게 건물을 매수할 것을 청구할 수 있다.**

⑤ **만약** 乙이 甲의 동의를 얻지 않고 부득이한 사정으로 **배우자** 丁에게 X토지를 전대한 경우, 乙의 행위가 **甲에 대한 배신적 행위라고 볼 수 없다면** 甲은 임대차 계약을 **해지할 수 없다.**

06 甲소유의 건물을 임차하고 있던 乙이 甲의 동의 없이 이를 다시 丙에게 전대하였다. 다음 설명 중 **틀린** 것은? 제27회

① 특별한 사정이 없는 한, **甲은** 무단전대를 이유로 임대차계약을 **해지할 수 있다.**

② **乙은** 丙에게 건물을 인도하여 丙이 **사용·수익할 수 있도록 할 의무가 있다.**

③ 乙과 丙의 전대차계약에도 불구하고 **甲과 乙의 임대차관계는 소멸하지 않는다.**

④ **임대차계약이 존속하는 동안에는** 甲은 丙에게 불법점유를 이유로 한 **차임 상당의 손해배상을 청구할 수 없다.**

⑤ 乙이 **건물의 소부분**을 丙에게 사용하게 한 경우에 甲은 이를 이유로 임대차계약을 **해지할 수 있다.**

07 甲은 자신의 X건물을 乙에게 임대하였고, 乙은 甲의 동의 없이 X건물에 대한 임차권을 丙에게 양도하였다. 다음 설명 중 **틀린** 것은? (다툼이 있으면 판례에 따름) 제28회

① 乙은 丙에게 **甲의 동의를 받아 줄 의무가 있다.**

② 乙과 丙 사이의 **임차권 양도계약은 유동적 무효**이다.

③ 甲은 乙에게 차임의 지급을 청구할 수 있다.

④ **만약** 丙이 乙의 **배우자**이고 X건물에서 동거하면서 함께 가구점을 경영하고 있다면, 甲은 임대차계약을 **해지할 수 없다.**

⑤ **만약** 乙이 甲의 동의를 받아 임차권을 丙에게 양도하였다면, **이미 발생된 乙의 연체차임채무는** 특약이 없는 한 丙에게 이전되지 않는다.

04 민사특별법

01 주택임대차보호법

key point 적용범위

1. 주거용건물 ⇨ 적용 O
2. 일시사용 ⇨ 적용 X

01 주택임대차보호법의 적용대상이 되는 경우를 모두 고른 것은? 　　　　제27회

> ㄱ. **임차주택이 미등기**인 경우
> ㄴ. 임차주택이 **일시사용**을 위한 것임이 명백하게 밝혀진 경우
> ㄷ. 사무실로 사용되던 건물이 **주거용 건물로 용도 변경**된 경우
> ㄹ. **적법한 임대권한을 가진 자로부터 임차**하였으나 임대인이 주택소유자가 아닌 경우

① ㄱ, ㄷ 　　　　② ㄴ, ㄹ 　　　　③ ㄱ, ㄷ, ㄹ
④ ㄴ, ㄷ, ㄹ 　　　　⑤ ㄱ, ㄴ, ㄷ, ㄹ

key point

1. 대항력
   ① 매매 ⇨ 대항력발생시기 ≥ 소유권이전등기일
   ② 경매 ⇨ 대항력발생시기 ≥ 말소기준권리등기일(최선순위 저당권)
2. 보증금 **우선변제권**
   ① 대항력과 **확정일자**
   ② 보증금에 대하여 후순위자보다 우선
3. 소액보증금 **최우선변제권**
   ① 경매신청등기 전 대항력 O, **확정일자 불요**
   ② 보증금 중 일정액에 대하여 선순위자보다도 우선
   ③ **임차권등기명령에 의한 임차권등기 후 소액임차인 ⇨ 최우선변제권 X**

02 乙은 甲소유의 X주택을 보증금 2억원에 임차하여 즉시 대항요건을 갖추고 확정일자를
받아 현재까지 거주하고 있다. 다음 중 틀린 것은?   제20회

① 乙이 甲소유의 **주택을 양수한 경우**, 특별한 사정이 없는 한 乙의 **보증금반환채권**
은 소멸한다.

② X주택의 대지에 설정된 근저당권의 실행을 위한 경매절차에 **대지만을 매수한 자**
는 **임차주택의 양수인이라고 할 수 없다.**

③ 임대차의 존속기간이 종료한 후에 甲이 X주택을 丙에게 양도한 경우, 乙이 **임차**
보증금을 반환받을 때까지는 임대차관계가 **존속되는 것으로 본다.**

④ 乙이 X주택에 대한 **대항력을 갖추기 전·후에** 각각 丙과 丁의 **저당권**이 설정되
었고, 丁의 **저당권실행**으로 X주택이 戊에게 매각된 경우, 乙은 戊에게 보증금
반환을 청구할 수 없다.

⑤ ④의 경우, **丙의 저당권**이 경매개시결정 전에 **소멸**하였다면 乙은 戊에게 **임차권의**
효력을 주장할 수 없다.

03 「주택임대차보호법」상의 주택임대차에 관한 설명으로 틀린 것은?   제23회

① **대항력 있는 주택임대차**가 기간만료로 종료된 상태에서 **임차주택이 양도**되더라
도 임차인은 이 사실을 안 때로부터 상당한 기간 내에 **이의를 제기함**으로써, 승계
되는 **임대차관계의 구속에서 벗어날 수 있다.**

② 다른 특별한 규정이 없는 한, **미등기주택**에 대해서도 이 법이 **적용된다.**

③ 임대차기간이 끝난 경우, 임차인이 **보증금을 반환받지 못하였다면** 임대차관계는
종료하지 않는다.

④ 다가구용 **단독주택**의 임대차에서는 전입신고를 할 때 **지번만 기재**하고 동·호수
의 표시가 없어도 **대항력을 취득할 수 있다.**

⑤ **저당권이 설정된 주택을 임차하여 대항력을 갖춘 이상**, 후순위저당권이 실행되
더라도 매수인이 된 자에게 **대항할 수 있다.**

key point

저당권이 설정된 주택을 임대차 ⇨ 경매 실행 ⇨ 대항력 상실

04 甲은 乙에 대한 1억원의 채권을 담보하기 위해 乙 소유의 X주택에 저당권설정등기를 마쳤다. 그 후 丙은 2017. 10. 1. X주택을 보증금 2억원에 임차하여 인도받고, 전입신고를 마친 후 2019. 2. 16. 현재까지 살고 있다. 2018. 1. 10. 丁이 乙에 대한 8,000만원의 채권으로 X주택을 가압류하였고, 2018. 4. 10. 戊는 乙에 대한 1억원의 채권을 담보하기 위해 X주택에 저당권설정등기를 마쳤다. 2019. 2. 16. X주택은 戊의 저당권실행을 위한 경매로 A에게 매각되었으며, 배당할 금액은 2억 5,000만원이다. 이에 관한 설명으로 옳은 것은? (다툼이 있으면 판례에 따름) 변리사 2019

① A는 임대인 乙의 지위를 승계한 것으로 본다.
② 저당권자는 가압류채권자에 우선하므로, 戊는 丁에 우선하여 변제받을 수 있다.
③ 경매로 인해 丙의 임차권은 소멸하기 때문에 **丙은 A에게 주택을 인도하여야 한다.**
④ 丙이 임대차계약서상에 확정일자를 받았다면, 丙은 甲에 우선하여 보증금 전액에 대해 우선변제를 받을 수 있다.
⑤ 丙이 적법하게 배당요구를 하였다면 배당받을 수 있었던 금액이 丙의 적법한 배당요구가 없어서 丁과 戊에게 배당된 경우, 丙은 丁과 戊에게 부당이득반환을 청구할 수 있다.

05 甲은 乙의 저당권이 설정되어 있는 丙소유의 X주택을 丙으로부터 보증금 2억원에 임차하여 즉시 대항요건을 갖추고 확정일자를 받아 거주하고 있다. 그 후 丁이 X주택에 저당권을 취득한 다음 저당권 실행을 위한 경매에서 戊가 X주택의 소유권을 취득하였다. 다음 설명 중 옳은 것은? (다툼이 있으면 판례에 따름) 제28회

① 乙의 **저당권은 소멸한다.**
② **戊가** 임대인 丙의 지위를 **승계한다.**
③ 甲이 적법한 배당요구를 하면 **乙보다** 보증금 2억원에 대해 **우선변제를 받는다.**
④ 甲은 戊로부터 보증금을 전부 받을 때까지 **임대차관계의 존속을 주장할 수 있다.**
⑤ 丁이 甲보다 매각대금으로부터 **우선변제를 받는다.**

06 선순위 담보권 등이 없는 주택에 대해 대항요건과 확정일자를 갖춘 임대차에 관한 설명으로 **틀린** 것은? (다툼이 있으면 판례에 따름) 제28회

① 임차권은 상속인에게 **상속**될 수 있다.

② 임차인의 우선변제권은 **대지의 환가대금에도 미친다.**

③ 임대차가 **묵시적으로 갱신**된 경우, 그 존속기간은 **2년**으로 본다.

④ **임차인이** 경매절차에서 해당 **주택의 소유권을 취득**한 경우, **임대인에 대하여 보증금반환**을 청구할 수 있다.

⑤ 임차인의 **보증금반환채권이 가압류된 상태**에서 그 **주택이 양도**된 경우, 가압류채권자는 **양수인에 대하여만 가압류의 효력을 주장할 수 있다.**

07 乙은 甲소유의 X주택에 대하여 보증금 3억원으로 하는 임대차계약을 甲과 체결한 다음 즉시 대항요건을 갖추고 확정일자를 받아 현재 거주하고 있다. 다음 설명 중 옳은 것은? 제29회

① **묵시적 갱신**으로 인한 임대차계약의 **존속기간은 2년**이다.

② 임대차기간을 **1년으로 약정**한 경우, 乙은 그 기간이 유효함을 주장할 수 없다.

③ 임대차계약이 **묵시적으로 갱신**된 경우, 甲은 언제든지 乙에게 **계약해지를 통지**할 수 있다.

④ 乙은 **임대차가 끝나기 전에** X주택의 소재지를 관할하는 법원에 **임차권등기명령을** 신청할 수 있다.

⑤ 임대차기간이 만료하기 전에 **甲이 丙에게 X주택을 매도**하고 소유권이전등기를 마친 경우, 乙은 丙에게 임차권을 주장할 수 없다.

08 주택임차인 乙이 보증금을 지급하고 대항요건을 갖춘 후 임대인 甲이 그 주택의 소유권을 丙에게 양도하였다. 이에 관한 설명으로 **틀린** 것은? 제31회

① **甲은** 특별한 사정이 없는 한 **보증금반환의무를 면한다.**

② 임차주택 **양도 전 발생한 연체차임채권**은 특별한 사정이 없는 한 **丙에게 승계되지 않는다.**

③ 임차주택 **양도 전 보증금반환채권이 가압류**된 경우, 丙은 제3채무자의 지위를 승계한다.

④ **丙이 乙에게 보증금을 반환**하더라도 특별한 사정이 없는 한 **甲에게 부당이득반환**을 청구할 수 없다.

⑤ **만약** 甲이 **채권담보를 목적으로** 임차주택을 丙에게 **양도**한 경우, 甲은 특별한 사정이 없는 한 **보증금반환의무를 면한다.**

09 甲이 그 소유의 X주택에 거주하려는 乙과 존속기간 1년의 임대차계약을 체결한 경우에 관한 설명으로 틀린 것은? 제30회

① 乙은 2년의 임대차 존속기간을 **주장할 수 있다.**

② 乙은 1년의 존속기간이 유효함을 **주장할 수 있다.**

③ 乙이 2기의 **차임액에 달하도록** 차임을 **연체한 경우,** 묵시적 갱신이 인정되지 아니한다.

④ 임대차계약이 **묵시적으로 갱신**된 경우, 乙은 언제든지 甲에게 **계약해지를 통지할 수 있다.**

⑤ X주택의 **경매**로 인한 환가대금에서 乙이 **보증금을 우선변제받기 위해서** X주택을 양수인에게 **인도할 필요가 없다.**

10 주택임대차보호법에 관한 설명으로 옳은 것은? 제26회

① 주민등록의 신고는 행정청이 **수리한 때가 아니라,** 행정청에 도달한 때 효력이 발생한다.

② **등기명령의 집행에 따라** 주택 전부에 대해 타인명의의 **임차권 등기**가 끝난 뒤 **소액보증금**을 내고 그 주택을 임차한 자는 **최우선변제권을 행사할 수 없다.**

③ 임차권보다 **선순위의 저당권이 존재**하는 주택이 **경매**로 매각된 경우, **경매의 매수인은 임대인의 지위를 승계한다.**

④ **소액임차인**은 경매신청의 등기 전까지 임대차계약서에 **확정일자를 받아야** 최우선변제권을 행사할 수 있다.

⑤ 주택임차인의 우선변제권은 **대지의 환가대금에는 미치지 않는다.**

key point 경매시 대지의 매각대금

1. 보증금 우선변제 O, 소액보증금 최우선변제 O
2. **대지**에 저당권이 설정된 후 신축된 주택 ⇨ **소액보증금 최우선변제 X**

11 주택임대차보호법에 관한 설명으로 옳은 것을 모두 고른 것은? (다툼이 있으면 판례에 따름)
제33회

> ㄱ. **다가구용 단독주택** 일부의 임차인이 **대항력을 취득**하였다면, 후에 건축물 대장
> 상으로 다가구용 단독주택이 **다세대 주택으로 변경**되었다는 사정만으로는 **이미**
> **취득한 대항력을 상실하지 않는다.**
> ㄴ. 우선변제권 있는 임차인은 임차주택과 별도로 그 대지만이 경매될 경우, 특별한
> 사정이 없는 한 그 **대지의 환가대금**에 대하여 **우선변제권을 행사할 수 있다.**
> ㄷ. 임차인이 대항력을 가진 후 그 임차주택의 **소유권이 양도되어** 양수인이 임차보
> 증금반환채무를 부담하게 되었더라도, 임차인이 주민등록을 이전하면 **양수인이**
> **부담하는 임차보증금반환채무는 소멸한다.**

① ㄱ   ② ㄷ   ③ ㄱ, ㄴ
④ ㄴ, ㄷ   ⑤ ㄱ, ㄴ, ㄷ

12 주택임대차보호법상의 대항력에 관한 설명으로 **틀린** 것은? (단, 일시사용을 위한 임대차가
아니고 임차권등기가 이루어지지 아니한 경우를 전제하며 다툼이 있으면 판례에 따름)
제32회

① **임차인이** 타인의 점유를 매개로 임차주택을 **간접점유하는 경우**에도 대항요건인
점유가 인정될 수 있다.

② 임차인이 지위를 강화하고자 별도로 **전세권 설정등기를 마친 후**「주택임대차보
호법」상의 **대항요건을 상실한 경우,**「주택임대차보호법」상의 **대항력을 상실한다.**

③ 주민등록을 마치고 거주하던 자기 명의의 주택을 매도한 자가 **매도와 동시에**
이를 **다시 임차**하기로 약정한 경우, **매수인 명의의 소유권이전등기 여부와 관계**
없이 대항력이 인정된다.

④ 임차인이 **주택의 인도와 주민등록을 마친 때**에는 그 **다음 날 오전 영시부터** 대항
력이 생긴다.

⑤ 임차인이 가족과 함께 임차주택의 점유를 계속하면서 **가족의 주민등록은 그대로**
둔 채 임차인의 주민등록만 일시적으로 옮긴 경우 **대항력을 상실하지 않는다.**

key point	배당요구

1. 제3자가 경매신청 ⇨ 배당요구 O
2. 임차인이 경매신청, 임차권등기명령에 의한 등기 ⇨ 배당요구 X

13 甲은 乙소유의 X주택에 관하여 乙과 보증금 3억원으로 하는 임대차계약을 체결하고 2018. 3. 5. 대항요건과 확정일자를 갖추었다. 丙은 2018. 5. 6. X주택에 관하여 저당권을 취득하였고, 甲은 2020. 3. 9. X주택에 임차권등기명령의 집행에 따른 임차권등기를 마쳤다. 이에 관한 설명으로 옳은 것은? (다툼이 있으면 판례에 따름) 제31회

① 甲은 **임차권등기의 비용을** 乙에게 **청구할 수 있다.**

② 甲이 2020. 3. 10. 다른 곳으로 **이사한 경우, 대항력을 잃는다.**

③ 乙의 임차보증금반환의무와 甲의 임차권등기말소의무는 **동시이행의 관계에 있다.**

④ 경매가 2020. 6. 9. 개시되어 X주택이 매각된 경우, 甲이 **배당요구를 하지 않으면** 丙보다 **우선변제를 받을 수 없다.**

⑤ 만약 2020. 4. 5. 丁이 X주택을 보증금 2억원에 임차하여 대항요건을 갖춘 다음 X주택이 경매된 경우, 丁은 매각대금에서 **丙보다 우선변제를 받을 수 있다.**

14 甲은 2023. 1. 5. 乙로부터 그 소유의 X주택을 보증금 2억원, 월 임료 50만원, 기간은 계약일로부터 1년으로 정하여 임차하는 내용의 계약을 체결하고 당일 乙에게 보증금을 지급함과 동시에 X주택을 인도받아 주민등록을 마치고 확정일자를 받았다. 다음 중 주택임대차보호법의 적용에 관한 설명으로 틀린 것은? (다툼이 있으면 판례에 따름) 제34회

① 甲은 2023. **1. 6. 오전 영시부터 대항력을 취득한다.**

② **제3자에 의해** 2023. 5. 9. **경매가 개시**되어 X주택이 매각된 경우, 甲은 경매절차에서 **배당요구를 하지 않아도** 보증금에 대해 **우선변제를 받을 수 있다.**

③ 乙이 X주택을 丙에게 **매도하고** 소유권이전**등기를 마친 경우,** 乙은 특별한 사정이 없는 한 **보증금반환의무를 면한다.**

④ 甲이 **2기의 차임액에 달하는 차임을 연체**하면 **묵시적 갱신이 인정되지 않는다.**

⑤ **묵시적 갱신이 된 경우,** 갱신된 임대차 계약의 **존속기간은 2년이다.**

key point 계약갱신요구권

1. 1회에 한하여 행사 O
2. 존속기간은 2년 ⇨ 임대인은 해지 X, 임차인은 해지 O

15 주택임대차보호법상 임차인의 계약갱신요구권에 관한 설명으로 옳은 것을 모두 고른 것은?

제32회

ㄱ. 임대차기간이 **끝나기 6개월 전부터 2개월 전까지**의 기간에 행사해야 한다.
ㄴ. 임대차의 조건이 동일한 경우 **여러 번 행사할 수 있다.**
ㄷ. 임차인이 **임대인의 동의 없이** 목적 주택을 **전대**한 경우 임대인은 **계약갱신요구를 거절하지 못한다.**

① ㄱ   ② ㄴ   ③ ㄷ
④ ㄱ, ㄷ   ⑤ ㄴ, ㄷ

16 임차인 乙은 임대인 甲에게 2024. 3. 10.로 기간이 만료되는 X주택의 임대차계약에 대해 주택임대차보호법에 따라 갱신요구 통지를 하여 그 통지가 2024. 1. 5. 甲에게 도달하였고, 甲이 갱신거절 통지를 하지 않아 계약이 갱신되었다. 그 후 乙이 갱신된 계약기간이 개시되기 전인 2024. 1. 29. 갱신된 임대차계약의 해지를 통지하여 2024. 1. 30. 甲에게 도달하였다. 임대차계약의 종료일은? (다툼이 있으면 판례에 따름)

제35회

① 2024. 1. 30.   ② 2024. 3. 10.   ③ 2024. 4. 30.
④ 2024. 6. 10.   ⑤ 2026. 3. 10.

02 | 상가임대차보호법

key point 계약갱신요구를 거절할 수 있는 경우

1. **3기**의 차임액에 달하도록 연체한 사실이 있는 경우
2. 임차인이 고의 또는 **중대한 과실로 파손**한 경우

01 乙은 甲소유의 X상가건물을 보증금 1억원에 임차하여 인도받은 후 「부가가치세법」 등에 의한 사업자등록을 구비하고 확정일자도 받았다. 다음 중 옳은 것은?

제19회 유사, 제20회 수정

① 乙은 임대차가 **종료되기 전**이라도 **임차권등기명령을 신청할 수 있다.**
② **사업자등록은** 대항력 또는 우선변제권의 취득요건일 뿐이고 **존속요건은 아니다.**
③ 乙이 X건물의 일부를 **경과실로 파손**한 경우, 甲은 乙의 **계약갱신요구를 거절할 수 없다.**
④ 乙은 최초의 임대차기간을 포함한 전체 임대차기간이 **10년을 초과**한 경우에도 **계약 갱신을 요구할 권리가 있다.**
⑤ 乙이 X건물의 환가대금에서 후순위권리자보다 **보증금을 우선변제받기 위해서는** 사업자등록이 **경매개시결정시까지** 존속하면 된다.

key point

계약갱신요구를 거절할 수 있는 경우 ⇨ 권리금회수의 기회를 보장할 필요 X

02 상가건물 임대차보호법에 관한 설명으로 옳은 것은? 제30회

① 임대차계약을 체결하려는 자는 **임대인의 동의 없이도** 관할 세무서장에게 해당 상가건물의 임대차에 관한 **정보제공을 요구할 수 있다.**
② 임차인이 임차한 건물을 **중대한 과실로 전부 파손한 경우**, 임대인은 **권리금회수의 기회를 보장할 필요가 없다.**
③ 임차인은 임대인에게 계약갱신을 요구할 수 있으나 전체 임대차기간이 **7년**을 초과해서는 안된다.
④ 임대차가 종료한 후 보증금이 반환되지 않은 때에는 임차인은 **관할 세무서에 임차권등기명령을 신청할 수 있다.**
⑤ 임대차계약이 **묵시적으로 갱신**된 경우, **임차인의 계약해지**의 통고가 있으면 **즉시 해지의 효력이 발생한다.**

03 2014. 1. 甲은 선순위 권리자가 없는 乙의 X상가건물을 보증금 1억원, 월차임 40만원에 임차하여 대항요건을 갖추고 확정일자를 받았다. 다음 설명 중 틀린 것은? (다툼이 있으면 판례에 의함)　　　　　　　　　　　　　　　　　　　　　　　　　　　제25회

① 甲이 **3기의 차임 상당액을 연체한 경우**, 乙은 甲의 **계약갱신요구를 거절할 수 있다.**

② **임대기간**에 대하여 별도의 **약정이 없는 경우**, 기간은 **1년**으로 본다.

③ 甲이 보증금반환청구소송의 확정판결에 따라 X건물에 대한 **경매를 신청하는 경우**, 甲의 건물명도의무이행은 집행개시의 요건이다.

④ 甲이 X건물의 환가대금에서 **보증금을 우선변제받기 위해서는** 대항요건이 **배당요구 종기까지** 존속하여야 한다.

⑤ **보증금이 전액 변제되지 않는 한** X건물에 대한 **경매**가 실시되어 매각되더라도 甲의 **임차권은 존속한다.**

04 「상가건물 임대차보호법」에 관한 설명으로 옳은 것은? (다툼이 있으면 판례에 의함)　　　　　　　　　　　　　　　　　　　　　　　　　　　제21회 재구성

① 임대차기간을 **1년 미만으로 정한 특약**이 있는 경우, **임대인은 그 기간의 유효함을 주장할 수 있다.**

② 임차기간을 **2년으로 정한 임대차**는 그 기간을 **1년으로 보므로**, 임대인은 임차기간이 1년임을 주장할 수 있다.

③ 임차인이 상가건물을 인도받고 「부가가치세법」 등에 의한 사업자등록을 신청하면 **사업자등록증이 교부된 다음 날**부터 제3자에 대한 대항력이 생긴다.

④ 대항력 있는 임차인이 적법하게 상가건물을 **전대**하여 **전차인**이 이를 직접점유하면서 **그 명의로** 「부가가치세법」 등에 의한 **사업자등록**을 하였다면, **임차인의 대항력이 유지된다.**

⑤ 상가건물의 인도와 사업자등록의 요건을 구비한 임차인이 **폐업신고를 하였다가 다시** 같은 상호 및 등록번호로 **사업자등록을 하였다면**, **처음의 대항력이 그대로 유지된다.**

05 상가건물 임대차보호법의 내용으로 옳은 것은? 제27회

① 임차인이 **대항력**을 갖추기 위해서는 임대차계약서상의 **확정일자를 받아야 한다.**

② **사업자등록의 대상이 되지 않는 건물**에 대해서는 **위법이 적용되지 않는다.**

③ 기간을 정하지 아니하거나 기간을 **2년** 미만으로 정한 임대차는 그 기간을 2년으로 본다.

④ 전차인의 **차임연체액이 2기**의 차임액에 달하는 경우, 전대인은 전대차계약을 **해지할 수 있다.**

⑤ 권리금 회수의 방해로 인한 임차인의 임대인에 대한 손해배상청구권은 그 **방해가 있은 날로부터 3년** 이내에 행사하지 않으면 시효의 완성으로 소멸한다.

06 乙은 甲소유의 X상가건물을 甲으로부터 임차하고 인도 및 사업자등록을 마쳤다. 乙의 임대차가 제3자에 대하여 효력이 있는 경우를 모두 고른 것은? 제31회

> ㄱ. 乙이 **폐업한 경우**
> ㄴ. 乙이 **폐업신고를 한 후에 다시** 같은 상호 및 등록번호로 **사업자등록을 한 경우**
> ㄷ. 丙이 乙로부터 X건물을 적법하게 **전차하여** 직접 점유하면서 **丙명의로 사업자등록을 하고** 사업을 운영하는 경우

① ㄱ   ② ㄷ   ③ ㄱ, ㄴ

④ ㄴ, ㄷ   ⑤ ㄱ, ㄴ, ㄷ

---

key point

임대차종료 ⇨ 보증금반환 ⇨ 임대차관계 존속

---

07 상가건물 임대차보호법이 적용되는 X건물에 관하여 임대인 甲과 임차인 乙이 보증금 3억원, 월차임 60만원으로 정하여 체결한 임대차가 기간만료로 종료되었다. 그런데 甲이 乙에게 보증금을 반환하지 않아서 乙이 현재 X건물을 점유·사용하고 있다. 다음 설명 중 옳은 것은? (다툼이 있으면 판례에 따름) 제35회

① 甲은 乙에게 **불법행위**로 인한 손해배상을 청구할 수 있다.

② 乙은 甲에 대해 **채무불이행**으로 인한 손해배상의무를 진다.

③ 甲은 乙에게 **차임에 상당하는 부당이득반환**을 청구할 수 있다.

④ 甲은 乙에게 **종전 임대차계약에서 정한 차임**의 지급을 청구할 수 있다.

⑤ 乙은 **보증금**을 반환받을 때까지 X건물에 대해 **유치권을 행사할 수 있다.**

key point 환산보증금액을 초과하는 경우에도 적용되는 규정

1. 임차권의 **대항력**에 관한 규정
2. 임차인의 **계약갱신요구**에 관한 규정
3. 임차인의 **권리금회수기회** 보호에 관한 규정
4. **3기 차임연체시 계약해지**에 관한 규정
5. **감염병**의 예방 및 관리에 관한 법률에 따른 집합제한조치로 인하여 폐업한 경우, 임차인의 해지권에 관한 규정(제11조의2)

08 甲이 2020. 2. 10. 乙 소유의 X상가건물을 乙로부터 보증금 10억원에 임차하여 상가건물 임대차보호법상의 대항요건을 갖추고 영업하고 있다. 다음 설명 중 **틀린** 것은?

제28회 수정

① 甲의 **계약갱신요구권은** 최초의 임대차기간을 포함한 전체 임대차기간이 10년을 초과하지 아니하는 범위에서만 **행사할 수 있다.**

② 甲과 乙 사이에 **임대차기간을 6개월로 정한 경우, 乙은 그 기간이 유효함을 주장할 수 있다.**

③ 甲의 **계약갱신요구권**에 따라 갱신되는 임대차는 전 임대차와 동일한 조건으로 다시 계약된 것으로 본다.

④ 임대차종료 후 보증금이 반환되지 않은 경우, 甲은 X건물의 소재지 관할법원에 **임차권등기명령을 신청할 수 없다.**

⑤ X건물이 경매로 매각된 경우, 甲은 특별한 사정이 없는 한 **보증금에 대해** 일반채권자보다 **우선하여 변제받을 수 있다.**

09 甲은 2021년 2월 1일 서울특별시에 위치한 乙 소유 X상가건물에 대하여 보증금 5억원, 월차임 5백만원으로 임대차계약을 체결하였다. 甲은 2021년 2월 15일 건물의 인도를 받아 영업을 개시하고, 사업자등록을 신청하였다. 이에 관한 설명으로 옳은 것을 모두 고른 것은? (다툼이 있으면 판례에 따름)

제32회 수정

ㄱ. 위 계약에는 **확정일자** 부여 등에 대해 규정하고 있는 「상가건물 임대차보호법」 제4조의 규정이 **적용된다.**
ㄴ. **甲이** 임차건물의 일부를 **중과실로 파손**한 경우 **계약갱신**을 요구할 수 있다.
ㄷ. 甲이 2개월분의 **차임을 연체**하던 중 매매로 건물의 **소유자가 丙으로 바뀐 경우,** 특별한 사정이 없는 한 **연체차임은 乙에게 지급**해야 한다.

① ㄱ   ② ㄴ   ③ ㄴ, ㄷ
④ ㄱ, ㄴ   ⑤ ㄱ, ㄷ

10 세종특별자치시에 소재하는 甲 소유의 X상가건물의 1층 점포를 乙이 분식점을 하려고 甲으로부터 2022. 2. 16. 보증금 6억원, 차임 월 100만원에 임차하였고 임차권등기는 되지 않았다. 이에 관한 설명으로 옳은 것을 모두 고른 것은? 제33회

> ㄱ. 乙이 점포를 인도받은 날에 **사업자등록을 신청**한 경우, **그 다음 날부터** 임차권의 **대항력이 생긴다.**
> ㄴ. 乙이 대항요건을 갖춘 후 임대차계약서에 확정일자를 받은 경우 민사집행법상 경매시 乙은 임차건물의 환가대금에서 후순위권리자보다 **우선하여 보증금을 변제받을 권리가 있다.**
> ㄷ. 乙은 감염병의 예방 및 관리에 관한 법률 제49조 제1항 제2호에 따른 집합 제한 또는 금지조치를 총 3개월 이상 받음으로써 발생한 경제사정의 중대한 변동으로 폐업한 경우에는 임대차계약을 해지할 수 있다.

① ㄴ   ② ㄷ   ③ ㄱ, ㄴ
④ ㄱ, ㄷ   ⑤ ㄱ, ㄴ, ㄷ

---

key point 환산보증금액을 초과하는 경우

1. 최단기간 ⇨ 적용 X
2. 기간약정을 하지 않은 경우 ⇨ 임차인의 계약갱신요구권 X

---

11 乙은 식당을 운영하기 위해 2023. 5. 1. 甲으로부터 그 소유의 서울특별시 소재 X상가 건물을 보증금 10억원, 월 임료 100만원, 기간은 정함이 없는 것으로 하여 임차하는 상가 임대차계약을 체결하였다. 상가건물 임대차보호법상 乙의 주장이 인정되는 것을 모두 고른 것은? (다툼이 있으면 판례에 따름) 제34회

> ㄱ. X상가건물을 인도받고 **사업자등록을 마친** 乙이 **대항력을 주장**하는 경우
> ㄴ. 乙이 甲에게 **1년의 존속기간을 주장**하는 경우
> ㄷ. 乙이 甲에게 **계약갱신요구권을 주장**하는 경우

① ㄱ   ② ㄷ   ③ ㄱ, ㄴ
④ ㄴ, ㄷ   ⑤ ㄱ, ㄴ, ㄷ

| 03 | **가등기담보법** |

key point 법 적용요건

1. **소비대차** ⇨ 공사대금, 매매대금, 물품대금 X
2. **예약당시** 부동산가액이 채권액을 **초과**
3. **가등기 또는 이전등기**

01 다음 중 「가등기담보 등에 관한 법률」이 적용되는 경우는? (다툼이 있으면 판례에 의함)
제21회

① **1억원을 차용**하면서 **시가 2억원 상당의 부동산**에 대해 대물변제의 예약을 하고 **가등기한 경우**
② 1억원의 **토지매매대금**의 지급담보와 그 불이행의 경우의 제재를 위해 2억원 상당의 부동산에 가등기한 경우
③ 1천만원을 차용하면서 2천만원 상당의 **고려청자**를 양도담보로 제공한 경우
④ **1억원을 차용**하면서 **3천만원 상당의 부동산**을 양도담보로 제공한 경우
⑤ **3억원을 차용**하면서 **이미 2억원의 채무에 대한 저당권이 설정된 4억원 상당의 부동산**에 가등기한 경우

02 가등기담보 등에 관한 법률이 원칙적으로 적용되는 것은? (단, 이자는 고려하지 않으며, 다툼이 있으면 판례에 따름)
제34회

① 1억원을 차용하면서 부동산에 관하여 **가등기나 소유권이전등기를 하지 않은 경우**
② **매매대금채무** 1억원의 담보로 2억원 상당의 부동산 소유권이전등기를 한 경우
③ **차용금채무 1억원**의 담보로 **2억원 상당의 부동산**에 대해 대물변제예약을 하고 **가등기한 경우**
④ **차용금채무 3억원**의 담보로 **이미 2억원의 다른 채무에 대한 저당권이 설정된 4억원 상당의 부동산**에 대해 대물변제예약을 하고 가등기한 경우
⑤ 1억원을 차용하면서 2억원 상당의 **그림**을 양도담보로 제공한 경우

key point

1. 실행방법
   ① **경매**에 의한 실행(경매시 **저당권**과 동일하게 취급)
   ② **귀속청산**(권리취득에 의한 실행)
   ③ 사적 실행으로서의 처분청산 X
2. 귀속청산절차
   ① **실행통지(변제할 기회)** ⇨ 채무자, 물상보증인, 제3취득자
   ② **실행통지당시** 청산금이 없는 경우 ⇨ 실행통지 O
   ③ 채권자가 나름대로 평가한 청산금의 액수가 객관적인 청산금의 평가액에 미치지 못한 경우 ⇨ 실행통지로서의 효력 O
   ④ 청산기간(2월)경과 후 청산금지급
4. **청산금**
   ① 실행통지당시 목적부동산의 가액에서 피담보채권액을 공제한 차액
   ② 선순위담보권자의 채권액 ⇨ 피담보채권액에 포함 O
   ③ **채권자는 그가 통지한 청산금의 액에 대하여 다툴 수 없다.**
5. **후순위저당권자 ⇨ 청산기간 내 변제기 도래 전 ⇨ 경매청구 O**

03 가등기담보 등에 관한 법률에 관한 설명으로 **틀린** 것은? (다툼이 있으면 판례에 의함)

제22회 수정

① 양도담보권이 **매매대금채권**의 담보를 위하여 설정된 후 대여금채권이 그 피담보채권에 포함되게 된 경우 **동법이 적용된다.**

② 채권자가 나름대로 평가한 청산금액이 객관적인 청산금평가액에 미달하더라도 담보권**실행통지로서 효력이 있다.**

③ 이 법에서 정한 **청산절차를 거치지 않은** 담보가등기에 기한 **본등기는** 원칙적으로 **무효이다.**

④ 채권담보의 목적으로 부동산 소유권을 이전한 경우, 그 부동산에 대한 **사용수익권은 담보권설정자에게 있음이 원칙이다.**

⑤ **양도담보권자가** 담보목적부동산에 대하여 동법 소정의 청산절차를 거치지 아니한 채 **소유권을 이전한 경우, 선의의 제3자는 소유권을** 확정적으로 **취득한다.**

04 「가등기담보 등에 관한 법률」에 관한 설명으로 틀린 것은? (다툼이 있으면 판례에 의함)

제19회

① 공사대금채권을 담보하기 위한 가등기에는 이 법이 **적용되지 않는다.**

② **등기나 등록할 수 없는** 주식이나 동산은 **가등기담보권의 목적물이 될 수 없다.**

③ 대물변제**예약 당시**의 담보물 가액이 차용액 및 이에 붙인 이자의 합산액에 **미치지 못하는 경우**에는 이 법이 **적용되지 않는다.**

④ 청산금의 평가액을 통지한 후에라도 **채권자는** 청산금의 평가액 자체가 불합리하게 산정되었음을 증명하여 **액수를 다툴 수 있다.**

⑤ 채권자가 담보권을 실행하여 담보목적물의 소유권을 취득하기 위해서는 청산금의 평가액을 **채무자,** 담보가등기 목적부동산의 **물상보증인,** 담보가등기 후 **소유권을 취득한 제3자**에게 **통지하여야 한다.**

05 「가등기담보 등에 관한 법률」에 대한 설명으로 옳은 것은? (다툼이 있으면 판례에 의함)

제20회 제구성

① **매매대금**의 지급을 담보하기 위하여 가등기를 한 경우에도 「가등기담보 등에 관한 법률」이 **적용된다.**

② **후순위권리자는 청산기간에 한정하여** 그 피담보채권의 **변제기가 도래하기 전이라도** 담보목적 부동산의 **경매를 청구할 수 있다.**

③ **실행통지 당시** 부동산의 평가액이 피담보채권액에 **미달하는 경우**에는 가등기담보권의 **실행통지를 할 필요가 없다.**

④ 청산금 미지급으로 본등기가 무효로 되었다면, **그 후 청산절차를 마치더라도 유효한 등기가 될 수 없다.**

⑤ 채권자가 담보목적 부동산의 소유권을 취득하기 위하여는 가등기담보권의 실행통지가 상대방에게 도달한 날로부터 **1개월**이 지나야 한다.

key point

경매시 ⇨ 저당권, 가등기담보권은 소멸

06 甲은 乙의 X토지에 대하여 가등기담보권을 취득하였으나, 乙은 변제기에 채무를 이행하지 않고 있다. 다음 설명 중 **틀린** 것은? 제25회 재구성

① 甲은 X토지의 **경매**를 청구할 수 **있다.**

② 제3자가 **경매**로 X토지의 소유권을 취득한 경우, 甲의 **가등기담보권은 소멸한다.**

③ 乙은 甲이 통지한 청산금액을 다투고 **정당하게 평가된 청산금을 지급받을 때까지** 부동산의 소유권이전등기 및 인도채무의 **이행을 거절할 수 있다.**

④ X토지의 **후순위 권리자는 청산기간에 한정하여** 그 피담보채권의 **변제기 도래 전이라도** X토지의 **경매를 청구할 수 있다.**

⑤ 청산기간 전에 乙의 다른 채권자의 강제**경매**로 제3자가 X토지의 소유권을 취득한 경우에도 甲은 가등기에 기한 **본등기를 청구할 수 있다.**

07 甲은 乙에게 빌려준 1,000만원을 담보하기 위해 乙소유의 X토지(시가 1억원)에 가등기를 마친 다음, 丙이 X토지에 대해 저당권을 취득하였다. 다음 설명 중 옳은 것은? (다툼이 있으면 판례에 의함) 제28회

① 乙의 채무**변제**의무와 甲의 **가등기말소의무는 동시이행의 관계에** 있다.

② 甲의 **청산기간**이 지나기 **전에** 가등기에 의한 **본등기**를 마치면 그 본등기는 **무효**이다.

③ 乙이 **청산기간**이 지나기 **전에** 한 청산금에 관한 권리의 **양도**는 이로써 **丙에게 대항할 수** 있다.

④ 丙은 **청산기간이 지나면** 그의 피담보채권 **변제기가 도래하기 전이라도** X토지의 **경매를 청구할 수 있다.**

⑤ 甲의 가등기담보권 실행을 위한 **경매**절차에서 X토지의 소유권을 丁이 취득한 경우, 甲의 **가등기담보권은 소멸하지 않는다.**

key point 청산절차가 종료한 경우

1. 가등기담보권자는 **본등기를 해야 소유권을 취득**
2. 가등기담보권자는 **본등기를 경료하기 전에도 과실수취권을 취득**

08 가등기담보 등에 관한 법률에 관한 설명으로 옳은 것은? (다툼이 있으면 판례에 따름)
제26회

① **공사대금채무**를 담보하기 위한 가등기에도 가등기담보 등에 관한 법률이 **적용된다.**
② 청산금을 지급할 필요 없이 **청산절차가 종료**한 경우, 그때부터 담보목적물의 **과실수취권은 채권자에게 귀속한다.**
③ 가등기담보의 **채무자**는 귀속정산과 처분정산 중 하나를 **선택할 수 있다.**
④ 가등기담보의 채무자의 **채무변제와 가등기 말소**는 **동시이행관계에 있다.**
⑤ **담보가등기 후의 저당권자**는 청산기간 내라도 저당권의 피담보채권의 **변제기 도래 전**에는 담보목적 부동산의 **경매를 청구할 수 없다.**

09 가등기담보 등에 관한 법률이 적용되는 가등기담보에 관한 설명으로 옳은 것은? (다툼이 있으면 판례에 따름)
제33회

① 채무자가 아닌 **제3자**는 가등기담보권의 **설정자가 될 수 없다.**
② 귀속청산에서 변제기 후 청산금의 평가액을 채무자에게 통지한 경우, **채권자는** 그가 통지한 **청산금의 금액에 관하여 다툴 수 있다.**
③ **공사대금채권**을 담보하기 위하여 담보가등기를 한 경우, 가등기담보 등에 관한 법률이 **적용된다.**
④ 가등기담보권자는 특별한 사정이 없는 한 **가등기담보권**을 그 **피담보채권과 함께** 제3자에게 **양도할 수 있다.**
⑤ 가등기담보권자는 담보목적물에 대한 **경매를 청구할 수 없다.**

10 가등기담보 등에 관한 법률상 채권자가 담보목적 부동산의 소유권을 취득하기 위하여 채무자에게 실행통지를 할 때 밝히지 않아도 되는 것은?
제27회

① 청산금의 평가액
② **후순위 담보권자의 피담보채권액**
③ 통지 당시 담보목적 부동산의 평가액
④ 청산금이 없다고 평가되는 경우 그 뜻
⑤ 담보목적 부동산이 둘 이상인 경우 각 부동산의 소유권이전에 의하여 소멸시키려는 채권

11 가등기담보 등에 관한 법률의 설명으로 옳은 것은? 제30회

① 가등기가 담보가등기인지, 청구권보전을 위한 가등기인지의 여부는 **등기부상 표시를 보고 결정한다.**

② 채권자가 담보권실행을 통지함에 있어서, **청산금이 없다고 인정되면** 통지의 상대방에게 **그 뜻을 통지하지 않아도 된다.**

③ **청산금은** 담보권실행의 **통지당시** 담보목적부동산의 가액에서 피담보채권액을 뺀 금액이며, 그 부동산에 선순위담보권이 있으면 위 피담보채권액에 **선순위담보로 담보한 채권액을 포함시킨다.**

④ 통지한 청산금액이 객관적으로 정확하게 계산된 액수와 맞지 않으면, 채권자는 **정확하게 계산된 금액을 다시 통지해야 한다.**

⑤ 채권자가 채무자에게 **담보권실행을 통지하고 난 후부터는** 담보목적물에 대한 **과실수취권은 채권자에게 귀속한다.**

12 가등기담보 등에 관한 법률에 관한 설명으로 **틀린** 것은? 제32회

① 담보가등기를 마친 부동산에 대하여 **강제경매**가 된 경우 **담보가등기권리**는 그 부동산의 매각에 의해 **소멸한다.**

② 가등기의 **피담보채권**은 당사자의 **약정과 관계없이** 가등기의 원인증서인 매매 예약서상의 **매매대금의 한도로 제한된다.**

③ **채무자가 청산기간**이 지나기 **전에** 한 청산금에 관한 권리의 **양도**는 이로써 **후순위 권리자에게 대항하지 못한다.**

④ 가등기가 담보가등기인지 여부는 **거래의 실질과 당사자의 의사해석에 따라 결정 된다.**

⑤ 가등기담보부동산의 **예약 당시** 시가가 그 피담보채무액에 **미달하는 경우**에는 **청산금평가액의 통지를 할 필요가 없다.**

13 甲은 乙에게 무이자로 빌려준 1억원을 담보하기 위해, 丙명의의 저당권(피담보채권 5,000만원)이 설정된 乙소유의 X건물(시가 2억원)에 관하여 담보가등기를 마쳤고, 乙은 변제기가 도래한 甲에 대한 차용금을 지급하지 않고 있다. 다음 설명 중 틀린 것은? (다툼이 있으면 판례에 따름) 제35회

① 甲이 귀속정산절차에 따라 적법하게 X건물의 **소유권을 취득**하면 丙의 **저당권**은 **소멸**한다.

② 甲이 乙에게 **청산금을 지급하지 않고** 자신의 명의로 **본등기**를 마친 경우, 그 **등기는 무효이다.**

③ 甲의 **청산금지급채무**와 乙의 가등기에 기한 **본등기 및 X건물인도채무는 동시이행관계에 있다.**

④ **경매**절차에서 丁이 X건물의 소유권을 취득하면 특별한 사정이 없는 한 甲의 **가등기담보권은 소멸**한다.

⑤ 만약 **청산금이 없는 경우**, 적법하게 실행통지를 하여 2개월의 청산기간이 지나면 **청산절차의 종료와 함께** X건물에 대한 **사용·수익권은 甲에게 귀속된다.**

key point 양도담보

1. 양도담보권자 ⇨ 물상대위권 O
2. 양도담보권자 ⇨ 소유자 X ⇨ 불법점유자에게 손해배상청구 X
3. 양도담보권자가 처분 ⇨ 선의의 제3자 소유권취득

14 乙은 甲으로부터 1억원을 빌리면서 자신의 X토지(시가 3억원)를 양도담보로 제공하고 甲명의로 소유권이전등기를 마쳤다. 그 후 丙은 X토지를 사용·수익하던 乙과 임대차계약을 맺고 그 토지를 인도받아 사용하고 있다. 다음 설명 중 틀린 것은? 제29회

① 甲은 피담보채권의 **변제기 전에도** 丙에게 **임료 상당을 부당이득으로 반환청구할 수 있다.**

② 甲은 특별한 사정이 없는 한 **담보권 실행을 위하여** 丙에게 X토지의 **인도를 청구할 수 있다.**

③ 乙이 피담보채무의 **이행지체에** 빠졌을 경우, **甲은** 丙에게 **소유권에 기하여** X토지의 **인도를 청구할 수 없다.**

④ 甲이 乙에게 청산금을 지급함으로써 **소유권을 취득하면 甲의 양도담보권은 소멸한다.**

⑤ 만약 **甲이 선의의** 丁에게 X토지를 **매도하고** 소유권이전등기를 마친 경우, 乙은 丁에게 소유권이전등기의 **말소를 청구할 수 없다.**

15 乙은 甲에 대한 1억원의 차용금채무를 담보하기 위해 자신의 X건물(시가 2억원)에 관하여 甲명의로 소유권이전등기를 마쳤다. 이에 관한 설명으로 옳은 것은? 제31회

① 甲은 X건물의 화재로 乙이 취득한 **화재보험금청구권**에 대하여 **물상대위권**을 행사할 수 **없다.**

② 甲은 乙로부터 X건물을 임차하여 사용하고 있는 **丙에게 소유권에 기하여 그 반환을 청구할 수 있다.**

③ 甲은 **담보권실행으로서** 乙로부터 임차하여 X건물을 점유하고 있는 **丙에게 그 인도를 청구할 수 있다.**

④ 甲은 乙로부터 X건물을 임차하여 사용하고 있는 **丙에게 임료 상당의 부당이득반환을 청구할 수 있다.**

⑤ 甲이 X건물을 선의의 丁에게 **소유권이전등기를 해 준 경우, 乙은 丁에게 소유권이전등기말소를 청구할 수 있다.**

04 | 부동산실명법

key point

1. 명의신탁
   ① 원칙 ⇨ **무효**(사회질서위반 X) ⇨ **명의신탁 해지 X**
   ② **종/배** ⇨ 법령상 제한 회피 목적 X ⇨ **유효** ⇨ **명의신탁 해지 O**
   ③ 수탁자와 거래한 **제3자** ⇨ 선의·악의를 불문하고 권리 취득
2. 명의신탁이 유효인 경우
   ① **대내** ⇨ **신탁자가 소유자**
   ② **대외** ⇨ **수탁자가 완전한 소유자**

01 甲은 조세포탈·강제집행의 면탈 또는 법령상 제한의 회피를 목적으로 하지 않고, 배우자 乙과의 명의신탁약정에 따라 자신의 X토지를 乙명의로 소유권이전등기를 마쳐주었다. 다음 설명 중 **틀린 것은?** (다툼이 있으면 판례에 따름) 　　　　제28회

① 乙은 甲에 대해 X토지의 **소유권을 주장할 수 없다.**
② 甲이 X토지를 丙에게 **매도**한 경우, 이를 **타인의 권리매매라고 할 수 없다.**
③ 丁이 X토지를 **불법점유**하는 경우, **甲은 직접** 丁에 대해 **소유물반환청구권을 행사할 수 있다.**
④ 乙로부터 X토지를 매수한 丙이 乙의 甲에 대한 배신행위에 **적극 가담**한 경우, 乙과 丙 사이의 계약은 **무효**이다.
⑤ 丙이 乙과의 **매매계약에 따라** X토지에 대한 소유권이전**등기를 마친 경우**, 특별한 사정이 없는 한 丙이 X토지의 **소유권을 취득한다.**

02 부동산 실권리자명의 등기에 관한 법률에 관한 설명으로 옳은 것은? (다툼이 있으면 판례에 따름) 　　　　제26회

① **소유권 이외의 부동산 물권**의 명의신탁은 동 법률의 **적용을 받지 않는다.**
② 채무변제를 **담보**하기 위해 채권자가 부동산 **소유권을 이전받기로 하는 약정**은 동 법률의 **명의신탁약정에 해당한다.**
③ **양자간 등기명의신탁**의 경우 신탁자는 수탁자에게 **명의신탁약정의 해지를 원인**으로 소유권이전등기를 **청구할 수 없다.**
④ **3자간 등기명의신탁**의 경우 **수탁자가 자진하여** 신탁자에게 **소유권이전등기를 해**주더라도, 그 **등기는 무효이다.**
⑤ 명의신탁약정의 무효는 **악의의 제3자에게 대항할 수 있다.**

03 甲은 법령상의 제한을 회피하기 위해 2019. 5. 배우자 乙과 명의신탁약정을 하고 자신의 X건물을 乙명의로 소유권이전등기를 마쳤다. 이에 관한 설명으로 **틀린** 것은? (다툼이 있으면 판례에 따름) 제31회

① 甲은 **소유권에 의해** 乙을 상대로 소유권이전등기의 **말소를 청구할 수 있다.**

② 甲은 乙에게 명의신탁**해지를 원인으로** 소유권이전등기를 청구할 수 **없다.**

③ 乙이 소유권이전등기 후 X건물을 점유하는 경우, **乙의 점유는 타주점유이다.**

④ 乙이 丙에게 X건물을 **증여하고 소유권이전등기를 해준 경우, 丙은** 특별한 사정이 없는 한 **소유권을 취득한다.**

⑤ 乙이 丙에게 X건물을 적법하게 **양도하였다가 다시 소유권을 취득**한 경우, 甲은 乙에게 소유물반환을 청구할 수 있다.

04 甲은 법령상 제한을 회피할 목적으로 2023. 5. 1. 배우자 乙과 자신 소유의 X건물에 대해 명의신탁약정을 하고, 甲으로부터 乙 앞으로 소유권이전등기를 마쳤다. 다음 설명 중 **틀린** 것은? (특별한 사정은 없으며, 다툼이 있으면 판례에 따름) 제34회

① 甲은 乙을 상대로 **진정명의회복을 원인으로** 한 소유권이전등기를 **청구할 수 있다.**

② 甲은 乙을 상대로 **부당이득반환을 원인으로** 한 소유권 이전등기를 **청구할 수 있다.**

③ 甲은 乙을 상대로 **명의신탁해지를 원인으로** 한 소유권이전등기를 **청구할 수 없다.**

④ 乙이 丙에게 X건물을 **매도하고 소유권이전등기를 해준 경우, 丙은 소유권을 취득한다.**

⑤ 乙이 丙에게 X건물을 **매도하고 소유권이전등기를** 해준 경우, **乙은 甲에게 불법행위책임을 부담한다.**

05 甲은 친구 乙과의 명의신탁약정에 따라 2024. 3. 5. 자신의 X부동산을 乙명의로 소유권이전등기를 해 주었고, 그 후 乙은 丙에게 이를 매도하고 丙명의로 소유권이전등기를 해 주었다. 다음 설명 중 옳은 것은? (다툼이 있으면 판례에 따름) 제35회

① 甲은 乙을 상대로 불법행위로 인한 **손해배상을 청구할 수 있다.**

② 甲과 乙의 명의신탁약정으로 인해 **乙과 丙의 매매계약은 무효이다.**

③ 甲은 **丙을 상대로** X부동산에 관한 소유권이전등기**말소를 청구할 수 있다.**

④ 甲은 乙을 상대로 **명의신탁약정 해지를 원인으로** 하는 소유권이전등기를 **청구할 수 있다.**

⑤ 만약 乙이 X부동산의 **소유권을** 丙으로부터 **다시 취득**한다면, **甲은 乙을 상대로 소유권에 기하여 이전등기를 청구할 수 있다.**

key point 중간생략형 명의신탁

1. 신탁자가 매수인
2. **매매계약** ⇨ **유효**
3. **명의신탁과 등기** ⇨ **무효** ⇨ **소유자는 매도인**

---

06 甲은 2013년에 친구 乙과 명의신탁약정을 하고 丙소유의 X부동산을 매수하면서 丙에게 부탁하여 乙명의로 소유권이전등기를 하였다. 다음 설명 중 옳은 것은? 제24회

① 乙이 X부동산의 **소유자**이다.
② 甲은 **명의신탁해지**를 원인으로 乙에게 소유권이전등기를 청구할 수 있다.
③ 甲은 부당이득반환을 원인으로 乙에게 소유권이전등기를 청구할 수 있다.
④ 丙은 **진정명의회복**을 원인으로 乙에게 소유권이전등기를 청구할 수 있다.
⑤ 만약 甲과 乙이 **사실혼 관계**에 있다면 甲과 乙사이의 **명의신탁약정은 유효**이다.

---

07 2013. 10. 26. 甲은 친구 乙과 명의신탁약정을 하였다. 그 후 甲은 丙 소유의 X토지를 매수하면서 丙에게 부탁하여 乙명의로 소유권이전등기를 하였고, X토지는 현재 甲이 점유하고 있다. 다음 설명 중 옳은 것은? 제25회

① 乙은 甲에게 X토지의 **반환을 청구할 수 없다.**
② 甲은 丙에게 X토지의 **소유권이전을 청구할 수 없다.**
③ 丙은 乙에게 X토지의 소유권이전**등기말소를 청구할 수 없다.**
④ 甲은 乙에게 부당이득반환을 원인으로 **소유권이전등기를 청구할 수 있다.**
⑤ 甲은 乙에게 부당이득반환청구권을 피담보채권으로 하여 **유치권을 주장할 수 있다.**

---

08 X부동산을 매수하고자 하는 甲은 친구 乙과 명의신탁약정을 하고 乙명의로 소유권이전등기를 하기로 하였다. 그 후 甲은 丙에게서 그 소유의 X부동산을 매수하고 대금을 지급하였으며, 丙은 甲의 부탁에 따라 乙 앞으로 이전등기를 해 주었다. 다음 설명 중 틀린 것은? 제30회 수정

① 甲과 乙 사이의 **명의신탁약정은 무효**이다.
② 甲은 乙을 **상대로** 부당이득반환을 원인으로 한 **소유권이전등기를 구할 수 있다.**
③ 甲은 丙을 **상대로 소유권이전등기청구를 할 수 있다.**
④ 甲은 丙을 대위하여 乙명의 등기의 말소를 구할 수 있다.
⑤ 甲과 乙 간의 명의신탁약정 사실을 **알고 있는** 丁이 乙로부터 X부동산을 매수하고 이전등기를 마쳤다면, 丁은 특별한 사정이 없는 한 그 **소유권을 취득한다.**

key point 계약명의신탁

1. 수탁자가 매수인
2. **매도인이 선의** ⇨ 등기 유효 ⇨ **수탁자가 소유자**
3. 명의신탁 무효 ⇨ 부당이득반환 ⇨ 매매대금 O, 부동산 X

09 2022. 8. 16. 甲은 조세포탈의 목적으로 친구인 乙과 명의신탁약정을 맺고 乙은 이에 따라 甲으로부터 매수자금을 받아 丙 소유의 X토지를 자신의 명의로 매수하여 등기를 이전받았다. 이에 관한 설명으로 틀린 것은? (다툼이 있으면 판례에 따름)   제33회

① 甲과 乙의 **명의신탁약정은 무효**이다.

② 甲과 乙의 명의신탁약정이 있었다는 사실을 **丙이 몰랐다면**, 乙은 丙으로부터 X토지의 **소유권을 승계취득한다.**

③ 乙이 X토지의 소유권을 취득하더라도, **甲은 乙에 대하여** 부당이득을 원인으로 X토지의 **소유권이전등기를 청구 할 수 없다.**

④ 甲은 乙에 대해 가지는 매수자금 상당의 부당이득반환청구권에 기하여 X토지에 **유치권을 행사할 수 없다.**

⑤ 만일 **乙이 丁에게** X토지를 **양도한 경우**, 丁이 명의신탁약정에 대하여 단순히 알고 있었다면, 丁은 X토지의 **소유권을 취득하지 못한다.**

10 2009. 9. 9. X부동산을 취득하려는 甲은 여자친구 乙과 명의신탁을 약정하였다. 乙은 그 약정에 따라 계약당사자로서 선의의 丙으로부터 X부동산을 매수하여 자신의 명의로 등기한 후 甲에게 인도하였다. 다음 중 옳은 것은? (다툼이 있으면 판례에 의함)   제20회

① 甲과 乙의 **명의신탁약정은 유효**하다.

② **甲은 乙을 상대로** 부당이득반환으로 X부동산의 **등기이전을 청구할 수 없다.**

③ 甲은 乙에게 제공한 부동산매수자금 회수를 담보하기 위하여 X부동산에 대하여 **유치권을 행사할 수 있다.**

④ 丙은 특별한 사정이 없는 한 **乙명의의 등기말소를 청구할 수 있다.**

⑤ **乙이 자의로** X부동산에 대한 소유권을 **甲에게 이전등기** 하였더라도 甲은 **소유권을 취득하지 못한다.**

11 甲은 법령상의 제한을 피하여 乙 소유의 X부동산을 매수하고자 자신의 친구 丙과 X부동산의 매수에 관한 명의신탁약정을 체결하였다. 그에 따라 2021년 5월 丙은 乙과 X부동산 매매계약을 체결하고, 甲의 자금으로 그 대금을 지급하여 丙 명의로 등기 이전을 마쳤다. 이에 관한 설명으로 **틀린** 것은? (다툼이 있으면 판례에 따름)　　　제32회

　① 甲과 丙 사이의 **명의신탁약정은 무효**이다.

　② 乙이 매매계약 체결 당시 그 명의신탁약정이 있다는 사실을 **알았다면** 丙은 X부동산의 **소유권을 취득할 수 없다.**

　③ 乙이 매매계약 **체결 당시** 그 명의신탁약정이 있다는 사실을 **몰랐다면,** 그 후 명의신탁약정 사실을 **알게 되었어도** 丙은 X부동산의 **소유권을 취득한다.**

　④ 丙이 X부동산의 **소유권을 취득한 경우** 甲은 丙에게 제공한 X부동산의 **매수자금 상당액을** 부당이득으로 **반환청구할 수 있다.**

　⑤ X부동산의 소유권을 유효하게 취득한 丙이 명의신탁약정 외의 **적법한 원인에 의하여 甲 앞으로** X부동산에 대한 **소유권이전등기를 마친다고 해도** 그 소유권이전등기는 **무효이다.**

---

key point

경매 ⇨ 계약명의신탁 ⇨ 경매목적물의 소유자의 선의 악의를 불문 ⇨ 수탁자가 소유자

---

12 2006년에 한 X토지 경매절차에서 甲이 실질적으로 매수자금을 부담하지만 친구인 乙의 이름으로 매각받기로 명의신탁약정을 하였고, 그 후 매각허가결정에 따라 乙은 대금을 완납하고 자신의 명의로 등기를 마쳤다. 옳은 것은? (다툼이 있으면 판례에 의함)　　　제18회

　① 甲과 乙 사이의 **명의신탁약정은 유효**하다.

　② X토지에 대한 **소유권을 취득하는 자는** 甲이다.

　③ 甲이 X토지를 丙에게 **매도하는 계약은 무효**이다.

　④ 甲의 지시에 따라 乙이 X토지를 매각한 후 **그 처분대금을 甲에게 반환하기로 한 약정은 무효**이다.

　⑤ 乙이 X토지를 丁에게 **처분**하였는데 丁이 악의라면 丁은 **소유권을 취득할 수 없다.**

13 甲은 2015. 10. 17. 경매절차가 진행 중인 乙소유의 토지를 취득하기 위하여, 丙에게 매수 자금을 지급하면서 丙명의로 소유권이전등기를 하기로 약정하였다. 丙은 위 약정에 따라 위 토지에 대한 매각허가결정을 받고 매각대금을 완납한 후 자신의 명의로 소유권이전 등기를 마쳤다. 다음 설명 중 옳은 것을 모두 고른 것은? (이자 등은 고려하지 않고, 다툼이 있으면 판례에 따름)   제27회

> ㄱ. 甲과 丙의 관계는 **계약명의신탁**에 해당한다.
> ㄴ. 甲과 丙의 명의신탁약정 사실을 乙이 알았다면 丙은 토지의 소유권을 취득하지 **못한다.**
> ㄷ. 甲은 丙에 대하여 **매수 자금 상당의 부당이득반환을 청구할 수 있다.**

① ㄱ   ② ㄷ   ③ ㄱ, ㄷ
④ ㄴ, ㄷ   ⑤ ㄱ, ㄴ, ㄷ

14 부동산경매절차에서 丙소유의 X건물을 취득하려는 甲은 친구 乙과 명의신탁약정을 맺고 2018. 5. 乙명의로 매각허가결정을 받아 자신의 비용으로 매각대금을 완납하였다. 그 후 乙명의로 X건물의 소유권이전등기가 마쳐졌다. 다음 설명 중 옳은 것은? (다툼이 있으면 판례에 따름)   제29회

① 甲은 乙에 대하여 X건물에 관한 소유권이전**등기말소를 청구할 수 있다.**
② 甲은 乙에 대하여 부당이득으로 X건물의 **소유권반환을 청구할 수 있다.**
③ 丙이 甲과 乙 사이의 명의신탁약정이 있다는 사실을 **알았더라도** 乙은 X건물의 **소유권을 취득한다.**
④ X건물을 점유하는 甲은 乙로부터 매각대금을 반환받을 때까지 X건물을 **유치할 권리가 있다.**
⑤ X건물을 점유하는 **甲이 丁에게 X건물을 매도하는 계약을 체결**한 경우, 그 **계약은 무효이다.**

key point 매도인이 악의인 계약명의신탁

1. 매매계약 및 등기 ⇨ 무효 ⇨ **매도인이 소유자**
2. 수탁자와 거래한 **제3자** ⇨ **소유권 취득**

15 2014년 甲은 친구 乙과 계약명의신탁을 약정하였다. 그 사실을 알고 있는 丙은 명의수탁자 乙과의 매매계약에 따라 乙명의로 X토지의 소유권을 이전해 주었다. 다음 설명 중 옳은 것은?　　　　제25회

① 乙은 X토지에 대한 **소유권을 취득한다.**
② 甲은 丙에 대하여 X토지에 대한 **소유권이전등기를 청구할 수 있다.**
③ 乙이 X토지의 소유권이전등기를 **말소하지 않더라도** 丙은 乙의 매매대금반환 청구를 거절할 수 없다.
④ 乙이 X토지를 丁에게 **매도**하여 소유권이전등기를 해 준 경우, **丁은** X토지의 **소유권을 취득한다.**
⑤ 乙이 X토지를 선의의 丁에게 **매도하여** 소유권이전**등기**를 해 준 경우, 乙의 행위는 丙의 소유권에 대한 침해행위가 아니다.

key point

가등기 ⇨ 부동산실명법 적용 O

16 甲과 乙의 명의신탁약정에 따라 乙이 丙으로부터 건물을 매수한 후 자신의 명의로 등기한 경우, 부동산 실권리자명의 등기에 관한 법률이 적용되는 경우를 모두 고른 것은?　　　　제27회

ㄱ. 甲이 **탈세 목적으로 명의신탁약정**을 한 경우
ㄴ. 甲과 乙이 **묵시적으로 명의신탁약정**을 한 경우
ㄷ. 乙명의의 등기가 소유권이전등기청구권 보전을 위한 **가등기**인 경우

① ㄱ　　　　　　　② ㄷ　　　　　　　③ ㄱ, ㄴ
④ ㄴ, ㄷ　　　　　　⑤ ㄱ, ㄴ, ㄷ

key point

제3자 ⇨ 새로운 이해관계인

17 부동산 명의신탁약정과 그에 따른 등기의 무효로 대항할 수 없는 제3자(부동산 실권리자 명의 등기에 관한 법률 제4조 제3항)에 해당하는 자를 모두 고른 것은? (다툼이 있으면 판례에 따름) 제34회

> ㄱ. 명의수탁자의 **상속인**
> ㄴ. 명의신탁된 부동산을 **가압류한 명의수탁자의 채권자**
> ㄷ. **명의신탁자와** 명의신탁된 부동산소유권을 취득하기 위한 **계약을 맺고** 등기명의만을 명의수탁자로부터 경료받은 것과 같은 외관을 갖춘 자
> ㄹ. 학교법인이 명의수탁자로서 기본재산에 관한 등기를 마친 경우, 기본재산 처분에 관하여 허가권을 갖는 **관할청**

① ㄴ   ② ㄱ, ㄷ   ③ ㄷ, ㄹ
④ ㄱ, ㄴ, ㄷ   ⑤ ㄴ, ㄷ, ㄹ

key point 구분소유적 공유관계 ○

1. 대내적 ⇨ 구분소유관계 ⇨ **공유물분할청구 X**
2. 대외적 ⇨ 공유관계

18 甲은 자신의 X토지 중 일부를 특정(Y부분)하여 乙에게 매도하면서 토지를 분할하는 등의 절차를 피하기 위하여 편의상 乙에게 Y부분의 면적 비율에 상응하는 공유지분등기를 마쳤다. 다음 설명 중 옳은 것은? (다툼이 있으면 판례에 따름) 제29회

① 乙은 甲에 대하여 **공유물분할을 청구할 수 없다.**
② 乙은 甲의 동의 없이 **Y부분을 제3자에게 처분할 수 없다.**
③ **乙이 Y부분을 점유**하는 것은 권원의 성질상 **타주점유**이다.
④ 乙이 Y부분이 아닌 **甲소유의 부분에 건물을 신축**한 경우에 **법정지상권이 성립한다.**
⑤ 乙은 Y부분을 **불법점유하는 丙에 대하여** 공유물의 보존행위로 **그 배제를 구할 수 없다.**

05 집합건물의 소유 및 관리에 관한 법률

key point

1. 구분의사가 객관적으로 표시 ⇨ 구분건물로 등기 X ⇨ 구분소유 성립

2. **공용부분(복도, 계단)**
   ① 분할청구 X
   ② **용도에 따라 사용 O, 지분비율에 따라 사용 X**
   ③ **취득시효의 대상 X**

3. **전유부분과 공용부분의 지분** ⇨ 절대 분리 처분 X

4. **전유부분과 대지사용권**
   ① 원칙 ⇨ **분리 처분 X**
   ② 규약으로 달리 정할 때 ⇨ 분리 처분 가능

5. **재건축 결의** ⇨ 4/5
   ① 서면으로 최고
   ② 최고 ⇨ 확답 X ⇨ 참여 X

6. **전유부분**에 대한 담보책임 ⇨ 구분소유자에게 **인도한 날로부터** 기간을 기산

01 집합건물의 소유 및 관리에 관한 법령상 집합건물에 관한 설명으로 <u>틀린</u> 것은? (다툼이 있으면 판례에 따름)　　제26회

① 집합건축물대장에 **등록되지 않더라도** 구분소유가 성립할 수 있다.

② **공용부분의 사용**과 비용부담은 **전유부분의 지분비율에 따른다.**

③ 집합건물의 **공용부분은 시효취득의 대상이 될 수 없다.**

④ 관리인 선임 여부와 관계없이 **공유자는 단독으로** 공용부분에 대한 **보존행위를 할 수 있다.**

⑤ 구분소유자는 **규약 또는 공정증서로써 달리 정하지 않는 한** 그가 가지는 **전유부분과 분리하여** 대지사용권을 처분할 수 없다.

02 집합건물의 소유 및 관리에 관한 법률상 집합건물의 전부공용부분 및 대지사용권에 관한 설명으로 **틀린 것은?** (특별한 사정은 없으며, 다툼이 있으면 판례에 따름) 제34회

① **공용부분은 취득시효**에 의한 소유권 취득의 대상이 **될 수 없다.**

② 각 공유자는 **공용부분을 그 용도에 따라 사용**할 수 있다.

③ **구조상 공용부분**에 관한 물권의 득실변경은 **등기가 필요하지 않다.**

④ 구분소유자는 **규약 또는 공정증서로써 달리 정하지 않는 한** 그가 가지는 **전유부분과 분리하여 대지사용권을 처분할 수 없다.**

⑤ **대지사용권은** 전유부분과 일체성을 갖게 된 후 개시된 강제경매절차에 의해 **전유부분과 분리되어 처분될 수 있다.**

03 집합건물의 소유 및 관리에 관한 법률의 내용으로 **틀린 것은?** 제27회

① **전유부분**은 구분소유권의 목적인 건물부분을 말한다.

② **대지사용권**은 구분소유자가 전유부분을 소유하기 위하여 건물의 대지에 대하여 가지는 권리를 말한다.

③ **구분소유자 전원의 동의로 소집**된 관리단집회는 **소집절차에서 통지되지 않은 사항에 대해서도 결의할 수 있다.**

④ 건물의 시공자가 **전유부분**에 대하여 구분소유자에게 지는 **담보책임**의 존속기간은 **사용승인일부터 기산한다.**

⑤ 대지 위에 구분소유권의 목적인 건물이 속하는 1동의 건물이 있을 경우, 대지의 공유자는 **그 건물의 사용에 필요한 범위의 대지에 대하여 분할을 청구하지 못한다.**

04 집합건물의 소유 및 관리에 관한 법률상 구분소유자의 5분의 4 이상 및 의결권의 5분의 4 이상의 결의가 있어야만 하는 경우는? 제28회

① **재건축 결의**

② 공용부분의 변경

③ 구분소유권의 경매청구

④ 규약의 설정·변경 및 폐지

⑤ 구분소유자의 전유부분 사용금지의 청구

05 집합건물의 소유 및 관리에 관한 법률에 관한 설명으로 **틀린** 것은?　　　제29회

① 관리인의 대표권 제한은 선의의 제3자에게 대항할 수 없다.

② 구조상의 **공용부분**에 관한 물권의 득실변경은 **등기하여야 효력이 생긴다.**

③ 관리인은 매년 회계연도 종료 후 3개월 이내에 정기관리단집회를 소집하여야 한다.

④ **일부의 구분소유자만이** 공용하도록 제공되는 것임이 **명백한 공용부분은 그들 구분소유자의 공유에 속한다.**

⑤ 공유자가 **공용부분에 관하여** 다른 공유자에 대하여 **가지는 채권은 그 특별승계인에 대하여도 행사할 수 있다.**

06 집합건물의 소유 및 관리에 관한 법률의 설명으로 **틀린** 것은?　　　제30회

① 규약 및 관리단집회의 **결의는** 구분소유자의 **특별승계인에 대하여도 효력이 있다.**

② 구분소유건물의 **공용부분**에 관한 물권의 득실변경은 **등기가 필요하지 않다.**

③ **관리인은 구분소유자가 아니더라도 무방하다.**

④ **재건축 결의는** 구분소유자 및 의결권의 **각 5분의 4 이상의 결의**에 의한다.

⑤ 재건축 결의 후 재건축 참가 여부를 **서면으로 촉구받은** 재건축반대자가 법정기간 내에 **회답하지 않으면** 재건축에 **참가하겠다는 회답을 한 것으로 본다.**

07 집합건물의 소유 및 관리에 관한 법률에 관한 설명으로 옳은 것을 모두 고른 것은?

제31회

> ㄱ. 각 공유자는 **공용부분을 그 용도에 따라 사용**할 수 있다.
> ㄴ. **전유부분에 관한 담보책임의 존속기간은 사용검사일부터 기산한다.**
> ㄷ. **구조상 공용부분에 관한 물권의 득실변경은 그 등기를 해야** 효력이 발생한다.
> ㄹ. **분양자는** 원칙적으로 전유부분을 양수한 구분소유자에 대하여 **담보책임을 지지 않는다.**

① ㄱ　　　　　　　　② ㄷ　　　　　　　　③ ㄱ, ㄴ
④ ㄱ, ㄹ　　　　　　⑤ ㄴ, ㄷ, ㄹ

08 집합건물의 소유 및 관리에 관한 법률에 관한 설명으로 **틀린** 것을 모두 고른 것은? (다툼이 있으면 판례에 따름)

> ㄱ. **구분건물이** 객관적·물리적으로 **완성되더라도** 그 건물이 집합건축물대장에 **등록되지 않는** 한 구분소유권의 객체가 되지 못한다.
> ㄴ. 집합건물구분소유권의 특별승계인이 그 구분소유권을 다시 제3자에게 이전한 경우, 관리규약에 달리 정함이 없는 한, **각 특별승계인들은** 자신의 전(前)구분소유자의 **공용부분에 대한 체납관리비를 지급할 책임이 있다.**
> ㄷ. **전유부분은** 구분소유권의 목적인 건물부분을 말한다.

① ㄱ   ② ㄴ   ③ ㄷ
④ ㄱ, ㄴ   ⑤ ㄴ, ㄷ

---

key point 구분소유자 중 일부가 공용부분을 권원 없이 사용

1. 다른 구분소유자 ➪ 인도청구 X, 방해제거청구 O
2. 다른 구분소유자 ➪ 부당이득반환청구 O

---

09 집합건물의 소유 및 관리에 관한 법률상 공용부분에 관한 설명으로 옳은 것을 모두 고른 것은? (다툼이 있으면 판례에 따름)

> ㄱ. 관리단집회 결의나 다른 구분소유자의 동의 없이 **구분소유자 1인이 공용부분을 독점적으로 점유·사용하는 경우, 다른 구분소유자는** 공용부분의 보존행위로서 그 **인도를 청구할 수 있다.**
> ㄴ. **구분소유자 중 일부가** 정당한 권원 없이 구조상 **공용부분인** 복도를 배타적으로 **점유·사용하여** 다른 구분소유자가 사용하지 못하였다면, 특별한 사정이 없는 한 이로 인하여 얻은 이익을 **다른 구분소유자에게 부당이득으로 반환하여야 한다.**
> ㄷ. 관리단은 관리비 징수에 관한 유효한 **규약이 없더라도 공용부분에 대한 관리비를** 그 부담의무자인 구분소유자에게 **청구할 수 있다.**

① ㄱ   ② ㄴ   ③ ㄱ, ㄷ
④ ㄴ, ㄷ   ⑤ ㄱ, ㄴ, ㄷ

key point

구분소유자가 **10인** 이상 ⇨ 반드시 **관리인**을 선임

10 집합건물의 소유 및 관리에 관한 법령상 관리인 및 관리위원회 등에 관한 설명으로 옳은 것은? 제33회

① **구분소유자가 아닌 자는 관리인이 될 수 없다.**

② 구분소유자가 **10인 이상**일 때에는 관리단을 대표하고 관리단의 사무를 집행할 **관리인을 선임하여야 한다.**

③ 관리위원회를 둔 경우에도 규약에서 달리 정한 바가 없으면, 관리인은 공용부분의 보존행위를 함에 있어 관리위원회의 결의를 요하지 않는다.

④ 규약에서 달리 정한 바가 없으면, **관리인은 관리위원회의 위원이 될 수 있다.**

⑤ 규약에서 달리 정한 바가 없으면, 관리위원회 위원은 부득이한 사유가 없더라도 서면이나 대리인을 통하여 의결권을 행사할 수 있다.

11 집합건물의 소유 및 관리에 관한 법률상 관리인에 관한 설명으로 **틀린** 것은? 제35회

① **관리인은 구분소유자여야 한다.**

② 관리인은 공용부분의 보존행위를 할 수 있다.

③ 관리인의 임기는 2년의 범위에서 규약으로 정한다.

④ **관리인은** 규약에 달리 정한 바가 없으면 **관리위원회의 위원이 될 수 없다.**

⑤ 관리인의 대표권은 제한할 수 있지만, 이를 선의의 제3자에게 대항할 수 없다.

부록

정답

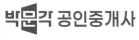
박문각 공인중개사

부록 | 정답

Chapter 01 민법총칙

테마 01 법률행위의 목적

1	2	3	4	5	6	7	8	9	10
⑤	④	③	④	②	③	④	①	④	②
11	12	13	14	15	16	17	18	19	20
⑤	③	③	⑤	④	③	④	③	②	④
21	22	23	24	25	26	27	28	29	30
⑤	①	⑤	⑤	⑤	①	②	④	①	⑤

테마 02 법률행위의 해석

1	2	3	4
④	①	③	④

테마 03 비정상적 의사표시

1	2	3	4	5	6	7	8	9	10
③	⑤	②	①	②	④	⑤	⑤	⑤	⑤
11	12	13	14	15	16	17	18	19	20
③	①	④	②	①	③	③	①	⑤	④
21	22	23	24	25	26	27	28	29	30
①	③	②	③	②	③	③	④	③	①
31	32	33							
④	④	⑤							

테마 04 대리

1	2	3	4	5	6	7	8	9	10
⑤	①	①	①	①	①	②	③	⑤	②

11	12	13	14
①	⑤	②	④

테마 05 협의의 무권대리

1	2	3	4	5	6	7	8	9	10
①	④	③	②	①	③	⑤	③	①	①

11	12
①	④

테마 06 표현대리

1	2	3	4	5	6	7	8	9	10
⑤	③	④	④	⑤	④	③	⑤	②	②

11
⑤

테마 07 무효와 취소

1	2	3	4	5	6	7	8	9	10
⑤	②	③	⑤	⑤	③	②	③	④	②

11	12	13	14	15	16	17	18	19	20
⑤	①	①	①	①	①	③	⑤	④	④

21	22	23	24	25	26	27	28	29	30
②	⑤	①	③	⑤	④	⑤	③	①	⑤

31	32
②	②

테마 08 조건과 기한

1	2	3	4	5	6	7	8	9	10
①	③	④	②	①	④	②	⑤	①	③

11	12
④	③

Chapter 02 물권법

테마 01 물권적 청구권

1	2	3	4	5	6	7	8	9	10
③	③	④	⑤	②	②	⑤	③	①	②

11	12	13
①	①	②

테마 02 부동산물권변동

1	2	3	4	5	6	7	8	9	10
③	①	⑤	④	①	⑤	⑤	②	②	④
11	12	13	14	15	16	17	18	19	20
③	③	③	①	②	③	④	④	④	⑤
21	22	23	24	25	26	27	28	29	30
⑤	②	①	⑤	⑤	①	①	①	③	③

테마 03 혼동

1	2	3	4
①	③	⑤	⑤

테마 04 점유권

1	2	3	4	5	6	7	8	9	10
④	①	④	②	②	⑤	①	④	⑤	④
11	12	13	14	15	16	17	18	19	20
③	①	③	④	⑤	③	②	①	⑤	②

테마 05 소유권

1	2	3	4	5	6	7	8	9	10
①	②	⑤	②	①	①	⑤	③	③	⑤
11	12	13	14	15	16	17	18	19	20
③	④	④	⑤	④	②	⑤	③	④	⑤

테마 06 공유

1	2	3	4	5	6	7	8	9	10
②	①	①	③	④	⑤	①	④	④	②
11	12								
④	⑤								

테마 07 지상권

1	2	3	4	5	6	7	8	9	10
①	③	②	④	④	⑤	③	②	②	②
11	12	13	14	15	16	17			
②	②	②	④	②	③	④			

테마 08 지역권

1	2	3	4	5	6	7	8	9	10
①	③	①	③	④	②	④	⑤	①	③
11	12	13							
⑤	④	②							

테마 09 전세권

1	2	3	4	5	6	7	8	9	10
①	①	③	④	⑤	③	①	②	①	⑤

11	12	13	14	15
⑤	⑤	②	③	①

테마 10 유치권

1	2	3	4	5	6	7	8	9	10
④	④	②	③	①	②	③	⑤	②	②

11	12	13	14	15	16	17	18	19	20
④	①	④	⑤	②	③	⑤	③	③	①

테마 11 저당권

1	2	3	4	5	6	7	8	9	10
③	②	①	④	④	②	②	⑤	②	④

11	12	13	14	15	16	17	18	19	20
④	⑤	③	②	③	③	④	②	④	①

21	22	23	24	25	26	27	28	29	30
④	③	②	③	④	⑤	①	⑤	③	③

31	32
⑤	②

Chapter 03 계약법

테마 01 계약의 성립

1	2	3	4	5	6	7	8	9	10
⑤	⑤	⑤	②	③	③	④	③	③	⑤

11	12	13	14	15	16	17	18		
③	⑤	⑤	③	⑤	①	④	③		

테마 02 민법상 불능

1	2	3	4	5	6	7	8	9
②	②	②	⑤	③	①	②	④	②

테마 03 동시이행항변권

1	2	3	4	5	6	7	8	9	10
⑤	③	③	④	②	⑤	④	②	③	⑤

11	12	13							
⑤	⑤	④							

테마 04 제3자를 위한 계약

1	2	3	4	5	6	7	8	9	10
②	③	③	⑤	④	③	②	④	④	①

테마 05 계약해제

1	2	3	4	5	6	7	8	9	10
①	①	①	②	④	④	③	①	④	⑤

11	12	13	14	15	16	17	18	19	20
③	③	③	③	①	③	④	④	④	⑤

테마 06 계약금

1	2	3	4	5	6	7	8
⑤	③	④	⑤	④	③	⑤	⑤

테마 07 매도인의 담보책임

1	2	3	4	5	6	7	8	9	10
⑤	⑤	②	③	④	①	②	①	④	②

11	12
④	①

테마 08 환매 및 예약완결권

1	2	3	4	5	6	7
①	③	④	⑤	①	②	③

테마 09 임대차

1	2	3	4	5	6	7	8	9	10
②	②	③	②	①	①	⑤	⑤	①	①

11	12	13	14	15	16	17	18	19	20
①	⑤	③	③	③	④	③	③	②	⑤

21	22	23
③	③	④

테마 10 임차권의 양도 및 전대

1	2	3	4	5	6	7
⑤	②	①	④	④	⑤	②

Chapter 04 민사특별법

테마 01 주택임대차보호법

1	2	3	4	5	6	7	8	9	10
③	⑤	⑤	③	①	④	①	⑤	⑤	②

11	12	13	14	15	16
③	③	①	②	①	③

테마 02 상가임대차보호법

1	2	3	4	5	6	7	8	9	10
③	②	③	④	②	④	④	⑤	③	④

11
①

테마 03 가등기담보법

1	2	3	4	5	6	7	8	9	10
①	③	①	④	②	⑤	②	②	④	②

11	12	13	14	15
③	②	①	①	③

테마 04 부동산실명법

1	2	3	4	5	6	7	8	9	10
③	③	⑤	②	①	④	①	②	⑤	②

11	12	13	14	15	16	17	18
⑤	④	③	③	④	⑤	①	①

테마 05 집합건물의 소유 및 관리에 관한 법률

1	2	3	4	5	6	7	8	9	10
②	⑤	④	①	②	⑤	①	①	④	②

11
①

제36회 공인중개사 시험대비 **전면개정판**

2025 박문각 공인중개사
김덕수 기출문제 1차 민법·민사특별법

초판인쇄 | 2025. 2. 1. **초판발행** | 2025. 2. 5. **편저** | 김덕수 편저

발행인 | 박 용 **발행처** | (주)박문각출판 **등록** | 2015년 4월 29일 제2019-000137호

주소 | 06654 서울시 서초구 효령로 283 서경빌딩 4층 **팩스** | (02)584-2927

전화 | 교재 주문 (02)6466-7202, 동영상문의 (02)6466-7201

저자와의
협의하에
인지생략

정가 27,000원
ISBN 979-11-7262-589-4